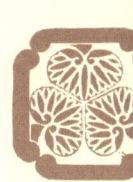

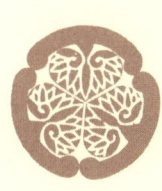

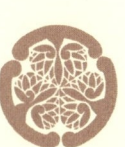

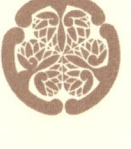

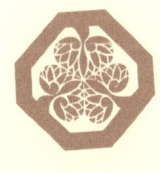

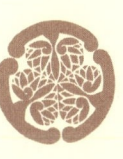

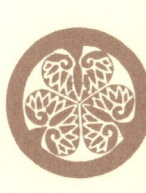

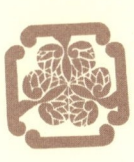

摘録考
註百選

一橋徳川家文書

はしがき

徳川御三卿に関する唯一まとまった史料は、一橋徳川家に伝来した文書記録類である。その史料は明治以降小石川林町（現東京都文京区千石）の徳川邸に保存され、幸いにも戦災を免れたが、終戦後急遽水戸市郊外の同家土蔵に移送された。そのため内容は著しく混乱し、虫食い・破損等、この侭放置出来ぬ状態になってしまったので、昭和四十四年（一九六九）春、当主徳川宗敬氏から依頼され、分類整理に当たることとなった。

徳川八代将軍吉宗の庶子田安宗武と一橋宗尹、及び九代将軍家重の庶子清水重好に創る御三卿は、独立した大名家ではなく、将軍家の部屋住の地位にあったが、徳川家康から出た尾張・紀伊・水戸の御三家と共に、徳川将軍家に最も親しい間柄として特別の待遇を受け、幕政史に重要な役割を演ずることもしばしばあった。然るに、御三家については多くの史料の存在も明らかであり、編纂刊行された文献も乏しくないのに対し、御三卿については、学界に紹介された所皆無に近い状態であった。かかる時、一橋徳川家に伝来する文書記録の全貌に接し得る事は、甚だ意義深いことと考えた。

たまたま整理の依頼を受けた昭和四十四年は、大学紛争が全国に拡大した年で、私の勤務していた横浜市立大学もその例にもれず、五月末より大学構内は混乱に陥り、小規模の授業すら満足に行ない得ず、学生も次第に四散しようとしていた。そこで遠山茂樹教授と相談し、学生のまとまりを得る好機と考え、史料整理を引受けた。徳川家では、水戸常盤神社の傍らにある茨城県婦人会館を全館借切って、宿舎兼整理場に提供されたので、その年七月八日から一週間、約三十名の学生を引率して泊込み、水戸市見川町丹下の徳川家の蔵から文書を運び込み、二千数百点の史料の大まかな分類整理を行なった。

昭和四十九年（一九七四）に至り、徳川宗敬氏から、整理した史料により、一橋徳川家の簡単な家史編纂について相談を受けたので、喜んで承諾し、若干の卒業生諸君の協力を得つつ、家史編纂に着手した。当初は時折水戸へ通って、少しづつ史料を横浜へ運んでいたが、同五十二年（一九七七）に至り、全史料を横浜市立大学に寄託して貰い、大学図書館に保管して調査を進めることとした。これにには先年整理した記録類とは別に収蔵されていた二千点程の書状類も加わった。かくして昭和五十八年（一九八三）に、家史編纂の基礎作業として、やや詳細な年譜を『新稿一橋徳川家記』と名付けて刊行した。

その後も家史編纂事業は継続したが、一橋徳川家全史料は茨城県立歴史館に徳川家から寄贈され、横浜から水戸へ移された。私も昭和六十一年（一九八六）専修大学に転任したが、それからも時折水戸へ赴き、史料類のマイクロフィルムへの撮影を続けた。平成九年（一九九七）三月専修大学を定年退職後、十分の時間を持つ身となったので、撮りためたフィルムの文書類を解読し、手許の材料で付け得る限り註釈を加えることを、老後の日課とすることとした。但、その量は「状物」形態に限っても厖大なので、私の専門とする近世中後期、即ち一橋邸成立後、水戸家から慶喜が九世当主に迎えられる以前に限定した。対象となる文書類は、茨城県立歴史館編『一橋徳川家文書目録』で「L一」類として分類整理されているものである。それらはほぼ年代順に並べてあるが、年代の確定できぬ物も多い。また或時期に一橋家として書状類の整理をしているようであるが、書状の包み紙の表書きに年代を誤記したり、異なる年代の文書を一つの包み紙に同封している場合もある。上記の『文書目録』は、もともと私が徳川家から『家記』編纂を依頼された時、史料として利用するために急遽行なった整理に、基本的には依拠しており、取り敢えず包み紙の表記に従ったり、その文書の関係者の死去或は転退職の年の後にまとめて載せざるを得なかったものも少なくない。それらの年代考証も出来る限り試みた。

幸い専修大学人文科学研究所は、私を定年退職後も研究参与として、同所年報に掲載を承認されたので、ほぼ毎年、「一橋徳川家文書摘録考註」と題して寄稿を続け、（一）乃至（六）迄、八七点の文書に註と解説を付けて発表することが出来た。その後、これに更に一三点を加え、都合一〇〇点として、まとめて刊行することとした。尤も紙数の関係で掲載出来なかった関連文書を「追補」として挿入したり、一点の文書の後に関係文書を加えた箇所もあるので、掲載文書数は若干多くなっている。

掲載文書の過半は一橋邸二世治済関係のものである。治済は明和元年（一七六四）父宗尹の跡を承け、文政十年（一八二七）没する迄六十四年間一橋邸当主であった。ほぼ一橋邸成立から明治維新迄の半分に当たる（尤も形式上は寛政十一年〈一七九九〉からは隠居の身となっているが）。この人は邸政の甚だ細部に至る迄気を配っていた人で（こういう点、祖父八代将軍吉宗に似ているといえよう）、自筆の書状や附札による指示も多数ある。

治済という人は、十一代将軍家斉の父として、概して評判は悪い。幕末の漢学者五弓久文の『文恭公（家斉）実録』に「時人、三翁は天下の楽に先んじて楽しみ、一翁は天下の憂に先んじて憂うの諺あり」という風評を載せている。一翁は楽翁松平定信、三翁は穆翁一橋治済、栄翁島津重豪（家斉夫人の父）、碩翁中野清茂（家斉側室お美代の方の養父）である。将軍家斉とこの三人は、俗に「大御所時代」といわれる頽廃的繁栄時代の中心人物と目されている。また治済は寛政改革期の幕政の黒幕的存在とも評されている。但、幕府政治をめぐる治済の活躍に関する書状類等は、一橋徳川家文書の中には殆ど見当たらない（水戸治保が丹念に書留めた諸方面との往復書簡の写「文公御筆類」には、かなり多数治済関係の書状類が含まれている）。

一橋邸の運営については、治済のかなりの努力奮闘の跡を、一橋徳川家文書の中に偲ぶことが出来る。特に治済が苦労した問題の一は、幕府・諸藩と共通する事であるが、財政窮乏対策であった。そもそも初代宗尹が十万石の領知を与えられる時、担当の役人の試算で、年貢率五割で多少のゆとり、四割では赤字ということであった（当時老中の筆頭であった酒井忠恭家の覚書が姫路に残っている）。御三卿の領知は幕領の中でも条件のよい地域を貰っていたが、恐らく四割の年貢率を保つのが精一杯であったろう。つまり成立当初から財政収支不均衡であったところへ、年と共に、例えば子供が生まれると、その御附の役人がふえたりして、経費がかさんでいった。

こういう傾向に対して、治済はしばしば家老や用人に改革意見を求めている。しかし結局公儀からの援助にたよる以外に提案は得られなかった。その大きな理由は、幹部役人が公儀御附人、つまり公儀の役人として一橋邸に出向してきた人達だったからである。彼等は時期が来れば、また公儀の他の役職へ転任してゆく。そのため一橋邸臣として打込んで精励する気に乏しかった。これが治済の当面した問題の第二であった。そこで彼は一橋邸で直接抱入れた者を要職に抜擢しようとしたが、これに対して公儀附人の役人達は、田安・清水の附人達と結束して強く抵抗したので、治済の意図は殆ど実現しなかった。

天明元年（一七八一）、治済嫡子豊千代（十一代将軍家斉）が十代将軍家治の養子となってからは、財政的に公儀の手当はいよいよ厚くなり、邸臣中の気分もゆるんでいった。殊に同六年（一七八六）九月、将軍家治の遺命として、三家・両卿（当時田安は当主を欠いていた）申し合わせて家斉を援けるよう伝えられてからは、治済の意欲は邸政より幕政改革へ向いてしまったように見受けられる。

このように治済の動きを中心に摘録を進める結果となったが、それらを通じて、御三卿の地位・性格、邸臣達の身分格式、財政運営の実態など、かなり細部にわたる事実を把握、紹介することが出来たといえよう。また局部に留まっているが、幕府側の史料には求めにくい事実、例えば御目見得以下の御家人に係る具体的な事実なども、これらの文書の中に見出すところがあった。私の当初の目論見では、側面観幕政史でも描ければという期待があったが、それは聊か誇大というべきであるが、多少は幕政機構の一部を窺い知るものもあったかと思っている。

目　次

はしがき……一
一、延享二年（一七四五）十月、田安宗武・一橋宗尹参議昇進の内意伝達（L一―四・五、〈『一橋徳川家文書目録』整理番号、以下同じ。〉）……一
（追補一）御拝領物御道具類書付（L一―六）……四
二、寛政元年（一七八九）五月、小石川下屋敷へ側衆御用取次小笠原信喜招請（L一―七）……一二
三、寛延三年（一七五〇）四月、一橋邸小十人組明跡へ浪人等抱入れ（L一―九）……一五
四、年月不詳、八代将軍吉宗自筆暦数質問状（L一―一一―一～三）……一九
五、宝暦五年（一七五五）二月、越前松平重昌（一橋宗尹長男）表向き江戸城登城につき、越前家老への宗尹訓諭（L一―一六）……二四
六、宝暦五年（一七五五）七月、一橋邸附人矢葺景与の家禄加増取計い、及び矢葺由緒書（L一―一八・二六）……二六

七、宝暦六年（一七五六）十一月、越前松平家老芦田図書病気ニ付、退役せしめる事について（Ｌ一―二七）……三四
八、宝暦七年（一七五七）九月、一橋付切り廷臣の隠居、俸禄実子継承の願書（Ｌ一―二八）……三六
九、宝暦八年（一七五八）十二月、一橋家老河野通延・同側用人兼番頭田沼意誠に対する優遇措置について（Ｌ一―二九・三〇）……三八
一〇、宝暦十年（一七六〇）二月、将軍家重・大納言家治の昇進・兼任の規式通知（Ｌ一―三一）……四二
一一、宝暦十年（一七六〇）三月、将軍家重隠居の内意伝達（Ｌ一―三三）……四三
一二、宝暦十三年（一七六三）四月、島津重豪国元へ出立の際、進物使者について（Ｌ一―三四）……四六
一三、宝暦十三年（一七六三）四月、越前松平・島津両家当主への敬称について、家老の指示（Ｌ一―三五）……五一
一四、宝暦十四年（一七六四）以降、島津家へ時節見廻の文案（Ｌ一―三六）……五二
一五、安永五年（一七七六）十月、一橋大奥老女態度不遜につき、島津重豪より口上の趣、一

橋側用人末吉善左衛門書付（Ｌ一―五二）……五三
一六、安永五年（一七七六）十月、一橋大奥向文通、依然不相応について、島津家老より口達書付（Ｌ一―四九）……五七
一七、安永五年（一七七六）十月、島津奥向へ対し、一橋大奥よりの取扱不遜につき、老中田沼意次・御用取次稲葉正明より、一橋家老へ注意申渡（Ｌ一―五一）……五九
一八、安永五年（一七七六）七月乃至十月、一橋大奥と島津家との軋轢一件につき、家老新庄直宥覚書（Ｌ一―四四）……六〇
一九、安永六年（一七七七）二月、島津家との軋轢につき、一橋老女よりの弁明書（Ｌ一―五七）……六四
二〇、天明三年（一七八三）五月、越前松平・黒田・島津との交際、両敬の取扱について、一橋治済指示（Ｌ一―一三四）……六六
二一、寛政十二年（一八〇〇）五月、一橋邸経済について、公儀側衆平岡頼長宛、一橋家老飯田易信・久田長考内伺（Ｌ一―四〇）……六九
二二、安永五年（一七七六）、一橋邸経済について、一橋治済覚書（Ｌ一―五五）……七五
（追補二）安永三年（一七七四）九月、田安御相続筋一件（Ｌ一―四三）……七八

二三、安永七年（一七七八）、一橋邸財政についての治済の心願（L一―六八三）……八六
二四、天明四年（一七八四）八月、一橋邸経済について、一橋治済口演の覚（L一―一一五）……八八
二五、天明六年（一七八六）正月、一橋邸御鷹方支配について（L一―四一―一）……九一
二六、安永二年（一七七三）四月、一橋邸御鷹方給与について（L一―四一―二）……九三
二七、安永二年（一七七三）、一橋邸御鷹方給与定（L一―四一―三）……九四
二八、安永七年（一七七八）七月九日、中井万太郎御用金切手調達の件（L一―六〇）……九七
二九、安永七年（一七七八）七月十九日、中井万太郎一橋邸出入并扶持支給の件（L一―六一）……一〇二
三〇、安永七年（一七七八）七月二十七日、中井万太郎一橋邸出入并大坂米蔵建設等の件（L一―六二）……一〇四
三一、安永七年（一七七八）七月、大坂御蔵屋敷地ニ付申上候書付（L一―六三）……一〇六
三二、安永七年（一七七八）閏七月十二日、長沢茂左衛門、以書付奉願上候（L一―六六）……一〇九
三三、安永七年（一七七八）閏七月十八日、来年大坂調達金并長沢茂左衛門身分の件（L一―

六七）……………………………………………………………………一一〇
三四、安永七年（一七七八）閏七月、大坂御払米掛札并米渡方等の儀書付（L一―六八）……………………………………………………………………一一二
三五、安永七年（一七七八）閏七月、大坂御払米之儀ニ付書付（L一―六九）…………一一六
三六、安永七年（一七七八）九月、雨天路次悪之節、御時宜合之義書付（L一―七〇）…一二一
三七、安永九年（一七八〇）　安永六～八年諸向定式・臨時渡方米金高覚（L一―七二）……………………………………………………………………一二三
三八、天明元年（一七八一）四月、田沼能登守相応之御場所え被仰付候様御頼之書（L一―七三）……………………………………………………………………一二八
三九、天明元年（一七八一）四月、一橋御附人老女飯島儀、御内々申上候書付（L一―七四）……………………………………………………………………一二九
四〇、天明元年（一七八一）五月、豊千代将軍養子として登城当日の儀につき、一橋家老より公儀への伺書及び側衆指示の附札（L一―七九）……………一三〇
四一、天明元年（一七八一）閏五月十八日、一橋治済長男豊千代将軍家治継嗣として江戸城西丸へ移るにつき、関係者へ贈り物書付（L一―九九）…………一三七

四二、天明元年（一七八一）閏五月十九日、豊千代（家斉）縁女島津茂姫一橋邸入輿につき、公儀表奥関係者へ贈り物書付（L一―一〇一、三～六）……一四一
四三、天明二年（一七八二）三月十七日、治済三男雅之助、黒田治高と仮養子の縁組に関して、黒田家より治済に公儀への格別の配慮を請う書付写（L一―一〇九）……一四八
四四、天明二年（一七八二）十二月、雅之助に黒田治高の末期養子たる事を許可する老中の書付并口達書面写（L一―一二三）……一五二
四五、天明二年（一七八二）五月十九日、一橋邸修復について御内御用書付（L一―一一〇）……一五四
四六、天明三年（一七八三）四月、一橋勝手向につき、御勝手懸用人書上（L一―一三一）……一五六
四七、天明三年（一七八三）四月、勝手向難渋につき、御勝手懸用人書上（L一―一三二）……一五八
四八、天明三年（一七八三）五月、一橋邸勝手内実につき、家老の意見書（L一―一三七）……一六〇
四九、天明三年（一七八三）五月、邸臣充行節減につき、家老私案（文書整理番号は前掲文書

に同じ。）……………………………………一六二
五〇、天明三年（一七八三）五月、家老・用人等に対する治済の指示（整理番号は前に同じ。）……………………一六七
五一、天明三年（一七八三）七月、御金操廻大積報告（L一―一三八）……………一七〇
五二、天明三年（一七八三）十二月、入用筋諸事勘弁可仕旨、治済指示（L一―一四〇）……………一七七
五三、天明四年（一七八四）五月二十四日、一橋勝手向につき、治済家老宛書状（L一―一六六）……………一七八
五四、天明四年（一七八四）五月、勝手向き難渋につき、治済書状（L一―一七三）……一八〇
五五、天明四年（一七八四）六月、公儀合力金に尽力せし御勝手懸用人三人へ被下物について（L一―一七四）……………一八一
五六、天明四年（一七八四）六月、公儀勘定奉行松本伊豆守へ紋服下賜について（L一―一七七）……………一八三
五七、天明四年（一七八四）十月二十四日、一橋家老宛一橋治済状、越前松平家格昇進願いを公儀取次の件、松平重富へ返事について（L一―一八五）……………一八八

五八、天明四年（一七八四）十二月三日、家格昇進取計らいについて松平重富状、一橋家老宛（L一―一九四）……一九〇
五九、天明四年（一七八四）、越前松平家格昇進願いにつき、公儀御用取次稲葉正明書付、一橋家老宛（L一―二二八）……一九一
六〇、天明四年（一七八四）、越前松平家格昇進願い取扱方につき内存、一橋家老水谷勝富書付、一橋家老林忠篤宛（L一―二二九）……一九三
六一、天明五年（一七八五）二月十日、一橋嫡子越前松平へ養子の幕命についての隠密書類の有無取調（L一―二三四）……一九四
六二、天明四年（一七八四）五月二十四日、治済宝生流以外の能稽古について（L一―一一六七）……二〇〇
六三、天明四年（一七八四）、甲州鳴海屋等上げ金願いについて（L一―二二三―一〜三）……二〇二
六四、天明四年（一七八四）十二月、公儀附人独占の要職の中に「抱入れ」を昇進させる事について（L一―二〇六）……二〇六
六五、天明四年（一七八四）十一月、一橋邸職制改革令（一）議定掛り用人規定（L一―二一

七）……二〇八
六六、天明四年（一七八四）十一月、一橋邸職制改革令（二）勝手掛り用人規定（L一―二二〇）……二一六
六七、天明四年（一七八四）十一月、一橋邸職制改革令（三）勝手掛り用人規定について、家老意見（L一―二二二一）……二一七
六八、天明四年（一七八四）十二月、築地下屋敷内に剣術・柔術・弓術の稽古所設立（L一―二〇七―二）……二二四
六九、天明四年（一七八四）五月、一橋治済宛一橋家老状、関東領知年貢引方取扱不調法の役人咎め伺い（L一―一五九）……二二七
七〇、天明四年（一七八四）五月十七日、一橋治済宛一橋家老状、関東地方役人処分再伺い（L一―一六三）……二三一
七一、天明四年（一七八四）十二月、一橋家老宛一橋治済状、倹約并勤め方心得之儀（L一―二〇八）……二三四
七二、天明四年（一七八四）十二月、一橋治済宛一橋家老状、先達而被仰出倹約筋之儀ニ付伺い并治済指示附札（L一―二一一）……二三八

七三、天明五年（一七八五）三月、一橋家老宛一橋治済状、勘定所・領知方打込み、勘定所一座と相唱候儀（L一―二三八）……二四二
七四、天明五年（一七八五）三月、一橋治済宛一橋家老状、勘定所一座として、新法勤め方之儀ニ付伺い、治済筆附札（L一―二四〇）……二四五
七五、天明五年（一七八五）四月、一橋治済宛一橋家老状、番頭勤向につき再度伺い、治済筆附札（L一―二四六）……二五〇
七六、天明五年（一七八五）六月四日、一橋家老宛一橋治済状、番頭組につき、此度の御沙汰取止めの事（L一―二五七）……二五五
七七、天明六年（一七八六）七月、一橋家老林忠篤宛一橋治済状、用人手伝い、公辺向き勤め方之儀（L一―二九〇）……二五六
七八、天明六年（一七八六）九月七日、一橋治済宛将軍家治遺命、及び御請（L一―二九四）……二六二
七九、天明六年（一七八六）十月、一橋家老宛越前松平家老状、田安定姫、松平治好と婚姻之儀（L一―二九六）……二六四
八〇、天明六年（一七八六）、越前松平家老宛一橋家老状、田安定姫婚姻について治済の意向

八八、小石川屋敷関係文書（天明七年乃至明治三年）（L一―三四八）……………………二八一
八九、天明八年（一七八八）四月八日、民部卿（一橋治済）殿家老衆宛老中松平定信書状「御勝手向の儀ニ付」（L一―三六七）……………………二九三
九〇、天明八年（一七八八）八月十八日、治済病気につき、公務を刑部卿治国へ譲らんとの内願、松平定信これを受け入れず（L一―三七一）……………………二九五
九一、寛政四年（一七九二）正月十九日、一橋家老宛治済筆「刑部卿え家事相譲、隠居保養致度儀」（L一―四二四・四四八）……………………二九九
九二、寛政七年（一七九五）七月十一日、清水邸廃絶ニ付、老中松平信明・戸田氏教宛一橋治済書状扣（L一―四五五）……………………三〇六
九三、寛政九年（一七九七）十月、越前守家格貞享三年以前之振合について、治済書抜き（L一―四六七・四七三）……………………三一二
九四、天明二年（一七八二）、治済筆「年中行事改正可有之分」（L一―五三三）……………………三一七
九五、文化五年（一八〇八）十一月十三日、「異国船長崎表え渡来之儀ニ付」一橋治済書付（L一―五六七）……………………三二五
九六、文化六年（一八〇九）乃至文政四年（一八二一）、公儀御金拝借による貸付金について

一、延享二年（一七四五）十月、田安宗武・一橋宗尹参議昇進の内意伝達

◎L一―四

（外包み紙）

延享二年十月
参議　御昇進御内意御書付写
文化十酉年四月十八日、田安より相廻写。

（中包み紙）

封

延享二年十月十五日
酒井雅楽頭渡之。

大御所様可被任従一位」左大臣旨、先達而従　」禁裏被仰進候処、此儀は」御辞退被遊候。
就夫、右衛門督殿」刑部卿殿御事、被任参議候様ニ」被遊度由、」大御所様より京都え被」
仰遣候。然処、右之段、」禁裏御許容被遊候由」申来候。表立被仰出は、　」勅使参向之節、

口　」宣持参以後被仰出ニ而可有之候得共、此旨先」御内意申上候様ニとの」御事候。

（」〈段落〉は原文書改行を示す。以下同）

◎Ｌ一―五

（中包み紙）

延享二年十月　」参議御昇進御内意御書付写」

文化十酉年四月十八日、田安より相廻り写之。

「付け札（カ）」

延享二年十月

刑部卿様参議御昇進御内意御書付写、田安え問合之儀有之、申遣候処、右書付与一所ニ相廻候間、入御覧候処、写置候様被仰出候ニ付、文化十酉年四月十八日写。密書之義故、封印ニ而入置之。

延享二年十月十五日

刑部卿様参議御昇進　」御内意、酒井雅楽頭殿より、封書ニ而相被渡、　」御家老衆其侭被

入御覧。畢而於御扣所、　」雅楽頭殿え御逢被遊、御礼被　」仰含、西丸ニおゐてハ、本多中務大輔殿え」御逢被遊、　」大御所様え御礼」被仰含候趣、田安より申越候。

註・徳川御三卿の格式をみると、元服の後、従三位左近衛中将に叙任される。そうして邸の当主の地位について十年前後に参議に昇進するというのが、この後の慣例となっている（拙稿「徳川御三卿の生活」一九九四年『専修人文論集』五三号所載参照）。将軍庶子弟の処遇の前例としては、四代将軍家綱の弟甲府綱重・館林綱吉があるが、承応二年（一六五三）八月、綱重十歳・綱吉八歳で三位中将に叙任し、寛文元年（一六六一）に綱重十八歳・綱吉十六歳で参議に昇進している。宗武・宗尹の場合は三位中将が十五歳と九歳、参議が三十一歳と二十五歳で、綱重・綱吉に比べてやや遅い。しかも参議昇進は、父吉宗が将軍隠退に際し、従一位左大臣昇進を辞退した代償であったことが、この文書で知られる。これは御三卿の領知十万石が食邑であって、城地でなかったことと併せて、綱重・綱吉の待遇よりやや軽いものだったことを示している。尚、一橋邸は延享四年（一七四七）正月失火で全焼したため、この文書も焼失してしまったらしく、二世治済の晩年、田安邸の文書を写させてもらったのである。

〔参考〕（久我）通兄公記七　延享二年十月七日

（前略）

右衛門督宗武卿、左中将、前将軍吉宗公二男、任参議、右衛門督如旧、

刑部卿宗尹卿、左中将、前将軍吉宗公四男、任参議、刑部卿如旧、

（中略）

前将軍年久在職、朝廷之儀毎事無疎意被申沙汰之間、今度可有左大臣・従一位宣下之旨、被仰下、然処強被辞申之、以子息宗武・宗尹等卿可被任参議之由、被望申之間、今日以両卿被任也。消息宣下、毎事従武家例、下官・葉室前大納言等沙汰之、但、将軍家之外、武家官位、為関東沙汰任叙之後、申請宣旨・位記也。於両卿者、於関東、無任之沙汰、特被望申勅裁也。

（下略）

（追補一）

◎L一―六

（包み紙）

御筆（一橋治済）

御拝領御道具類書付

（端裏書（カ））（以下治済筆）

御側部屋坊主へ承合（カ）□□

延享二丑」二月廿一日」
於西丸、御七夜御祝義御上ケ物
公方様　」右大将様　」大納言様　」御出生様
刑部卿様より
右御品物、御使。
同断
御拝領物
三月十八日
於紅葉山、法花八講相済御祝義　」同断
四月十二日
同断并年始御祝義兼、
公方様へ　」右大将様より、御指上ケ有之、

右大将様へ　」刑部卿様より
御上り物御使、
　九月六日
万次郎様御宮参相済候ニ付、
刑部卿様より　」方々様へ、御上り物・御使物、
　万次郎様へ、同断。
十月十一日
　御代替御祝義
大御所様へ　　上様より御指上ケ、
方々様へ　　刑部卿様より、御上ケ物・御使物。
　十一月十一日
小五郎様へ御拝領物

縮緬廿卷」一種一荷

十一月廿五日
一、小五郎様御髪置御祝義
公方様より　上使　」大納言様より　上使
右名前承合。

十二月七日
公方様、西丸へ被為成、今度之御祝義」
大御所様より御膳被進、御能被致（カ）候。
大御所様え　」刑部卿様より
御上ケ物、御品、御使名前。

十二月十五日
今度之御祝義、　御本丸へ　」大御所様被為成、御膳被進候。

「公方様へ　刑部卿様より」
御上ゲ物、御品、御使名前、

閏十二月廿一日
御朦中御伺として、
三御所様へ　刑部卿様より
御上ヶ物、品、御使名前、

閏十二月廿七日
小五郎様へ　」大御所様より、破魔弓御拝領、
上使名前、

延享二丑」十月十九日
大御所様より」刑部卿様え　」御刀
小五郎様え　」御刀

右、御拵書、御腰物奉行承合。

（別紙）

於大奥拝領物

「縮緬五反一箱

此　方書棚

田　安」香炉・卓

兵部卿」料紙箱・硯箱

清　水」側簞笥

右衛門督」料紙箱・硯箱

御簾中」錫香炉

豊之助」見台

栄　姫」文庫のくち板・縮緬

於田安、大奥拝領物

此方

銀釜　御紋彫上ケ

水指銀

風呂

柄杓建

水飜　黄本銅

蓋置

兵部卿

料紙箱

硯筥

註．Ｌ一―六は「御筆　御拝領御道具類書付」という標題で、二点の文書を一包みにしてある。二点とも筆跡は一橋二世治済のものと認められる。その中の一点は、延享二年（一七四五）将軍吉宗・家重代替り前後における、将軍家と一橋邸との贈答品の粗覚書であるが、他の一点、「於大奥拝領物」は、次の理由から、文政八年（一八二五）のことと認める。

一、「兵部卿」を称したのは、御三卿の中では一橋四世斉礼（一八〇三～三〇）のみである（文化十一年〈一八一四〉元服、兵部卿と称す）。
二、「栄姫」は一橋三世斉敦五女、斉礼の妹（一八一一～八六）である。
三、「豊之助」は治済の幼名でもあるが、斉礼・栄姫との関係から推して、田安斉匡四男郁之助のことである。郁之助は文政八年二月六日、一橋斉礼の養子となる事を公儀より聴許され（一橋五世斉位）、翌七日名を豊之助と改めた。
四、「右衛門督」は田安宗武の官名でもあるが、宗武ならば治済の伯父であるので「様」の敬称がついているべきである。従って、この「右衛門督」は治済の子斉匡をさしている。
五、「御簾中」とは、右衛門督斉匡に並べて記載してあるところから推して、斉匡簾中（閑院宮美仁親王女裕宮貞子）である。田安簾中貞子は文政八年九月二十九日に死去した。
六、田安郁之助（豊之助）は、一橋養子を認められると同時に、将軍家斉女永姫賢子との婚約を命ぜられた。
此等の事実に基づいて、「於大奥拝領物」は文政八年二～三月の事と推定する（続群書類従完成会編『ぐんしょ』38―一九九七―一〇刊所載）。

二、寛政元年（一七八九）五月、小石川下屋敷へ側衆御用取次小笠原信喜招請

◎L一—七

（包み紙）

寛延（政）元年（一七八九）酉五月十日　林　肥後守
山川　下総守

小石川御屋敷ぇ若狭守殿被相越候而も不苦候儀ニ付、
此方共演説之趣被仰出候御書入

一、礫川屋敷ぇ若狭守罷越候儀、何之差支無之候間、いつニ而も勝手次第罷越可申事。
但、先達築地之通、弾正大弼・遠江守・美濃守并御場掛抔も罷越候哉、承合之事。

一、庭出来之上与申趣ニ候。併連々ニ是迄も取繕イ有之、此上迚も同様之振合ニ而、何そ相応之木石等有之次第、取繕イ候事。且は少分之入用ニ而相済候様取斗、勘弁有之、旁出来栄与申事は、五七年も相掛可申哉、難斗候。先々持主之節有之候山、泉水抔荒レ果候ヲ、去春中手入致シ、右ぇ去暮泉水堀（マヽ）足シ、揚土ニ而山形ヲ（カ）拵へ、荒ラ方形ヲ造候而已ニ御座候。

芝も種ニ而植付ケ候間、見苦敷、来秋比ならてハ一円ニ青ミ出候様ニは相成間敷候。水も先日之大雨引続有之、泉水之内、魚溜は旧冬乾キニ而水干申候間、口差渡シ五尺程、深サ壱丈程有之候。是は中水ニ而、泉水底より水面迄三尺余も低ク御座候。此節は天気続候間、泉水之水壱尺余も干落申候。大木之分は先々持主より置キ付ニ而御坐候。其外木石は、多分去夏中近辺小堀和泉下屋敷上ゲ地ニ相成候比、兼々出入致候植木屋引取り、其節至而手軽ニ差出申候。松杯は少々中野辺より取寄セ候も有之、近辺より持込候も有之、兼々有合之ニ而、屋敷内并一橋・築地両屋敷より持入申候。荒増右之趣ニ而演説有之可然候。

註・「包み紙」表書きには、「寛延元年酉五月十日」と記してあるが、寛延元年は辰年である。また日付の下の名前は一橋家老と認められるが、林肥後守忠篤は在任天明元年（一七八一）六月より寛政三年（一七九一）五月迄であり、山川下総守貞幹は天明七年七月から寛政二年八月の間である。更に標題に「御書入」とあるが、この文書の筆跡は一橋治済のものである。加之、寛政元年が酉年であるので、この文書は寛政元年酉五月十日付のものと認める。表書きは、後年一橋邸において文書を整理した際、〃政〃を〃延〃と誤記したのではあるまいか。

「去夏中近辺小堀和泉下屋敷上ゲ地」とあるのは、伏見奉行小堀和泉守政方（近江小室一万四千石余）が天明八年五月不正行為により改易に処せられたことを指す。これも年代の裏付けとなる。

文中に見える〝若狭守〟は側衆御用取次小笠原信喜、〝弾正大弼〟は側用人本多忠籌、〝遠江守〟は側衆御用取次加納久周、〝美濃守〟は小姓組番頭格御用取次見習平岡頼長で、いずれも将軍家斉側近の有力者である。治済は小石川下屋敷の庭園造営について、これら有力者に対し、何か特別の配慮を求めるべく、将軍側近達の検分のための来邸を働きかけるよう、両家老に指示しているのである。

翌二年四月、治済は小石川邸へ千川上水の水を引入れることを公儀から許されたが、八月になって、当年は見合わせることとしている（「拝領物・上物覚書」〈F五―六〉、『新稿一橋徳川家記』）。前年の治済の指示は、恐らくこれと関連があろう。すなわち小石川屋敷の庭園のため、千川上水を引入れる事を公儀に承認させようとしたのではあるまいか。それが一年程かかって許可されたのであろうが、何故見合わせたのかは、判明しない。

因みに小石川屋敷は、かねて家老林忠篤等の名義で購入しておいた一万坪余の土地を、天明五年（一七八五）正規に一橋抱え屋敷としたもので、其後、天明七年に隣接する旗本屋敷二千二百坪余を、さらに寛政元年（一七八九）にも六千四百坪余を囲い込んだ。治済が千川上水を引き込んで、庭園造営を計画したのはこの頃である。

なお千川上水は元禄九年（一六九六）に玉川上水を分水したものであるが、享保七年（一七二二）からは、上水としてよりは、農業用水として利用されるようになったというから（『東京百年史』第一巻第四編）、治済が小石川邸の庭の池に取水しても、江戸市民の飲み水とは関係なかったであろう。これより前、柳沢吉保が元禄八年に駒込に与えられた下屋敷に、七年余をかけて六義園の庭園を造営した時にも、その池水に千川の水を引いたが、水利がよくなかったようであるというから（龍居松之助『綜合日本史大系』江戸時代下　第八章第三節「江戸時代に築造せられたる名園」）、六義園と程遠からぬ一橋小石川下屋敷の園池の場合も、千川の水では具合が悪くて中止したのかとも思われる。

三、寛延三年（一七五〇）四月、一橋邸小十人組明跡へ浪人等抱入れ

◎L一—九

（上包み紙）

寛延三午年四月廿三日

御抱入繰上、御家老・御用人より伺物

（内包み紙）　御繰上ゲ御抱入、伺之覚

四月廿三日

（端裏書）

午四月廿三日、此書面彦八郎差出候。両人共承届候。

大御番河内隼人・石川孫太郎両組え、御入人三人有之に付、小十人より弐人繰上ケ、新規御抱入壱人、人数左之通、

小十人組杉山嘉兵衛組より
服部　新助

三組より書上ケ候名前書付を以、彦八郎伺候処、右新助大御番え繰上ケ候様、同人を以被仰出候。

小十人組向山三右衛門組
行方　六左衛門

三組より書上ケ候名前書付を以、彦八郎伺候処、右六左衛門大御番え繰上ケ候様ニ、同人を以被仰出候。

但、彦八郎申上候者、同役共も、右六左衛門老年にも付、御慈悲にも罷成候故、一統ニ右之通奉存候段申上候処、右之通被仰出。

飛驒守願　浪　人　高橋　小右衛門

右小右衛門久々相願、其上無拠筋も有之候に付、何も評義之上、飛驒守相願書付を以、弥兵衛相伺候処、大御番え新規ニ御抱入申付候様ニ、同人を以被仰出候。

小十人組明キ跡三人被仰付候に付、

御広敷本役添番、御用達助

秋山　忠蔵

右忠蔵儀、御広敷御用達助久々相勤候処、最早御用達助も只今入不申候に付、右之段申上、弥兵衛伺候処、小十人組え繰上ケ候様ニ被仰出候に付、親類・遠類之内、御目見以上之者有之候哉、親類書見申候処相見え不申候に付、右之段一通り申上候而可然哉と評義之上、夫ニ及申間敷と、何も奉存候に付、不申上候。

猪飼半左衛門願

浪　人　小泉　藤吾

右藤吾儀、半左衛門久々相願候に付、名前書付を以、弥兵衛相伺候処、小十人組え新規御抱入申付候様ニ、同人を以被仰出候。尤親類・遠類書之内致吟味候処、御目見以上之者も有之候に付、小十人え御抱入被仰付候而も宜、何之差障候義も無御座候。

凌雲院願

浪　人　柳下　重助

右重助儀、凌雲院久々相願候に付、名前書付を以、弥兵衛相伺候処、小十人組え新規御抱入申付候様ニ、同人を以被仰出候に付、親類・遠類書之内、御目見以上之者有之候哉、致吟味候処、不相見候間、小十人組之内、親類・遠類ニ御目見以上之者無之も候哉、組頭山崎利兵衛え彦八郎相尋候処、早速書付差出候に付、何も評義之上、小十人ニ右之類多分有之候間、小十人え御抱入被仰付候得而も随分宜、其外相障も無御座候。

但、利兵衛差出候書付封置候。

午　四月

細井飛驒守」　河野長門守

河内　隼人」　石川孫太郎

小宮山利助」　高林弥兵衛

成田八右衛門」　鈴木彦八郎

多門孫七郎」　田沼市左衛門

註・飛驒守——細井安定、一橋邸家老（在任延享四年〈一七四七〉～寛延四年〈一七五一〉）。

猪飼半左衛門——猪飼正昌、当時書院番組頭。一橋邸臣ではないが、四男正胤が当時一橋宗尹に仕えていた縁故によるか。

凌雲院——寛永寺院家、一橋邸墓所。

御三卿の邸臣には、公儀役人の出向というべき「付人」と、公儀よりの移籍というべき「付切り」と、邸として独自に召抱える「抱入れ」と三種あった。右に掲げたのは、新規抱入れの場合の事例で、親類縁者の中に御目見以上、つまり将軍に謁見を許される旗本の身分の家があれば、無条件に採用されたが、ない場合でも、さまざまな縁故によって召抱えられたことが知られる。なお右の大番・小十人共に、一橋邸として当主に謁見を許される御目見以上の身分である。

四、年月不詳、八代将軍吉宗自筆暦数質問状

◎L一—一—一

(包み紙)

文化九壬申年三月

有徳院様御画之由」村山惣兵衛」差上ル。

(鍾馗の絵省略)

◎L一―一―二

（内包み紙）

有徳院様

御　筆　　（別筆）「暦数御尋之。」

（別筆）「御絵　五枚

御書付

御掛物」

一、貞享暦ハ授時暦ニ少々了簡を加へ、組立候ものゝ様ニ、兼而承及候。右両暦ノ違目承度事。

口上ニ而ワかれ難候ハヽ、書付見申度事。

一、此間之書付ニ、惣而蝕之義は実測与算法与、度々逢不申もの之由、然は暦法之善悪、何を以而極申候哉。

一、授時暦之組立ハ、書物も渡り、此方ニても相知有之事ニ候哉。

一、時憲暦ハ、何の世、誰人の作ニて候哉、是ハ組立等相知レ不申候哉。

一、授時暦補術与ハ、授時暦の不足を補たる義ニ候哉。

一、阿らんたなとハ節合ニ而、暦も四通にて、くり廻〳〵ニ用候由、此節合之儀ハ、いつ迄も違中物にてハ無之、致シ安キ事。

◎L一―一―三（一―一―二と一連の文書）

一、惣而改暦之仕方、何ゾ書ニ出可有之候。此間書付出候通、日月廿八宿測量窺事、何之書ニ出有之哉、承度事。

一、右書物ニ出無之、自分之考ニ而、道理ヲ以押候とも、拠無之候ハで難申事ニ候。其本ハ何ニ拠り候而申候哉之事。

一、改暦ト申名目、元より法ヲ立かへ候ハ、勿論改暦ト可申事ニ候。暦古ク成ニ随ひ、蝕并節季ニ遅速有之候ヲ、当時実測ヲ窺、補申候ヲ改暦ト申は、大ソウニ聞へ候。暦法ハ不立替、右補候事ニ付、名とじ《（マヽ）》、名目有之間敷哉。

註・暦法に関する文書は、「鍾馗」の絵と一包みになっており、絵は用人村山惣兵衛が文化九年（一八一二）に呈上したと記してあるが、惣兵衛の入手経緯については明らかでない。文書の来歴については一層不明で、同時に惣兵衛が呈上したものか、後年整理の際、吉宗の自筆として、一まとめに封入したものなのか、判定出来ない。

吉宗の筆跡について、確実に自筆と断定し得るものに乏しいのであるが、この文書はその血統をひく一橋家に、「御筆」として伝えられて来たものなので、一応信頼をおいてよいと思う。

また文書の内容が、吉宗が強い関心を持っていた暦法・改暦に関する事項であるのも、吉宗自筆を想わせる有力な根拠といえよう。殊に改暦あるいは暦の補正に言及しているところは、将軍にしてはじめて述べ得る意見と考えてよいのではあるまいか。

さらに「自分之考ニ而、道理ヲ以押候とも、拠無之候ハで難申事ニ候」という指摘には、吉宗の実証重視の精神が窺い得る。

『有徳院実紀』付録巻十五によると、吉宗は建部賢弘に数学を学び、さらに天文・暦法についても諮問した。賢弘はまた京都の銀座の細工人中根元圭が天文に詳しいとて、これを推薦したので、吉宗は享保十二年（一七二六）元圭を江戸に召し寄せ、十人扶持を与えた。前掲文書は賢弘か元圭への吉宗の諮問書かと考えられる。その中でも私は賢弘に宛てたものと考えたい。すなわちこの文書の前半は授時暦（元朝、郭守敬等制定）についての質問であるが、授時暦は日本でも近世になって研究され、とくに賢弘はその著『授時暦議解』等によって、授時暦の研究者として有名だったという。

〔参考〕磯野政武『仰高録』（内閣文庫本）

（浦上弥五左衛門景久より聞合せる三ケ条中）

暦之事

徳苗御壮年の御頃より、算法の理御通し被遊、依（之脱カ）日月五星運行之事、年久御考有之、天学者渋川助左衛門弟子猪飼文次郎と申者へ御尋有之候得共、懦にして其理を解し得さるゆへ、御通暁無之。其後寄合建部彦次郎、算術古今の独歩、暦算等の理通徹の事、浦上弥五左衛門吹嘘（マヽ）之。於是弥五左衛門台命を奉り、彦次郎を宅に招き、御尋の条々述之。彦次郎得たる所の御尋ゆへ、微妙子細に書記し、弥五左衛門に嘱す。

弥五左衛門即入御覧候処、数年之御不審一時に御解被遊。暦の儀も段々御尋之処、日月五星の運行も違ひ、夫より日月の食も差ひ走路祖訳、委申上。依之、日月五星之行度測量之事、弥五左衛門台命を奉り、営中或ハ吹上の御薗に表木を建、日々測量、多年之内、建部彦次郎病死。（下略）

註・磯野政武――養父政昉、元紀州藩士、吉宗に随って幕臣となり、小姓。元文二年（一七三七）小納戸、寛延元年（一七四八）に至る。

政武、享保二十年（一七三五）書院番士、翌元文元年小納戸、さらに翌二年小姓となり、宝暦元年（一七五一）吉宗の死去により寄合となる（『寛政重修諸家譜』巻一三〇五）。

『仰高録』は数多い明君吉宗讃仰録の中では、最も信憑性の高い本といい得る。

浦上弥五左衛門――『仰高録』には本名を景久と記しているが、『寛政重修諸家譜』（巻一三八一）には直方とある。元紀州藩士、吉宗に随って幕臣となり、小納戸を勤め、延享四年（一七四七）寄合となる。

五、宝暦五年（一七五五）二月、越前松平重昌（一橋宗尹長男）表向き江戸城登城につき、越前家老への宗尹訓諭

◎L一―一六

（端裏書）
亥六月、常盤橋御内用向、水谷但馬守・田沼能登守取扱候節、常盤橋役人共より書留之写ニ而
差出候書付

宝暦五年亥二月晦日

一橋え酒井外記・本多民弥罷出、御目見被仰付候節、」刑部卿様御意之趣、左之通。

一、国許替儀も無之候哉と御尋ニ付、弥相替儀も無御座、静謐ニ御座候段、御請申上候事。

一、木工帰候節申聞候倹約筋之儀、可申談与思召候。且又此度表住居ニ相成候ニ付而は（カ）、何角と様子相替可申候間、万端弥入念申談、取扱候様、御意ニ付、奉畏候段御請申上候事。

□

田沼市左衛門方を以被」仰出候趣、左之通。

一、木工え申聞候趣、国許ニ而も申談、様子も能候哉之事。

一、木工え申談候趣、此方ニ而も随分心付可申候。乍去　」公辺首尾合筋ニ懸候事は、屋敷内之事ニ候共、心得可有之事。

一、表住居ニ付、市左衛門・弥兵衛まて、縫殿及相談候書付ニ、附札を以申候内、衣類其他先代之格宜事は、不依何事用ひ、手前切ニ而難致一決候ハヽ、早々申聞、ケ様之儀ニ随分無益之費無之様ニ存候事。

一、此度表登城之節、諸事心を附、　」上より（カ）思召を蒙候儀は勿論之儀、随分無油断様ニと存候。此方より心附候ニ不及候得共、甚気遣ニ候故申候事。

右、御書附之儀、　」御前ニ而御意之趣早々相認。全市左衛門方心覚ニ候得共、指越候由、申聞候。

註・常盤橋――越前松平邸。

水谷但馬守――水谷勝富、一橋家老、在任安永七年（一七七八）五月～天明五年（一七八五）六月。

田沼能登守――田沼意致、一橋家老、在任安永七年七月～天明元年閏五月、安永七年十二月従五位下能登守叙任。

従って「端裏書」の〃亥六月〃は安永八亥年である。一橋宗尹の長男で、幕命により越前松平家の養子となっていた於義丸が、宝暦五年（一七五五）元服し、松平越前守重昌と名乗り、表向き初登城することになったについて、父宗尹が越前家老に今後の心得を注意した。後年、一橋家老が越前松平邸に赴いた際、越前家老から手渡されたその覚書である。

於義丸は越前家初代秀康以来、代々越前家嫡男の幼名であり、一橋宗尹長男小五郎が越前家へ養子となった時（当時五歳）、於義丸と改名した。小五郎は宗尹の長子であり、しかも簾中の所生であったにも拘らず、幕府の厳命によって越前松平宗矩の養子に出した。これは八代将軍吉宗が庶子宗武・宗尹を独立した大名とせず、田安邸・一橋邸を創立させた意図、つまり今後の将軍庶子の処遇についての「深き思召」を端的に物語るものである（辻達也『江戸幕府政治史研究』第九章「徳川御三卿の性格」参照）。なお松平宗矩は寛延二年（一七四九）死去、七歳の於義丸が家督を継いだので、越前家老も実父宗尹を於義丸の後見人のように取扱い、一橋邸用人田沼意誠・高林明慶を通じて指示を仰ぎ、宗尹も越前家老の伺書に付け札をもって一々答えたのである。しかし何故越前家老が二十余年も後の安永八年になって、その写を一橋家老に渡したのか、その意味は判明しない。

六、宝暦五年（一七五五）七月、一橋邸附人矢葺景与の家禄加増取計い、及び矢葺由緒書

◎L一一一八

（端裏書）

亥七月六日、出雲守殿より御下ケ被成、此通認、御老中方へ差出候様被仰聞候。尤当五月廿四日、此両通、長門守・伊勢守・市左衛門三人ニ而、出雲守殿え進達いたし候。御請書も相認候。

河野長門守

遠藤伊勢守

一橋勘定奉行

矢葺　三郎左衛門

亥六拾九歳

高四百俵

内　弐百俵　御本丸より

弐百俵　一橋より

但、元高三拾三俵弐人扶持

右三郎左衛門儀、元「御本丸御勘定より、延享四卯年正月、」刑部卿殿附勘定奉行被」仰付、勤候内弐百俵被下之旨、酒井雅楽頭殿被仰渡、当亥年迄都合九年、無懈怠出情相勤罷在候。然処、別紙由緒書之通、元御細工所同心より段々御取立ニ而、当時過分之御足高被下置候得共、書面之通取来元高至而少分成者ニ御座候処、段々老衰仕候付、何卒数年出情相勤候規模も有之候様被致度、殊更領知拝領被致候砌、御附ニ被仰付、勝手向之儀、諸事仕方等、新規ニ相極り候時節出情仕、其上屋鋪焼失以来、別而骨折候者之儀ニ御座候付、何卒相応之御加恩被成下候様被致度、刑部卿殿被相願候。御時節柄之儀故、被申上候儀如何ニ被存候得共、右之通出情仕候者之義ニ御座候付、御附人之励ニも罷成候様被致度、偏被相願候。先御手前様え御内々御相談被申候段、宜申上旨被申候付、此段申上候。以上。

五　月

河野　長門守

遠藤　伊勢守

一橋勘定奉行

矢葺三郎左衛門

◎L一―二六

常憲院様御代

△有章院様御代

一、宝永二酉年正月

御本丸御細工所同心見習被仰付候旨、御細工頭富沢太郎兵衛申渡之。
△一、正徳五午年五月、養父善兵衛跡式無相違被下置旨、御細工頭神谷兵右衛門申渡之。其偲御細工所同心相勤申候。
一、享保十五戌年八月、御賄方へ被仰付候旨、本多伊予守殿被仰渡候由、御細工頭森長四郎申渡之。
一、享保十六亥年十一月、御賄与頭被仰付候旨、本多伊予守殿被仰渡候由、御賄頭神尾五郎三郎申渡之候。
一、元文二巳年九月、支配勘定ニ被仰付之旨、於躑躅之間、本多中務少輔殿被仰渡之候。
一、延享元子年二月、御勘定被仰付之旨、於躑躅之間、松平左近将監殿被仰渡之。
一、延享四卯年正月、一橋勘定奉行被仰付之旨、於御右筆部屋縁頬、酒井雅楽頭殿被仰渡之。

養祖父　　矢葺　五左衛門

台徳院様御代、寛永四卯年五月、御細工所同心被仰付候。

養　父　　矢葺　吉兵衛

厳有院様御代、延宝元丑年九月、父跡式被下置之、御細工所同心相勤。

尚、常憲院様御代、元禄十二卯年十一月、御譜代金頂戴仕候。

註・酒井雅楽頭――老中酒井忠恭（在任延享元年～寛延二年）。
富沢太郎兵衛――富沢利貞、細工頭（元禄六年～正徳元年）。
神谷兵右衛門――神谷正位、細工頭（正徳元年～享保三年）。
本多伊予守――若年寄本多忠統（在任享保十年～寛延三年）。
森　長四郎――森政弥、細工頭（享保十年～十七年）。
神尾五郎三郎――神尾春央、賄頭（享保十四年～十八年）。
本多中務少輔――老中本多忠良（在任享保二十年～延享三年）。
松平左近将監――老中松平乗邑（在任享保八年～延享二年）。
御譜代金――元禄十二年（一六九九）幕府は旗本・御家人へ救済金を俸禄に応じて下賜した。例えば次の如くである（『常憲院実紀』巻四十、『大成令』巻五十七）。

布衣以上―九〇〇〇石―銀三四〇枚、六〇〇〇石―三二〇枚
三〇〇〇石――三〇〇枚、一〇〇〇石―一九〇枚
五〇〇石――一三〇枚、三〇〇石―一〇〇枚
（銀一〇〇枚は銀四三〇〇匁、六〇匁金一両で換算すれば、金七〇両余となる。）
布衣以下―三〇〇〇石―金二〇〇両、二〇〇〇石―一五〇両

一〇〇〇石――一〇〇両、　五〇〇石――六〇両

一〇〇石――二〇両

七〇俵――一〇両、三〇俵――四両

矢葺吉兵衛の家禄は三十三俵であったので、下賜金は四両と推定される。この年冬十月の張紙値段（俸禄米売却の公定値段）は、百俵四十八両だったので、吉兵衛が俸禄を全部売却すると金十六両となる。四両の下賜金は、矢葺の家計にかなりの潤いとなったことであろう。

この救済金の対象となった直参は、百日以上の病気欠勤を除く旗本・御家人七千六百九十人という。その総額は明らかではないが、全直参の俸禄の平均は五百石といわれるから、前記の布衣以下五百石の支給金六十両を掛けると、金四十六万両となる。

また旗本の知行地を三百万石と仮定し、これを五百石六十両で除すると三十六万両。切米の総額は約七十万俵として（享保七年の切米総額は七十八万九千六百九十俵〈享保通鑑〉）、これを前記の七十俵十両で除すると金十万両となり、合計するとこれも四十六万両となる。この四年前、元禄八年（一六九五）幕府は慶長金銀を悪鋳して元禄金銀を発行し、出目（改鋳差益）五百万両を得たという。ほぼその一割を直参賑救に当てたことになる。

従来この旗本・御家人賑救は、元禄の幕政としてあまり注目されていないようであるが、その金額から考えて、重要施策というべきではあるまいか。

なお矢葺三郎左衛門景与は、この日（宝暦五年〈一七五五〉八月四日）家禄を三倍の百俵に加増された（『寛政重修諸家譜』巻一二八八）。

矢葺の家は『寛政重修諸家譜』には景与以前は載っていない。景与の提出した由緒書にあるように、景与の養祖父が寛永四年（一六二七）に細工所同心に用いられたのに始まる。ごく下級の御家人であるが、譜代の身分として、跡式世襲を認められ、俸禄・役職共に継いで景与に至る（御家人の中には世襲を認められない身分の者も少なくなかった）。

景与は精勤または能力が認められたのか、細工所同心から賄方に移り、その組頭に昇り、さらに勘定所下役の支配勘定となり、延享元年（一七四四）には、ついに勘定衆という、御目見以上の旗本の職に立身した。『寛政重修諸家譜』に景与から載せているのも、同譜が御目見以上の幕臣の家譜だからである（但、同譜に景与将軍謁見の記事はなく、嫡男杢之助が延享四年九代将軍家重に初謁見とある）。

延享四年付人として一橋邸へ出向し、四百俵高を給せられた。世襲家禄が三十三俵であるから、実に十数倍の増俸であり、前職の公儀勘定役が百五十俵高であるのと比較しても、大幅の増加である。しかしこれは享保八年（一七二三）幕府が人材登用を容易にする手段として実施した足高の制によるもので、景与も一橋邸勘定奉行という役職を離れれば、忽ちもとの世襲家禄三十三俵に戻らねばならぬ。それでは多年の精勤に対し気の毒だというので、一橋宗尹の名で公儀に家禄加増を運動したのである。本稿では省略したが、この働きかけは側用人大岡忠光を通じて老中へ行なったばかりでなく、当時側衆の田沼意次・高井信房にも行なっている。一橋邸としてかなり熱を入れた運動であったことが窺える。

その結果、景与の世襲家禄は三倍増の百俵となったのであるが、それでも足高を合せた俸禄の四分の一である。それだけ在職者は足高の制の恩恵に浴したのであるが、一方幕府当局にとっても、足高は世襲家禄を加増することなく、人材を抜擢するのに、極めて有効な手段であったことが、ここにも示されている。

なお由緒書の記事に関して注目すべき点を若干指摘すれば、次の如くである。

一、景与養祖父が召抱えられた寛永四年は、すでに将軍は三代家光であるが、「台徳院様御代」つまり大御所秀忠の代とある。これについては、私はすでに論じているが（『江戸幕府政治史研究』第一章「近世初期の大御所と将軍」五「大御所秀忠と将軍家光」参照）、公儀の権力者は将軍家光ではなく、大御所秀忠であったことが、ここにも表われている。

二、景与に対する役職等申渡しの手続きをみると、養父の跡式承認は細工頭が申渡し、賄方への転役、同組頭への昇格は、若年寄の申渡しを、その頭が伝達している。これは細工所同心より賄方の方が上格であることを示す。更に支配勘定は老中が直接申渡している。同じ御目見以下であっても、支配勘定は役高も百俵で、一段と高かったことが判る。

なお（L一―六九一）「御筆（矢葺三郎右衛門御加恩一件之帳面之儀ニ付）」は左衛門と右衛門と一字違いなれど、一連の文書であろう。

七、宝暦六年（一七五六）十一月、越前松平家老芦田図書病気ニ付、退役せしめる事について

◎L一―二七

（外包み紙）

上

（中包み紙）

宝暦六子年十一月五日

常盤橋家老岡部造酒助・酒井外記・芝（マヽ）田図書義申上候書付類

（内包み紙）

宝暦六子年十一月五日、常盤橋家老岡部造酒助・酒井外記罷出、市左衛門及対談候処、芦田図書儀兼而病身故、病労も有之候哉、近来心得違之儀とも有之候。此上如何之儀も有之候而は、図書家柄之義ニも候間、間違等も無之内、退役為致、高知席被申付候様仕可然旨、家老共評儀一決仕候ニ付、内々入御聴ニも置候上、越前守殿も承知ニ而退役被申付候様仕度旨、書付ニ而差出候付、市左衛門請取之、入御聴候処、委細被為聞召届、尤之取扱ニ被思召候旨被仰出、造酒助・外記両人え市左衛門申聞、此書面ハ請取、留置候段及挨拶、此方共両人共承届置候。

芦田図書儀、兼而病身故、病労も仕候哉、近来心得違之儀も御座候付、政務え相障候義出来可仕も難計奉存候。依之唯今之内、無事故退役為致、高知席被申付候様仕度奉存候。尤何卒其侭為相勤候様仕度、様々申談候処、無難相済候へは一段之儀ニ御座候得共、却而如何様之存違等も有之、一通りニは難指置趣ニ相成候ハヽ、幼年之内与申、甚如何ニも可有御座候間、只今之内退役為致度奉存候。勿論図書家柄之者ニ付、取扱之品共ハ先例家格之通申付、役儀を相除候斗之積りニ御座候。当時幼年之義ニ御座候間、家老役被申付候節も、達 」御聴候上、申渡候儀ニ御座候間、御自分様迄御内々申上、達 」御聴被下、何とそ 」御聴被為置候上、申渡候様仕度奉存候。尤申渡方之儀は、無何事越前守殿存知ニ而、役義被指免候段申渡、 」刑部卿様ニも御承知被遊候趣も申聞候様仕度奉存候。

一、右ニ付、巨細之訳も可申上儀ニ御座候得共、右之子細相糺申上候而は、一通り 」御聴被為置被下候様ニは、御内々なからも難相成義も可有御座哉と此段も恐入奉存候。其上急度取扱可仕筋ニも可相成儀ニも可有御座奉存候。左様御座候而は事々敷罷成、幼年之内騒敷も相聞候而ハ、越前守殿為ニも相成間敷義と奉存候付、先此度は右之趣ニ申談候。乍然、私共申談、相決兼候ハヽ、猶又申上方も可有御座候得共、右之通軽ク退役申付候方可然と、同役共一統申談候ニ付、此度は子細委敷御尋も無御座、何とそ御聴済シ被為遊被下候様、御取扱被下度

奉存候。且又右退役之義申渡候ハヽ、其身甚恐入、迷惑至極可仕事ニ御座候得共、若存違之儀も有之、自然難捨置儀出来仕候様成義も御座候ハヽ、其節は巨細之訳可申上候。尤左様之儀ニ及候事ハ決而有之間敷奉存候。依之此度之儀は、一通退役被申付可然と、同役共評儀一決仕候。若」御不審之儀も御座候ハヽ、此段何分宜御取成被下候様仕度奉存候。

註・高知席――越前松平家臣の最上家格。本多三家・酒井二家・狛二家・芦田・松平・山県・稲葉・杉田・岡部・有賀・大谷・明石・荻野、以上十七家あり、この中から家老五人を出す（『福井県史』二、第二編第二章「藩制概要」）。

越前松平家の重役の人事であるが、当主松平重昌は元服したとはいえ、なお幼少（十三歳）なので、あらかじめ実父一橋宗尹の耳に入れ、その内意を得て処置しようとしたものである。

八、宝暦七年（一七五七）九月、一橋付切り廷臣の隠居、俸禄実子継承の願書

◎L一―二八

奉願候覚

寛延三午年五月御付切被仰付候。
御広敷御膳所御台所人筆頭
奥田　久治郎

高三拾俵弐人扶持、本国・生国共武蔵
内、本高拾五俵壱人半扶持
御足高拾五俵
御足扶持半扶持
外ニ御役金四両

御広敷御膳所小間遣相勤罷在候。
奥田　久七郎

高拾俵壱人半扶持
他ニ御役金壱両弐分
寛保元酉年十二月、当御殿御膳所六尺被召出、延享四卯年六月六日、御同所小間遣被仰付、
宝暦六子年十二月、御広敷御膳所小間遣被仰付候。
私儀、年罷寄、其上去子年十一月より足痛、町医師田中玄庵療治ニ而、色々養生仕候得共、

今以快気不仕候。取続御奉公可相勤躰ニ無御座候。依之、隠居被仰付被下置候様ニ奉願候。然上は私取来候御切米・御扶持方、実子惣領久七郎え被下置、可罷成儀ニ御座候ハヽ、御広敷御膳所御台所人被仰付被下候様、奉願候。以上。

宝暦七丑年九月　　奥田　久治郎

註・奥田久治郎は幕府の御家人であるが、一橋邸付切りとして移籍された。しかも前出矢葺景与の家と異なり、家督相続の認められる「譜代」の身分ではなかったためであろう、このように自分の隠居と、これ迄受けてきた俸禄を、実子久七郎が継続することの許可願いを出したのである。なお久七郎はすでに父とは別に、一橋邸抱入れという身分で、下級奉公人として働いている。それを父の跡に入れようという願いである。恐らく公儀の御家人の場合にも、同様のことがあったと想像され、世襲を認められない下級役職員の動静の一端を窺うべき材料である。なお一橋徳川家の記録（整理番号C一類）の中の『目付書付留』には、かかる下級邸臣の人事異動についての記事もあるが、生憎右『書付留』は、宝暦七年～十一年が欠けている。

九、宝暦八年（一七五八）十二月、一橋家老河野通延・同側用人兼番頭田沼意誠に対する優遇措置について

◎L一―二九

「上包み紙

「河野長門守・田沼市左衛門儀御願筋書付」

遠藤伊勢守

寅十二月十五日

御前より御渡被遊候御書付一通

右者先達而出雲守え御渡、御願之御書付」

(中包み紙)

「宝暦八寅年

河野長門守・田沼市左衛門儀、御願筋御書付

大岡出雲守殿書面」

御前御意被遊候者、先達て出雲守以」御願被遊候義」公方様え出雲申上候処、尤思召候者、年内余日無之候、」来春可被　仰上の義」御意之御書付御預置被遊候。

寅十二月十五日」

河野長門守

右長門守儀、重ク被為」御附置候ニ付、随分致出情」相勤候処、段々致老衰、近頃者」病身ニ相成、当時之役儀取続」難相勤躰ニ御座候、然処、拙者」幼年之砌より、数年無懈怠」相勤候者之義、何卒今暫」為相勤度存候、依之老年」ニ而も可相勤相応之御役え」御転被下候様、偏相願奉存候。」何分其元御頼申候条、可然様」御勘弁之上、宜御沙汰御頼入」存候。

以上。

寅十一月」

◎L一―三〇

書付（田沼市左衛門・河野長門守儀ニ付）　大岡出雲守　（宝暦九年）三月

（包み紙）

「　書付　　大岡出雲守」

先頃従　刑部卿様御直ニ蒙　御意候田沼市左衛門・河野長門守義ニ付、刑部卿様思召之御儀、

猶又御書付之趣、御序刻、言上仕候。右ニ付御意御座候者、市左衛門義、　刑部卿様御思慮之御義者御尤之御事ニ被為　思召候。乍去、　上より右之趣被　仰出候御事者、折も可有御座御儀ニ被　思召候。御手前ニ而市左衛門義御取立被遊候御事者、御勝而(マヽ)次第之御儀にて、何の思召も不被為有候との御事ニ御座候。右　思召之趣刑部卿様え可被御申上候。」　以上。

三月　　大岡出雲守

註・大岡出雲守——側用人大岡忠光。

河野長門守——公儀元勘定組頭河野通広の嫡子通延。享保十年（一七二五）小五郎（一橋宗尹）の近習番、その後、近習から用人に進み、延享三年（一七四六）公儀の役人に戻り、先手弓頭を勤め、寛延二年（一七四九）再び一橋邸に附けられ、家老となった。宝暦九年（一七五九）西丸留守居に転職したのは、前年の宗尹の願いが聞届けられたのであろう（『寛政重修諸家譜』巻一三五三）。

田沼市左衛門——田沼意誠、意次の次弟。享保十七年小五郎の小姓に召出され、一橋邸付切りの身分となり、やがて用人を経て側用人兼番頭に進んだ。宝暦九年、一度公儀に召返され、改めて一橋邸付人の身分となり、家老に任ぜられ、従五位下能登守に叙任された（『寛政重修諸家譜』巻一二一九）。これも河野通延の場合と同様、宗尹の願いによるものであろう。一橋邸へ自分の弟を入れたのは、田沼意次の勢力拡大の野望によるという通説もあるが、意誠が一橋邸付切りとして召出された時は、意次は漸く将軍に御目見を許された年であり、その様な野望を懐く状況にはなかった。其後の意誠への優遇も、宗尹の気に入られたからであろう（辻達也『江戸幕府政治史研究』第十二章「一橋治済と松平定信　一、一橋治済と田沼一派」参照）。

一〇、宝暦十年（一七六〇）二月、将軍家重・大納言家治の昇進・兼任の規式通知

◎L一—三一

（包み紙）

正月十二日、越前守殿より御渡候書付二通、壱通ハ田安へ持参、野田帯刀以上ル。一通ハ善左衛門以入御覧、御請被成候由、請取。

二　月

四　日　御転任

御兼任

右御規式有之候事

註・宝暦十年二月四日、将軍家重任右大臣、大納言家治兼任右近衛大将の規式が行われた（『惇信院実紀』巻三十一、『新稿一橋徳川家記』）。

野田帯刀――野田諸成、代々禁裡の楽人、父近方、元禄十二年（一六九九）江戸城紅葉山の楽人となる。諸成、寛保三年（一七四三）田安邸の近習番となり、のち用人に進み、宝暦十三年（一七六三）に至る（『寛政重修諸家譜』巻一五〇六）。

善左衛門――末吉利隆、先祖は摂津平野庄の豪族、近世には代々畿内の代官を勤め、祖父利長に至る。利隆、延享二年（一七四五）一橋邸の近習番となり、のち小姓を経て用人に進み、さらに側用人兼番頭に至る。安永六年（一七七七）幕府の徒頭に転任（『寛政重修諸家譜』巻九九〇）。

越前守――三卿にかかる伝達をするのは将軍側衆かと思われるが、宝暦十年の時点では該当者がない。或は越中守（稲葉正明）の誤記か（包み紙は後世のものかとも思われる）。稲葉正明は元文二年（一七三七）従五位下越中守に叙任、宝暦五年（一七五五）側衆御用取次となり、天明四年（一七八四）越前守に改める（『寛政重修諸家譜』巻六〇九）。

一一、宝暦十年（一七六〇）三月、将軍家重隠居の内意伝達

◎L一―二三

（外包み紙）
宝暦十辰年三月朔日
御老中御列座、堀田相模守殿より田沼能登守え御渡書付
外書付壱通
（中包み紙）
宝暦十辰年三月朔日、御老中御列座、相模守殿より能登守へ御渡、弥兵衛を以入御覧候
御隠密書付
外ニ一通書付入
（内包み紙）
御老中烈（マヽ）座、能登守え相渡候書付
（端裏書）
刑部卿殿家老衆え

　公方様年来御病身ニ被為入候ニ付、未御老年ニハ不被為在候得共、無処当夏秋迄之中、」右大将様え御政務被遊御譲、御本丸え被為移、　公方様被遊御隠居、西丸え可被成御移与被思召候。

表立候而ハ追而可被仰出候得共、先　御内意可相達旨被仰出候。

右之趣可被申上候。

　三月

註・『惇信院実紀』巻三十一によると、家重隠居公表は四月朔日に行われたが、三月朔日の月次の儀式の後、三家・諸大名に対して、その内意が伝えられ、またその御用掛が任命されている。三卿に対しては、それとは別に伝達されたわけである。


（別包み紙）

申三月十八日、大岡出雲守より御答、長門守・伊勢守へ出雲守被相渡、弥兵衛を以入上覧候上、弥兵衛を以、両人え御預ケ被遊候。

（包み紙のみで本紙なし。）


註・宝暦十年の家重隠居の内意伝達の書付と同じ包み紙に入っているが、別の用件の文書の包み紙が混同したものと思われる。大岡出雲守忠光（側衆御用取次乃至側用人在任延享三年〈一七四六〉～宝暦十年

〈一七六〇〉）と一橋家老河野通延（在任寛延二年〈一七四九〉～宝暦九年）、同遠藤易続（在任寛延四年～宝暦十二年）に共通する申歳は宝暦二申年である。

一二、宝暦十三年（一七六三）四月、島津重豪国元へ出立の際、進物使者について

◎L一―三四

（端裏書）　御両崇（マヽ）之後、御進物御使之一件

宝暦十三未年四月廿一日日記留

一、薩摩守殿来ル廿八日発駕に付、為御餞別、左之通被進候。

刑部卿様より

薩摩守様え　　御使

縮緬　十巻　　高林弥兵衛

干鯛　一箱

民部卿様より

一二、宝暦十三年四月、島津重豪国元へ出立の際、進物使者について

御手綱十筋
干鯛　一箱
刑部卿様被仰遣候」一薩摩守様近々御発駕被成候段、目出度、御満足思召候。依之、為御餞別、御目録之通被進之候。此旨宜申上候様ニとの趣、民部卿様よりも御同様之趣、
右　御口上、側用人赤松甚右衛門へ申達候。薩摩守様御直答、
益御安泰ニ被成御座、恐悦奉存候。然者近々国元へ出立仕候ニ付、為御餞別、御目録之通
被下置、忝仕合奉存候。此段宜との趣。
薩摩守様え
隼之助様
鎌三郎様より
鮮鯛一折ツ、
右為御餞別、大奥取扱ニ而被進之。
一、右御使高林弥兵衛相勤候。然ル所、当時御間柄之儀ニ付、自今以後、御使・御口上振等、御互ニ御両敬之御取扱ニ而可然哉之段、先達而能登守申聞、此趣御内々」刑部卿様御聴ニ被

達候儀ニ付、右之趣、先達而末吉善左衛門芝御屋敷へ罷出候節、赤松甚右衛門え申達候所、芝家老中えも甚右衛門申達、承知仕候段、甚右衛門より善左衛門え答有之候ニ付、弥右之通、御両敬之様相心得、則今日御餞別御使・御口上振相改、赤松甚右衛門・佐久間源太夫へ申達候。

右之趣、尚又」刑部卿様御聴ニも達候所、尤之儀ニ被為思召候旨被仰出候ニ付、則御用掛り御側衆へも、田沼能登守申達し置候。尤右御側□（衆カ）御達しニも及不申事ニ御座候得とも、」御上御身柄之御儀は、御三家方御同格之御事ニて御座候得共、御三卿様之御儀は、御家老初、其外」公儀より御附人有之、御雇御同前之御事故、何れも跡目御本丸へ御返しニ相成候者多御座候ニ付、公儀え之御時宜ニも被□（虫損）御座候間、一通りハ御側衆へ御咄し申置候様ニ被」思召候。依之、御家老共より御側衆へ被達之候而相済事御座候。此段」薩摩守様え申上有之候様、甚右衛門・源太夫へ弥兵衛申達之。

註　高林弥兵衛――高林明慶、一橋邸用人。
民部卿――一橋治済。
隼之助――一橋宗尹五男、黒田治之（この年十一月黒田継高養子）。

鎌三郎――一橋宗尹六男。
末吉善左衛門――一橋側用人兼番頭。
田沼能登守――田沼意誠、一橋邸家老（宝暦九年―安永二年）。

【解説】宝暦十二年（一七六二）十二月、一橋宗尹長女保姫は島津重豪と結婚した。これから後、一橋邸と島津家とは両敬の間柄、つまり対等の交際を結ぶこととなった。しかし一橋邸臣の間には、これについて必ずしも釈然とせぬ気持ちが長く続いた。右の覚書の記事はその表われの一つである。

すなわち右記事の中にも「御上（一橋宗尹）御身柄之御儀は、御三家方御同格之御事ニて御座候得共、御三卿様之御儀は、御家老初、其外公儀より御附人有之、御雇御同前之御事故、何れも跡目御本丸へ御返しニ相成候者多御座候」とあるように、邸臣の上層部は公儀の直参という意識を強く持っている。これに対し御三家は、付家老以外は陪臣である。つまり御三卿は御三家と同格というが、家臣を較べると、御三卿は一段格が上であり、まして一橋邸と姻戚関係になったとはいえ、島津家は対等の家ではないという意識がそこに読取れると思う。それ故、わざわざ家老から公儀側衆へ、島津家と両敬の交際をする旨申入れ、その事をまた島津家へも通知したものと考える。

一橋宗尹の実録『覚了院様御実録』十二にも、次の記事が載っている。

（宝暦十二年十二月十八日）

一、御用取次松平因幡守（康郷）え御家老田沼能登守（意誠）伺候者、近日松平薩摩守（島津重豪）為聟

入一橋え罷越候節、薩摩守家来被呼出、盃遣シ被申候儀、紀伊殿之例を承合候得は、加賀守家老共より紀伊殿え返盃有之候由申越候。都合御三卿取扱、御三家之振合ニ御座候得共、乍去御上之御身分えは、御三卿御身近キ儀ニ付、返盃之儀は軽キ様成重キ儀ニ付、私共有共無共難決奉存候得共、御老中方え書付ニ而相伺候も如何ニ奉存候。既ニ明日越前守亭え被罷越候節も、家老共呼出シ、盃遣シ、右之通取扱候積御座候に付、御手前様方より御老中方え、御内々之御伺被下候様仕度段申達候処、至極尤なる儀ニ被存候、豊後守えも談可被申との儀ニ而、則被申談、同様之存寄ニ付、因幡守より松平右近将監え被申達候処、御家老共相伺候趣尤之事ニ候、」御三卿様ニは、御三家方与者御振合違候事間々有之、殊ニ両家共大家之儀ニ候間、」上之御威勢加り不申候而は、取扱も難致筋有之候間、返盃は無之方可然旨、右近将監被申候ニ付、左候ハヽ、乍御内々御手前様迄申上候段、能登守え可申聞哉との儀、因幡守被申達候処、成程右近将監聞置候旨、御申通有之候様ニとの趣被申聞、委細言上之。

註・

加賀守――前田重教、夫人が紀伊宗将の女。

豊後守――水野忠友、側衆御用取次。

松平右近将監――松平武元、老中。

つまり紀伊宗将の場合は、娘婿の前田重教の家老の返盃を受けたが、御三卿は御三家より一段と将軍に身近な立場にあるから、越前松平や島津という大藩で、しかも一橋邸とは姻戚関係にある大名の家老といえども、返盃を許さないことにしたのである。一橋邸重臣達としては、御三卿は御三家とは別格と公儀に認めさせることで、公儀直参という彼等の誇りを満足させ、公儀の重臣達もこれを将軍の威光を高からしめる手段の一としたのである。邸臣達のこういう意識が、やがて島津家との間に摩擦を生むこととなる（後掲文書L一―五一・五二参照）。

一三、宝暦十三年（一七六三）四月、越前松平・島津両家当主への敬称について、家老の指示

◎L一―三五

（端裏貼紙）「壱」

宝暦十三未年四月廿一日

一、左之触書、田沼能登守御目付え相渡、御目付より御広敷御用人え順達之。

松平越前守殿・松平薩摩守殿御事、向後」御前向言上筋并」御屋形内ニ而者、様与相唱、常盤橋・芝之役人え之対談・諸文通、諸事右ニ准シ両崇之積可相心得候。

一四、宝暦十四年（一七六四）以降、島津家へ時節見廻の文案

◎L一―三六

（端裏書）
「御先代

宝暦十四申年六月、御両祟後、文例　」芝え御見廻御使案内文通案」

以手紙致啓達候。漸天気相成、別而暑気ニ罷成候。弥無御障御勤被成、珍重之御事御座候。先以」薩摩守様御所労ニ被成御座候旨、暑気之節、格別之御障も不被成御座候哉、日々御様子ハ被為聴候得共、尚又拙者罷出、御様子御内々相伺候様ニとの御事ニ付、御肴一籠被遣之間、則御目録とも相廻申候。暑気之節ニ御座候間、右御肴之儀、先宜御取斗可被下候。御口上之儀は、後刻罷出可申上候。書余期面上候。以上。

六月十一日

尚々、本文之趣ニ付、急度御見廻御使相勤候筋ニ而は無御座候。左様御心得可被成候。已上。

芝御用人

仁礼　仲右衛門様

末吉善左衛門

二階堂　源太夫様

【解説】この書状の端裏書は「御先代」と宗尹を称しているところからも判るように、治済の代になってから書込まれたものである。つまり島津家との文通の際の参考文として用いられたものであろう。前にも言及したが、後年島津重豪から一橋邸臣（特に老女）の態度が不遜であると、直々抗議を受ける事態が起った。或はそのため島津家との交際に特に意を用い、両敬の間柄となった当初の文案を抽出して参考文としたのかとも思われる。

一五、安永五年（一七七六）十月、一橋大奥老女態度不遜につき、島津重豪より口上の趣、一橋側用人末吉善左衛門書付

◎L一―五二

（端裏書）

「松平薩摩守殿口上之趣、末吉善左衛門書取、差出ス。」

末吉善左衛門書付

十月二日

一、薩摩守様より御直書被成下、御逢被成度御用事御座候に付、参上仕候様被仰下候。依之、翌三日参上仕候処、被成御逢、御用事之一件被仰含候御次第、左之通、奉承知候。

一、此度一ツ橋大奥え芝大奥より御通路相初り候付、去ル九月廿一日芝より女使御差出被成候ニ付、右御挨拶旁一ツ橋よりも、老女飯島為御使同月廿九日芝え罷越候処、茂姫様飯島え御逢被成候節、中座等者有之候得共、直ニ御側近く御間内え入、御目見致し、惣而手高成振廻、無憚儀共、御不敬成致方、御案外之事ニ思召候。其節 」薩摩守様・虎寿丸様・お敬様・御内証之御方、御引続御一席ニ而御逢被成候処、右ニ相准し、弥甚手高成義ニ而、御不敬至極之振廻、御不礼甚事ニ思召候。其以後於御茶屋ニ御饗応之節も、」薩摩守様御出被成、御自身御馳走、御手自御酌等迄被成、御もてなし被成候処、何之御会釈も不仕、御床前上座ニ着座仕罷在、其砌 」茂姫様ニも被為入、御馳走被遊候所、右之節も着座相改不申、少々身を振り候迄ニ而、聊憚候気色も無之、御不敬至極、言語同断(マヽ)之事ニ思召候。茂姫様え奉対、右之通之振廻ニ御座候得者、」薩摩守様・御子様方え者猶更之儀、御内証之御方初、老女中平野抔え之応答等之儀は、誠ニ部屋方者同然之取扱ニ有之、惣而御内証之御方其外老女中以下之女中、高下無差別同様之あしらい、是又一向ニ不相分、不相応之取扱、失礼目立候而、御不興千万ニ思召候。右之外、此度御通路相始り候以来、公私共諸文通、御格式も相立不申、不都速《(マヽ)》成文躰、是又御心外之事ニ思召候。」慈照院様御存生之内之儀は過去候儀ニ付、暫御中絶之事ニも候間、兼而」一薩摩守様被為入御念、芝大奥向えも被仰出、此度一橋大奥御通路初メニ付候而は、万端入念、御不敬之御儀等無之様、精々役女中合取扱候様被仰付置候ニ付、芝大奥役女中よりも別而諸事入念候而、聊之儀も一橋大奥え内掛合有之、問合之上、御礼文等之儀迄も案文等申談取扱有之、至而御叮嚀成義ニ御座候処、一橋大奥向よりは何之遠慮も無之、何事も御不都合千万成儀而已ニ而、則一橋より之来書并案文下書等、別紙之通数通為御見被成候通ニ御座候旨、是以右躰不都速《(マヽ)》之儀共、薩摩守様御格式も相立不申、惣而御差別も無御座大奥向取斗方ニ有之候。一橋表向より之芝表向え諸事御取扱之御儀、万事ニ至候而御厳重成御事ニ而、御双方御格式も相分り、御相当之御取扱振之御儀にて、毛頭相背ケ候御儀無座、誠ニ御叮嚀之御取扱ニ御座候処、大奥ニ限り候而者、右之通ニ御座候儀ハ、民部卿様は勿論之御事、家老中承知之事ニ而者有御座間敷哉、全老女中切之取斗之義ニ而も候半哉与、御推察被成候得は、旁以御心外至極之御事、御迷惑之事ニ思召候。尤是迄も度々不都合成義も有之候得共、何を被仰候も御間柄之御儀、万事御憚被成、御口外無御座、御慎、御遠慮被成、御黙止被成候得共、此度之儀は誠ニ余り敷致方共、御見捨ニ難被成、善左衛門御扣被成、御直ニ被仰含候之間、右之趣、新庄能登守え委細ニ申達、能登守勘弁之上ニ而、」民部卿様御聴ニも相達シ、自今御格式御相当之御取扱相整候様、被成度思召候。尤当時は格別成御間柄ニ被為成候御事、末永く御案（マヽ）心被成度御事ニ思召候。此節は」茂姫様司馬ニ御預り之御事ニ被成御座候得は、近年之内ニも一橋え御引移も被成御座候御儀、右躰ニ付、遠ク御考被成候得は、此節之一ツ橋大奥向之様子、御仕向ケ振ニ御座候而者、行々御間柄之御障も出来可申哉と、彼是御案心難被成、無御是非、御存念之趣被仰入候。誠ニ是迄精々被入御念、一橋え被為対、御不敬之儀無之様、万端御遠慮被成候得共、全ク御一分斗之御儀ニ而も無御座、被為対　」公儀え、御手前御先祖え御対シ被成候而も、御格式之御儀は御私之御事ニ而無御座、御相当相立不申候ハ而は相済不申、御遠慮不被為成、被為仰聞候との御事。

右之通、薩摩守殿直ニ私え被申聞候間、承違之程も難斗、あの方家来川上頼母え本文之通書面ニ仕立、懸ケ合候書面ニ付、文言右之通御座候。以上。

十月　　　末吉　善左衛門

註・茂姫――島津重豪女寔子、篤姫。治済長男豊千代（十一代将軍家斉）縁女。
　安永五年七月廿七日、将軍家治より、茂姫の名を賜る。
虎寿丸――島津重豪嫡子斉宣（初名忠堯）。
慈照院――一橋宗尹長女保姫、島津重豪夫人、明和六年死去。
新庄能登守――新庄直富、一橋邸家老（安永三年正月～同五年十二月）。

一六、安永五年（一七七六）十月、一橋大奥向文通、依然不相応について、島津家老より口達書付

◎L一―四九
　申十月廿九日
薩摩守殿、山岡市正を以、別紙書面之趣、口達ニ被申聞候ニ付、可相成候ハヽ、書付ニ而致承知度段、相答候ニ付、其段市正より右別紙書付差越候間、新庄能登守殿え進達仕候様、相覚申候。

（端裏書）

「六」

先達而一橋大奥向より此方ゑ取扱筋之儀ニ付、御直談申入候処、存寄之趣、早速新庄能登守方ゑ具ニ御達有之、被致承知候而、即評議勘弁有之候答之趣、委細被申聞、逐一致承知、御尤成儀ニ存候。然上者右一件、先々心底解候事ニ御座候。乍去、猶又御尋申入度は、先年一橋より芝ゑ之御取扱振、御両敬之被仰出も有之、本望至極、忝御事ニ奉存候。其以来一橋御表・大奥向より之御取扱振、諸事御両敬ニ而有之、就中一橋御表よりハ別而御丁寧之御事ニ而、当時迄も不相替御両敬之御応答ニ有之、今般御重縁ニ相成候而ハ、猶更之御事ニ候。夫ニ付、茂姫御方様文字等之儀も、先達而一橋御表より御改之趣、御順之儀も、」豊千代様御次之積ニ被仰越、致承知候。然処、大奥向文通等文字柄致相違、且亦其外文通共、御両敬之次第も不相分、文字柄等格式不相応成ル認方有之、惣而大奥向ニ限り右躰致相違候儀は、先達而被仰下候御改之文字柄、若哉間違之筋ニ而は無御座候半哉、又は大奥向御右筆所抔之心得違ニ而も有之候哉、いつれ先達而致承知候御議定通、致相違候儀、難致安心候。右趣御糺之上、致承知度、此段今一応申達候との趣。

一七、安永五年（一七七六）十月、島津奥向へ対し、一橋大奥よりの取扱不遜につき、老中田沼意次・御用取次稲葉正明より、一橋家老へ注意申渡

◎L一―五一

一、松平薩摩守奥え、一橋大奥より御取扱手高ニ而、弁通等も御間から不相応事も有之趣、薩摩守方より内々主殿頭・越中守迄、沙汰有之由、右ニ付而、段々家老衆へも承候所、其御方大奥ニ而何レも甚間違心得居られ候様ニ、両人被存候。全体御両卿様は御三家之御格ニ而、すへて御三家之次に御付被成候事故、表ニ而ハ其所間違無之、たとへハ家老衆ハ　公儀御旗本之人当分御附ケおかれ候而、身分ハ重く候而も、表立御三家・御両卿之家老と格式ニ而御出シ被成候時ハ、御三家家老之次え御両卿家老付不申候而ハ不相成義ニ候。左候へハ、奥ニ而も右之振合御同様ニ可有之事ニ候間、御三家之奥向之取斗承合、其通ニ有之度義ニ付、御両卿ハ御三家とちかい、又格別なと〻と《（マヽ）》中義、何ツ方よりも出候義決而不承事ニ候。尤国持之衆と御縁組有之、御姫様被遣候而も、定而たゝ今迄格外之義有之たるやと存候得共、是ハ先方ニ而其通りニ而相済候分ハ、何レ御内証之御事ニ而、宜事ニハ無之候得共、かの御間柄之表立不申事故、兎も角もニ而有之候得共、此度薩摩守有体ニ見方より糺有之候得は八、御そ

うとうニ無之候而ハ相済不申候。既ニ捨置候得ハ、御縁談之障りニ相成候事れきせん候。あの方尤ニ而、此方の間違ニ而御縁之障ニ相成候てハ、甚夕いかゝニ被存候。早速御三家之奥承合被申候様ニ、両人衆被申候。扨又御間柄と申上ハ、薩摩守ニ候得ハ、薩摩守御一所ニ御成被成候義故、御たかひに諸事家風ト御立不被遣候而ハ成不申、たとへハ薩摩守方ニ而是ハか様か様之格式と申セハ、其者ハ一ツ橋ニ而も薩摩守申付候通りの格式相当ニ御取扱被遣、又一橋ニ而是ハか様之格式と申御定有之候者ハ、たとへ御内々之御定ニ而も、薩摩守も其通りニ取扱候義ニ而、」公儀へ出候時ハ、此内々之定メハ一向不相用事ニ候へ共、御間柄御一所之内ニ而者、御たかいニ其通り御用無之候ハてハ、御間柄と申筋相立不申候。か様之所ニも、一ツ橋を公儀と心得居られ候而ハ、甚以間違ニ候。畢竟たゝ今まて、右之所御三卿様とも大奥ニ而ハ御糺無之候故、何之心付も無之、何レも打過被申候と存候。能々合点有之候様ニ被仰達候ハヽ、わけ合随分呑込可被申事ニ存候旨、くれ〳〵被申聞候。

一八、安永五年（一七七六）七月乃至十月、一橋大奥と島津家との軋轢一件につき、家老新庄直宥覚書

◎L一―四四

（端裏書）

「日記書抜　　　新庄能登守」

松平薩摩守殿、常々御取遣之儀、宝暦十三未年四月廿一日、御両敬之儀、田沼能登守諸向え申渡、大奥えも相達候事。

一、安永五申年七月廿日、茂姫様御事、左之通、末吉善左衛門を以、大奥え相達置候。

豊千代様　」一茂姫様　」一庸姫様　」一　力之助様

右之通　」一茂姫様、御子達御同様ニ被成、御名順・様文字等書面之通之旨、尤御子達御同様之儀は、越中守殿え伺之上、御用番右京太夫殿えも御届相済候事。

一、安永五申年七月廿八日、茂姫様御子達御同様与被為成候ニ付、右御実母、薩摩守殿ニ而も国母ニ准、様付ニ相唱候段、家老山岡市正より届書差出候ニ付、入御聴、末吉善左衛門を以、老女え達ス。

一、申十月四日、別紙之通、末吉善左衛門書付并老女文通相添、差出候ニ付、評儀之上、薩摩守殿え及挨拶候は、老女勤方之儀は前々より仕来も有之候。依之、以来之儀は兎も角も、此度

之儀は御沙汰無之相済候様致度段、末吉善左衛門を以、薩摩守殿え申遣候処、相考、追而挨拶可有之旨、末吉善左衛門え答在之候。同月廿五日、薩摩守殿側用人佐久間九十九、能登守宅え罷越、申聞候は、此間末吉善左衛門え、薩摩守殿存念之趣被申達候所、一々承届、此儀薩摩守殿存念之通相済不申候ニおゐてハ、重而目通も致間敷与請合候程之儀、何之訳も相立不申候挨拶ニ而、何共薩摩守殿心底相済不申、朝暮夫而已申募、甚心労ニ相見、右躰御振合之所え茂姫様御入輿之儀、甚不致安堵候間、此砌存念も相極度由、勿論全右次第ハ老女并御右筆中之取計方故、右之通相成候事之旨、九十九申聞候間、右之思召之所は承置候。尤老女之儀は御附人、其外之もの迚も一橋之人々ニ候得者、薩摩守殿思召被加筋如何ニ存候。人之儀は」　民部卿様思召ニ被任可然候。右一件、御趣意之儀は承置候。御失礼成儀有之候之段、被仰聞候所承捨ニは相成間敷候間、其趣相心得、宜可取斗旨及挨拶候。

一、同月廿九日、善左衛門、薩摩守殿え呼ニ来、罷越候之処、老女御使一件之儀は、此度之能登守挨拶振ニ而被致承知候。併御両敬与相極候事、老女諸文通、左様も無之訳之儀は如何之儀ニ候哉、猶又被尋候由、善左衛門申聞候。

一、右之通被申越候ニ付、山口出雲守・末吉善左衛門・皆川藤右衛門え評儀之上、老女不念ニ相成候而は後々迄不宜候之間、右諸文通等区々成ル儀は、表方より大奥え達シ行届不申候ニ付、

右之通与存候間、是迄之儀は用捨有之候様、能登守申聞候段、善左衛門より薩摩守殿え申達可然段、　」民部卿様えも入　」御聴、取斗候様、善左衛門え申達、則善左衛門罷越、薩摩守殿え申達候所、承知之段同人申聞候。

一、右之通相済候趣意者、薩摩守殿より大奥女中取扱之趣、　」民部卿様達　」御聴候得共、其儀は一向御沙汰無之、右之筋御含ニ而候哉、御右筆共品能転役可被仰付由、皆川藤右衛門ヲ以、御内意被」　仰出候ニ付、其蜜（マヽ）便も程能ク可致旨、末吉善左衛門え申談候ニ付、前後之一件相済候。右御右筆転役之儀は、旧冬老女え被仰付候由、是亦皆川藤右衛門申聞候所、未タ老女より御右筆えは不申渡由に候。被　」仰出候事差留置候筋、難相分候事。

註・庸姫――治済長女。
力之助――治済二男治国。
山口出雲守――山口直郷、一橋邸家老（安永五年十月～七年七月）。
皆川藤右衛門――皆川政敷（カ）、蓋し一橋邸番頭兼用人。『寛政重修諸家譜』巻一二七二、久田譜に、久田長考（後掲L一―四〇参照）の弟政芳が一橋家臣皆川藤右衛門の養子となるとの記載あり、恐らくこの政芳の養父であろう。

一九、安永六年（一七七七）二月、島津家との軋轢につき、一橋老女よりの弁明書

◎L一―五七

（端裏書）
「酉二月廿日
　飯嶋・松瀬方より差出候書面写」

私儀去秋芝え御使相勤候節、勤方之儀に付、薩摩守様思召寄之趣、且芝大奥へ此大奥より御取扱筋手高ニ而、御文通等も御間柄御不相応の義も御座候間、芝御格式ニ御相当不致とのおもむき、先達而此御方へ御内々思召寄御断之趣も御座候ニ付、右之段々其砌いさゐ新庄能登守殿御申きけ入候。承知いたし候所、御使其外御取扱筋、御文通等之儀も、毎々より仕来り申伝へのおもむきにて、何も御不相応成儀も御さあるましきやと、御答申候得とも、尚また御文通等心得違も御座候半まゝ、新庄能登守殿先達而より御とり扱之儀ゆへ、御談し申、相あらため可申与存居り候内、能登守殿へ御やくかい被成候。其以後御てまへ様方へ御問合申候はつニ御座候所、延引いたし候内、此間高岡殿より、御逢被成、被仰聞候義御座候だん被仰下候に付、上り

申候処、高岡殿被仰聞候趣、都而御三家之奥向うけ給り合セ、御文通等取扱候よふにと被仰聞候。扨又御間柄之義も御座候得は、諸事御相当ニとり扱申へく所、其処問合等参り届不申候歟、そまつ成ルとり扱等も御座候様ニ御きゝおよひ被成候間、此已後は表向承り合、ばんじ取斗ひ候様ニと被仰聞候。私とも是迄御問合等まいり届き不申、不念之段、御気之毒ニ存上候。何か御てまへ様方御とり扱ニもおよひ申候事、不調法恐入候御事存上候。芝へも何分よろしく御取はからひ被仰上被下候様、御祢かひ申上候。以上。

二月　　　飯島

　　　　　松瀬

山口　出雲守殿

伊東（マヽ）　志摩守殿

註・高岡殿——公儀老女。

伊藤志摩守——伊藤照方、一橋家老（安永六年正月～七年五月）。

二〇、天明三年（一七八三）五月、越前松平・黒田・島津との交際、両敬の取扱について、一橋治済指示

◎L一―一三四

（上包紙）

「越州・筑州・薩州家へ御両敬之儀ニ付　」御筆入

五月廿七日

御内御用筋御筆

当御用向

但馬守

肥後守」

（中包紙）

「書付　」家老共え」

一、薩州・越州・筑、三ケ所共ニ、先代之末より、当時迚も専両敬之取斗ニ相成罷在候。

一、先代小五郎様、松平兵部太輔え養子被仰出候刻、　」公辺伺之上、双方家格之取斗ニ相済事。

別段

一、御三家、此方と相互ニ格合通リ、殿、口上振ハ被申候、被存候と取斗申候事。
右は何レも粗及承候通、新庄能登守勤役中より伊藤志摩守勤役中迄申送ニ相成候。薩州え女使勤方并書法等之儀共、彼是と先方難渋申掛り、押合候内歟覚申候。

内々主殿頭声掛ニ而、高岡より老女共呼出シ有之、書面相渡り、無拠此方ニも承知之趣ニ及挨拶申候。何を申候も、重キ場所向より之世話之事故、心服ニハ無之候得共、致許容候。其後も越州之儀ハ間柄之儀ニハ候得共、度々文通し、彼是も有之、此方ニ而ハ了簡致罷在候得共、此以後万一間柄之故障等ニも拘り候而ハ以之外之儀ニも候間、初発之伺済、扨御三家と相互之使、口上振等ニ准シ、表向之所斗ハ取斗、大奥向ハ是迄之通りニ而居置キ候ハヽ、双方共ニ不敬之筋ニも相当り申間敷と存候間、甚六ケ敷品、何レも心労ニハ可有之候得共、程能取斗有之度儀と存候。

一、先段之意味有之候節、文之書法、御三家方、能登守承り候歟覚申候処、諸家え被嫁候御息女えハ勿論通路有之、夫之方ハ女使并文使等無之、其類ハ右御息女え御頼之振合ニ而、奥附老女取扱ニ付、相当例無之由ニ候。諸家御片付之御男子、先々家格之通り之由、是又及承り申候。

註・先代小五郎――一橋宗尹長男、松平重昌。
松平兵部大輔――松平（越前）宗矩。
主殿頭――田沼意次。
高岡――公儀老女。

【解説】この文書の年代は記されていないが、宛所の但馬守・肥後守は家老水谷勝富（在任安永七年五月～天明五年六月）・林忠篤（在任天明元年六月～寛政三年五月）であるから、天明二年乃至五年に限定出来る。

一橋が筑州、即ち福岡黒田家と姻戚関係を結んだのは、宝暦十三年（一七六三）宗尹五男隼之助が黒田継高の養子となり、黒田治之と名乗ってからであるが、治之は天明元年十一月に死去した。その後、治済が家老に対し、黒田家との両敬関係をあらためて指示したのは、天明二年（一七八二）十一月、治済三男雅之助が黒田治高の養子となったからであろう。雅之助は翌三年四月、黒田家桜田邸へ引移った。それ故、この文書は天明三年五月二十七日のものと認められる。前に島津家と軋轢があってから既に七年後であるが、「重キ場所より之世話之事故、心服ニハ無之候得共、致許容候」という文句からも察せられるように、なお一橋側には蟠りがあったようである（参照四三号文書〈L一―一〇九〉）。

二一、寛政十二年（一八〇〇）五月、一橋邸経済について、公儀側衆平岡頼長宛、一橋家老飯田易信・久田長考内伺

◎L一―四〇

（端裏書）

「五月十六日、美濃守殿へ御家老衆両人ニて被差出候御内伺扣」

民部卿殿勝手向之儀、領知内追々荒地・川欠等ニ而、収納も相減候処、繁栄ニ随ひ入用相嵩、無油断省略被致候而も、追年之跡繰ニ而難行届、一体延享之度領知拝領被致候後、引続屋形焼失、普請等入用も不少、自然と跡引ニ相成候儀ニ而、従来其年収納迄は遣切ニ相成、繰合可申手段も無之事故、立入候町人共え用金申付取斗来、利分引有之事ニ而、別而手繰必至と差支、度々拝借等被致取続、其後御手当金拝領、又ハ御取替米金等を以取賄ひ、近来は一橋殿え御手当も御座候儀故、種々勘弁之上、収納より収納迄之間、不足之分、一橋殿御手当之内より繰合、翌春迄ニハ返済候而、漸間を合候儀ニ御座候。尤利分も無之故、可成之繰合も出来候得共、右躰繰合可申品無之節ニ至候而ハ、全く差支可申儀は歴然之儀、領知之内不宜場等御引替可被相願候得共、是以不容易事ニ付、

印□

外　欄　上

（□）「是迄ハ尾島より差越候文言」

（上欄外）「是よりハ御好ニて相直り候文言」

見越後年之儀、只今より被申立候様ニ候得共、其所御両卿ニも甚心痛被致、往々之備何とか被致置度段、毎度被申候ニ付、領知内之者并立入候町人共え用命申付、金三万両程も差出サセ、先達而之振合を以　」公儀奥御金之御積ニ而御貸附ニ相成、右利分年々一橋屋形え相廻り候様被致度、取調仕候処、領知内ニも格別手厚キ者も無御座候ニ付、存候程ニも用金出来兼候義ニ御座候間、拝借金被相願度儀ニ御座候得共、夫ニ而ハ矢張　」公辺え被奉懸御世話候道理ニ相当り候故、被相願候義不本意ニ被存候。依之、三万両程之出来仕候儀ヲ何分御評議被下、成就仕候へハ、永久安堵之基ひ罷成候間、先此段被及御内談候。依之申上候。以上。

五月　　　　両　名

右之書面、五月十六日美濃守殿へ御家老両人ニて進達有之候。

前条之文言□印より上と、此□印の文言ハ定右衛門より差越候案書也。

後年之儀、只今より被申立候様ニハ候得共、其所両卿ニも甚心痛被致、往々之備何とか被致置度段、毎度被申候。○△当時公儀ニ而も御入用多御時節ニ付、

（下げ札）〇ニ付、領知内より三万両程も用金差出サセ、公儀へ差上置キ、公儀奥御金之御積ニ而御貸附ニ相成、右利分年々一橋屋形へ相廻り候様被致度、取調仕候処、領知内ニも格別手厚キ者も無御座候ニ付、存候程ニも用金出来仕兼候儀ニ御座候。△此下札之通、文言かへ可申哉と伺候処、猶又かへ候文言御書取ニ而相下り、本文仕立候事。

下げ札

御差扣候得共、又後年ニ至、年々拝借等被申立候様ニ而は、気之毒ニ被存候ニ付、先此段被及御内談候。尤只今之様子ニ而、乍見越一ヶ年三四千両程も不足可仕趣ニ相見へ候之間、縦令ハ三万両程も拝借被仰出、直々御貸附ニ被成下、年一割之利息を以、元金丈ケ返納相済候上、右金高御貸居ニ相成、利分年々民部卿殿勝手向え御差加ニ相成候ハヽ、ヶ成ニ繰合も出来可致哉ニ存候。御時節柄、差極候而も難相願候間、右等之程合を以、何とか御勘弁之上、後々之備出来、案心（マヽ）被致度、此段先つ御内々相伺候様被申付候間、申上候。以上。

付札

（付け札）「此段御内談可仕旨被申候。依之申上候。以上。」

月　　　　両名

【解説】この文書には、五月十六日家老両名が美濃守へ差出とあるが、何年であるかは不明である。『一橋徳川家文書目録』（茨城県立歴史館編）はこれを安永元年（一七七二）に載せているが、それは恐らくこの年六月、一橋邸が幕府から金三万両を拝借しているので（『新稿一橋徳川家記』）、その事とこの文書中に「三万両程も拝借」したいという文言とを結び付けて、年代を割出したのであろう。しかし注意しなければならないのは、文書の中に「民部卿殿」と「一橋殿」と、両卿が存在し、「一橋殿」には近来御手当が支給されていると記してあることである。安永元年には一橋邸には両卿は存在しないし、当主治済は、当時領知の他に手当は受けていない。

一橋邸に両卿が出来るのは、寛政五年（一七九三）六月、治済六男好之助が嫡子として元服し、民部卿斉敦となってからである。同十一年正月には治済が隠退し、斉敦が領知継承を許され、治済に賄料年額五万俵と、内々に年金五千両を支給されるようになった。家老両名による勝手方援助要請の文書は、この年以降のものと見做すべきである。

私はこれを寛政十二年のものと推定する。その根拠として次の文書を掲げる（最樹院は治済の法名、つまり治済の直書の一部を後年筆写したものが『最樹院様御筆写』である）。

『最樹院様御筆写』下（「一橋徳川家文書」A一―一八）

寛政十二申年二月　御家老え

一橋勝手向之儀、覚了院（初代宗尹）様御在世之節より、収納方と遣ひ方と引競候得は不足致し、町人又は領知百性共え用金申付、間ヲ合候処、連年借用金相嵩、返済之手段無之、公辺え御願之上、御拝借金有之、返済候得共、素より不足之事故、無程如元ニ相成、又御拝借ニ而用金も片付候得共、全躰如何様ニ万端致省略候而も、諸士之分限高多分之儀ニ而、致方も無之、諸侯之振合ニ家来共より借り米と申事も、在所又は長屋住居と申事も無之、借地借宅等之事ニ付ては差支、右様之事も成兼、既ニ此方代ニも拝借相願、用金返済も有之、其後田安之収納方等為承合候へは、此方取箇と拾ヶ年平均候ては、小物成共ニ而、現米三千石余、田安之方多く、右ニ而取調候得は、納払共ニ大概一盃ニ可参趣ニ付、浚明院（十代家治）様御代追々申上、此方暮し方相認出し、御勘定所ニ而御調之上、勝手向直り候迄、年々三千両ツヽ可被遣旨被仰出、其砌は御取替米金も年々有之候得共、跡引之勝手向ニ而、兼而之用金返済等ニ差湊、其上厄介多、吉凶之物入打重り、行届不申、又々其段申上候処、御紏之上、用金之儀、已来申付間敷旨、依之年々壱万両充、勝手向直り候迄可被遣旨被仰出、右ニ而取計、追々振合も相直り候処、飯田町屋敷拝領ニ付、新規普請、尤御金拝領も有之候得共、多分之足金致し、同年類焼、右ニ付品々入用有之、引続神田橋屋敷拝領、尤御金拝領之処、鳥居丹州（老中鳥居丹波守忠孝）え為手当相贈、且又家作大破、其外難捨置場所修復并建継等之入用多分ニ有之、無程自火ニ而焼失、右故又々品々入用有之、将又淑姫君様お入輿ニ付、添地拝領、右之地所え相住居可申処、至而大破、其上修復可行届家作ニ無之、併玄関・書院其外表向ニ可成ニ相用候得共、居間ヲ始、普請出来、是又拝領金ニ而は中々行届不申、多分之足金有之候、尤右等も追々之御仁恵故、手限ニ而相済候得共、是等は当座之儀、扨当時は此方え別段ニ篤キ御手当被成下候故、一橋之方不足之分は、去年中も取替之振合ニ而、三千両相廻し、間ヲ合セ候、先ツ年々右之趣ニ而凌キ候得共、自然此方死後ニは、必至と差支可申は眼前之儀ニ存候間、死失之節は、此書面を以、執より申立、領知之内不宜場所、村替等ニ相成候様致度存念ニ候、尤以従来御料所之内ニ而は恐入候間、近来上知之内抔と御引替ニ致度心願ニ候、右之趣相叶候得は、永久安堵不過之候、此段兼而申達置候、以上。

申

二月

右の文章の末の方に「領知之内不宜場所、村替等ニ相成候様致度存念」とあるが、これは両家老の要請書に「領知之内不宜場等御引替可被相願候得共」とあるのと一致する。これは恐らく治済の発想であろう。また治済の文章「当時は此方え別段ニ篤キ御手当被成下候故、一橋之方不足之分は、去年中も取替之振合ニ而、三千両相廻し、間ヲ合セ候」と、両家老の要請書「近来は一橋殿え御手当も御座候故、（中略）不足之分一橋殿御手当之内より繰合、翌春迄ニハ返済候而、漸間を合候儀ニ御座候」、更に治済の文の末尾「右之趣相叶候得は、永久安堵不過之候」と両家老の「成就候へハ、永久安堵之基ひ罷成候」という結びなど、文章に一致する所が少なくない。これは両家老の要請文が治済の家老宛自筆文書を承けて書かれたものだからではあるまいか。こういう理由から、私は両家老の要請書の提出は寛政十二年（一八〇〇）五月十六日と認定する。

この年十二月、幕府は治済への内々の年金を三千両増額し、八千両支給することとした（『新稿一橋徳川家記』)。表向きの理由は将軍家斉が頻繁に父治済を訪問するための経費としているが、金額が一橋邸側の要請額と一致しているので、その要請に応じたものであろう。

この年代推定に基づけば、一橋邸の両家老は飯田能登守易信(在任寛政二年~文化二年)と久田縫殿頭長考(在任寛政九年~享和元年)である。ことに久田長考は祖母が一橋初代宗尹のお守を勤め、父の代から一橋附切の邸臣として仕え、長考自身治済の厚い信任を受けた才物で、破格の抜擢で家老を勤めた(辻達也「徳川御三卿の生活」『専修人文論集』五三)。この要請文は恐らく治済と長考との合作ではあるまいか。また提出先の美濃守は、側衆御用取次の平岡頼長と思われる。頼長も将軍家斉の信任厚い側近であった。なお久田長考は翌享和元年(一八〇一)公儀の大目付へ栄進した。大目付は旗本の役職としては最高に属し、公儀から移籍された一橋附切の身分であった者としては破格の抜擢といえる。長考はそれほどの能吏であったわけであるが、また長考を治済から切離そうという幕閣の策謀であったという解釈もある(参照九六号文書〈L一―五七二・六三九・六九八、L四―二一〇〉)。

二二、安永五年(一七七六)、一橋邸経済について、一橋治済覚書

◎L一―五五

御筆ニ而被成御渡候御書付三通壱封シ

一、田沼市左衛門事書付は、山口出雲守殿え差進候事。

一、横尾六右衛門儀、別紙書付之通之事。

一、一橋御勝手向甚差支ニ付、致勘弁可取斗旨、被仰渡候ニ付、去々午年、諸向御入用減方之儀、末吉善左衛門申談候所、諸役所是迄段々相減候間、御入用減方無之旨申聞候得共、御収納与御入用引合不申候ニ付、押而諸役所一割宛之減方申渡、日々諸役所吟味詰、定金之儀は御勝手掛断ニ而為相渡、臨時御入用之分は、能登守内訳帳迄一覧之上、御金断（マヽ）御勘定奉行え相下ヶ、御金渡致候筈ニ去々午年申渡候。定金も七分通りは相渡、残ル三分は内訳吟味相済候上、相渡候事。

一、御領知・大坂御借用金、去々未年（マヽ）、主殿頭殿え申上候上、不残三拾ヶ年賦・弐拾ヶ年賦申付、請書取置候。年賦金之外、当時御借用金無之候事。

一、壱ヶ年御賄方之儀、前年十月より翌九月迄之御引当ニ而無之候而は、年賦金并松平越前守殿より之古借、并江戸表之少分之年賦等不相済内は、御繰廻出来不致候。且又御切米　」公儀之通十月渡りニ而候、御金引足不申候間、十一月より十二月上旬迄之内相渡申候積ニ而無之候而は、御金引足不申候間、是非（カ）書面之通申談候事。

一、米方不足候間、此御買上方之儀、其時々甚勘弁在之候事。

一、年賦等不相済内は、年々御金御不足ニ付、定御用金凡四千両宛は差出候積、於拙宅各立合之上申渡、請書取置候事。
一、臨時御入用之儀、専遂吟味、可成たけ年繰ニ相弁候様取斗候得は、御収納ニ而尤御賄相済、御有余金も有之候積ニ候。臨時御入用之方ニゆるみ在之候得は、年々御借金ニ相成候間、此儀分而勘弁申談候事。
一、年中御褒美仕来り多分之儀ニ有之候間、年々減方之儀御勝手掛りえ申談候事。
一、前年之御入用差引、翌春御用取次衆え懸御目候。
一、去暮之御入用差引、当春え越米金書付、凡積り、横尾六右衛門差出置候。弥右之通ニ候得は、当九月迄御入用御手遣《(マヽ)》は無之積りニ候事。

註・田沼市左衛門――田沼意致、元一橋家老田沼意誠子、当時公儀目付。安永七年七月より一橋家老。
横尾六右衛門――一橋邸用人横尾昭平。安永八年五月、家禄五十俵加増、百五十俵となる。
山口出雲守――山口直郷。安永五年十月より一橋家老。
松平越前守――松平重富。宗尹三男、治済兄。越前福井城主。

（追補二）

◎L一―四三「安永三午年九月　田安御相続筋一件」

（上包紙）安永三午年九月

田安御相続筋一件

「表紙」

安永三午年九月

田安御相続筋一件

大蔵卿様御大病ニ付、御相続筋之儀一件

午九月朔日

一、左之通、於田安、高岳え」宝蓮院様御直ニ御渡被成候由。

宝蓮院様御願之趣写

大蔵卿先頃より病気の所、段々薬も転し、さま〳〵養生致候得共、とかく通しもつき申さす、日増にふそくも多成、食事も段々けんし、くたひれも付、一両日のやうたい、ことの外大切の様子ニ而、中々本復ハ致申ましき様子ニ御座候。夫ニ付、大蔵卿にハいまた嫡子も御座なく候へは、此上万々一の事も御座候節は、跡式相続致候ものも御座なく候ニ付、一入心をいため申候。もちろん万々一の事も候ハヽ、いかやうとも」 公方様思召ニ而、よろしき様ニ被遊可被下候得共、わたくし願おりむき、まへひつに申上候ニ付、何分よろしくたのみそんし候。右願の趣は、御三卿の御ふり合も御座候得共、此上大蔵卿万々一の事も御座候ハヽ、跡式万事是までのとをりにて、相違なく、いつれへ成共そうそく被仰付被下候様ニ、ねかひ申上候。夫に付、賢丸事先たつて松平越中守え聟養子被仰出候得共、いまた結納等も済申さす、あの方え引越も致申さす、公方様え御目見も申上す事に御座候ニ付、何とそ」公方様思召ニ而、賢丸事御とりもとし被遊被下、相続仰出され候之様ニ、いくへにも御ねかひ申上候。種姫事、未ゑん組も無御座候まゝ、御三家方御子達之内より、たやす相続被仰出被下候へハ、種姫事家督ニ成候間、血筋ハ同し事ニ御座候得共、男子ニ而相続と、女子ニ而そうそくとハ、ことの外ふり合もちかひ候事故、何とそ〳〵此所ハ」 公方様思召ニ而、賢丸事御取戻シ被遊被下、相続仰出され被下候ハヽ、いかほどかありかたき事ニ御座候。御ふり合のほとも存申さす候得共、御先格も承りおよひ申さす、万一の節はいかか成候事哉、おちつき申さす候。くれ〳〵何分にも」 思召を以、ねかひの通りに、賢丸え相続 仰出され下され候やうに、ひとへに御ねかひ申上候。左様ニ相成候得は、悠然院様御跡も相続いたし、すへ〳〵の者迄安堵致候事ニ御座候。此趣をいつれにもよろしくたのみ存候。

午九月二日

一、左之剪紙、清水同席より到来、并御書付写とも差越ス。

以手紙致啓上候。弥御障も不被成御座、奉珍重候。凡は今日大屋遠江守方え右近将監殿御逢、御口達ニ而被仰渡候趣、覚書ニ而御渡候由、遠江守方より讃岐守え被為見候間、右写懸御目申候。右被仰渡之趣、田安ニ而」大蔵卿様え申上、明日右近将監殿え御挨拶、御口上も申上候由、尤清水・一橋えも、今日之被仰渡之趣、大蔵卿様より御吹聴御使有之筈ニ遠江守申聞候。依之、」　上より被　仰出候儀ニは無御座候得共、重キ被仰渡筋之儀、田安より御吹聴ニ而被為聞候事ニ御座候間、明日清水・一橋よりも、右近将監殿迄御口上有之可然段評議仕候。先刻申合候通、明日御伺書進達ニ付、御互ニ登城仕候間、猶又御城ニ而被仰合被下、口上振は田安御口上ニ准可申述奉存候。将又明日之進達書文言之内、今日田安え被仰渡之趣ニ相障候儀も御座候間、右相障候文言之分は相除申候間、左様御心得可被下候。右之段可得貴意、如此御座候。以上。

九月二日

設楽兵庫頭様
新庄能登守様
　　　　　　　　　　　　　　吉川摂津守
　　　　　　　　　　　　　　本多讃岐守

右近将監殿、大屋遠江守え御渡シ御書付、田安より到来。
大蔵卿殿御大病ニ付而は、抱入之者抔ニは、彼是雑談騒動致間敷ものニも無之候。」御仁情之儀ニ候得は、格別難義ニ相成儀ハ被」仰出間敷候。心得違有之候而ハ甚如何成儀、却而面々為ニも相成間敷候間、急度相慎、御下知を相待可罷在旨、兼而被申聞置候様可被致候。

午九月三日

一、左之進達書、清水・一橋四人ニ而、越中守殿え御直進達之、御請取被成候。至極御尤之御儀、奉畏候、御答は追而可申上旨、被仰聞候。
　但、同日兵庫頭御直ニ入御覧。

伺
　　　　　　　　　　　　　　吉川摂津守・本多讃岐守

設楽兵庫頭・新庄能登守

宮内卿殿・民部卿殿被申候。大蔵卿殿所労ニ被在之候処、此節甚不被相勝、無心元様子ニ而、中々快気も被致間敷様躰ニ御座候。就夫、大蔵卿殿嫡子無御座候間、相続之筋も相見不申、いか斗歎敷被存候。何卒可相成儀ニ御座候ハ、、格別之」思召を以、無相違相続之儀被仰出候筋も御座候様ニ、偏被相願度存念ニ御座候。右被相願度存念之趣ハ、賢丸事、一旦松平越中守え聟養子被仰出候得共、未結納等も相済不申、越中守方え引越不申、御目見も相済不申候儀ニ付、可相成儀ニ御座候ハ、、何卒右賢丸え相続被仰付被下候様ニ被相願度被存候。又は其儀難相成筋ニ御座候ハ、、御三家御舎弟方之内より相続被仰付被下候様ニも、被相願度被存候。宝蓮院様より被相願候存念之趣も御座候段被承、何れニも無相違相続之所ハ、同様ニ被相願度候。乍然、御振合も相知不申候儀に付、右之趣を以被相願候而も苦ケ間敷哉、先此段御内意相伺候様、被申付候間、申上候。以上。

九月

吉川摂津守・本多讃岐守
設楽兵庫頭・新庄能登守

午九月七日
一、稲葉越中守殿御口達書付
大蔵卿様御病気御勝不被成候に付、万々一之御事被為在候而ハ、御子様も不被成御座御事故、御家督之御事、何角御願被思召候趣共、委細書付評議致候処、御三卿様之御事は、御国・御城等被為進と、急度御分国と申ニは無之、御部屋住料として御領知被為進置候御事ニ而、実々御子様被為在候得は、又直ニ其御料被為進候御事ニ而、若御子様不被為在候得は、御部屋住料は上り候事ニ、有徳院様御定メ被置、元来御儀定御座候御事ニ候得は、当時ニ至り、思召ニ而被仰置候御儀定を御背き被遊候儀は、決而難被遊御事ニ御座候ヘ、此度御願之趣、急度被仰立候而も、当時いか様とも、思召相替候儀被為成間敷御事哉ニ、いつれも奉存候。御跡々御振合如何之御支も無御座、末々軽キ者迄も難儀成義も無之様、思召も可被為在御事哉ニも御座候得は、右躰御願、表立不被仰上様可宜奉存候。再応評議致候趣、右之通ニ御座候付、此間拝見被仰付候書付致返上候。

午九月八日

一、左之御書付、右近将監殿御直ニ兵庫頭え御渡被成候ニ付、善左衛門を以入御聴。
　但、従御城御書付一橋え差越、能登守披見之上、被入御覧候様、善左衛門え能登守申達之。

　　民部卿殿家老衆え
大蔵卿殿逝去候跡共、思召も有之ニ付、只今迄田安え被遣置候御領知、其侭田安領与被成置、御附人・御抱入之者共も、田安附与可被成置候。
右之通被仰出候。此段可被申上候。

【解説】田安邸はこの様にして、安永三年（一七七四）八月二十八日、二世治察が死去すると、天明七年（一七八七）一橋治済の五男斉匡が相続する迄、十四年間当主を欠いた。これを廻る事情については、拙著『江戸幕府政治史研究』第九章「徳川御三卿の性格」に論じてある（なお後掲九二号文書〈L一—四五五〉解説参照）。

松平定信『宇下の人言』には定信の白河松平家への養子について、「元と此事は田邸にても望み給はずありけれども、其時の執政ら押しすゝめてかくはなりぬ。其頃治察卿にも未だ世子も持ち給はず侍れば、いとど御世つぎなきうちは如何あらんなど聞えけれども、さりがたきわけ有りしこと、此事は書きしるしがたし」とて、田沼意次等の強要と「さりがたきわけ」によって、治察も止むなく、定信を養子に出すことを承諾したと記している。

また田安宗武の簾中宝蓮院の言葉として、「賢丸(定信幼名)を久松家へ養ひにやりしは、元と心に応ぜざる事なれども、執政邪路の計らいより、詮方なく斯く為りし」と、田沼の奸計によって承諾させられた旨を記し、定信もそれを説明して「執権より台命のやうにあざぶきていひければ、其上はせんかたなく許し給ふ」と、田沼意次が偽って将軍の命令と称して承知させたと述べている。

『楽翁公伝』には、定信を強制的に白河松平氏の養子としたのは、田沼が定信の天性の才徳を忌憚し、後日万一定信が田安邸の当主から将軍家に入るような事態を除去したものかと推測し、且「さりがたきわけ」とは一橋治済の野心に基づく陰謀ではないかと想像している。しかし上掲の「田安御相続一件」を見ると、この時治済も賢丸の田安相続を強く望んでいたことは明らかであり、『楽翁公伝』の推測は、後に治済が定信と対立し、定信失脚の中心的存在となったことからの逆推に過ぎぬといってよかろう。

『宇下の人言』にいう「さりがたきわけ」とは、定信の養父松平(久松)定邦の強い願望をさしていると私は推測する。寛政二年(一七九〇)五月に水戸治保が一橋治済から聞いた話によると(『文公御筆類』一〇八六)、定邦は久松家を溜詰の家格に昇進させたいと願い、その第一段階として将軍家の一族を養子に迎えようと、田沼意次に運動し、意次の圧力で実現したという。定信は養父への孝心から、その裏話を書残せなかったものと想像する。

定信も賢丸の時点では、田安邸廃絶の理由を十分告げられていなかったかも知れぬが、老中就任後、尾張宗睦・水戸治保と協議している時には、御三卿の継嗣については「有徳院様(徳川吉宗)御議定」というものがあり、田安邸中絶もその「御議定」を根拠とした措置であった事を確認している。『宇下の人言』には「有徳院様御議定」に全く言及していないのは、政敵田沼意次の奸悪の印象が弱められるからであろうか。

二三、安永七年（一七七八）、一橋邸財政についての治済の心願

◎L一―六八三

（包紙）「書付」（治済筆）

兼而何レも相心得居候心願之筋之儀ニ付、此節猶又存居候品、別帋ニ相達候。内々極密々ニ与兵衛え調申談、去ル頃迄ニ相調イ、何レもへ内々談シ可申と存罷在候内、能登守折節相見申候ニ付、幸以前勤仕之節存シ之儀候。極内々相咄、不苦候ハヽ、登城之刻、主殿頭方へ直談致候而も可然哉と致物語候処、相考へ、其上答可申旨ニ而、四五日過、又候相見へ、申聞有之候ハ、前々之挨拶之振合にて、御規定等有之候間、談し候而も可致評義旨、先即答ニ而、評義ニても迚も難相成段、咄有之候ニ付、左候ハヽ」御用多之儀ニも候間、殿中ニ而最早得御意申間敷候。又時節も可有之と申談、先相延へ候心得ニ付、何レもへも末《マヽ》打割委敷儀ハ

不致物語候。併為念、乍心得相咄申候事。

一、家老両人、是迄之通り御附人之積り、尤殿中向勤方等見越シ候乍事、是迄之通りニ仕度心得ニ候。

一、番頭・勘定奉行迄、是迄ハ御附人之処、国勝手ニ相成候積り故、相除キ申候。夫共、公辺より被仰付候ハヽ、格別之儀と存候。且右之七役、其外末々迄、已前より相残候者之儀御返し方之儀、早速よりと申候而ハ難儀之筋も品ニより可有之候間、追々公辺相応之明キ有之次第、相願候心得ニ候。

註．与兵衛――大林与兵衛親用。安永三年公儀勘定組頭から一橋邸用人となる。天明六年公儀役人に戻り、西丸裏門番頭となる（『寛政重修諸家譜』巻一四六〇）。

【解説】この文書は治済自筆であるが、年月不詳のため、『一橋徳川家文書目録』では、その他の同様の文書と共に、治済死去の日付で一括し、（文政十年二月二十日以前）としてある。しかし文中に「能登守折節相見申候ニ付」とあるのが手掛かりとなる。一橋邸と関係ある能登守は、家老田沼意誠（宝暦九年～安永二年）・同新庄直富（安永三年～同五年）・同田沼意致（安永七年～天明元年）の三人であるが、この中、新庄直富は家老から公儀大目付へ転じて後、安永七年五月から一橋邸勝手向に関与を命ぜられて、十二月に至る（『新稿一橋徳川家記』）。上記「折節相見申候」はこれに該当すると考える。即ちこの文書の年代は安永七年と推定する。

治済は次掲文書（L一―一一五）でも述べているように、食邑ではなく、御三家と同様、城地を望んでいた。この件を新庄直富に、田沼意次と評議するよう依頼したのであるが、直富の答では、到底可能性はないとの事なので、当分様子を見ることとした旨、家老達に咄したものである。

治済の構想は、家老は公儀からの附家老とするものの、番頭以下は家臣とし、附人達は公儀へ返し、大名家として独立したかったようである。これに対し、幕府は翌安永八年十二月、拝借金返納を十ヶ年延期し、更に年金三千両を十年間支給することとして、治済を宥めようとした（『新稿一橋徳川家記』）。しかし治済がこれについて強い願望を持ち続けていたことは、次掲文書からも窺える。

二四、天明四年（一七八四）八月、一橋邸経済について、一橋治済口演の覚

◎L一―一一五

口演之覚

一、勝手向差支ニ付、度々厚キ　御恵ミ有之候而、種々省略申付来候得共、年分収納と暮方引合不申、去年より申上置候処、段々御紏之上、去ル頃ハ結構ニ御手当テ被仰出、難有安堵致候。

全ク主殿頭殿始メ、厚キ御世話之儀と満足ニ存候。又々間も無之、左之趣心願致候儀、甚恐入候御事ニ候。併先年も被仰出、此方身分之儀ハ是迄之通、其外ハ諸家之振合ニ押移り取斗可申旨、被仰渡有之候。猶又格段倹約相用、外借用金等不致用被仰出、承知之上、何レも始、御附被置候者、其外抱入之者共一統申合候儀ニ候。然ル処、先代　御本丸より当屋敷え御移徙之砌より之形合、引付ケ有之、并諸役人等何レも公辺御役人より勤方伝達有之候由、前々より及存申候。何ヲ申候而も、何も存候通り、其形ヲ略候間、捗取不申候。一躰之所、如何様ニ省略申付候而も、仕来等も有之、旁何も引当テニ相成候程之見合も無之、自然と入用相嵩ミ、家来共末々迄も右之気分付纏イ、別而女中向抔は、今以御本丸御広敷より勤来候者抔も有之、結構之御様子等存居候間、中々此方并何レも始メ役人共存候程ニハ行届不申儀共有之候哉ニ存候。然ル上ハ、迚も此分ニ而ハ又々領知凶作、臨時吉凶等も有之候ハヽ、定メ而早速より差支申上候様ニ相成候而ハ致難渋候。

然共、右躰之儀ハ全ク天災之事、不時・臨時迚も、訳相立候儀ハ、何分迷惑ニハ存候得共、是迄と違イ、先段々相認候通り、外借用等不申付儀ニ付、無拠申立候ハヽ、猶又主殿頭殿始、世話も有之候ハヽ、　御恵之筋も可有之哉ニ心強ク存候得共、左様ニ訳も難相立、日用少分ツヽ之入用、且又子共成人ニ随而追々無拠入用相増可申、其上先達而申立候砌より、可相成丈ハ厳敷険（マヽ）約申付、是迄年来仕来り之事共迄も相止させ候事故、右躰之儀ハ追々ニハ立戻り可申哉、少々宛之廉々重り候得ハ、大造之入用之嵩ニも相成可申、か様之筋ニ而相嵩候節、申立ニも難相成、甚難渋ニ存候。夫ニ付、先年も内々心願之儀申談候通り、何卒城知拝領被仰付、此方国元致往返候ハヽ、又別段之仕法ニ相成、同高之諸家風儀取斗向迄も承合之上、仕法等相立候ハヽ、可然存候。諸家ニ而ハ公役共多ク有之、国許致往返候而も、何分取続居申候間、何卒右之通ニ致度候。左候ハヽ、別段之儀ニ相成、一統和熟可致哉ニ存候。尤供立斗是迄之通りニ致度候。其外ハ屋形限り之儀、身分ヲ始、諸家之通り質素ニ致度候。当時之姿ニ而ハ、何レ清水・田安之並も有之、出来不致儀ニ存候。

領知村々様子書之内、古城跡有無之儀、内々ニ而前々相糺置、猶又此節も内々相糺候処、相違無之候。甲州之内、中条村と申所ニ、武田勝頼古城跡有之候由、迚も急々ニハ出来不致候間、弐三拾ケ年も掛り、皆出来之手段ニ致、当分ハ手軽ニ住居斗取繕イ、可成ニ住居致度候。尤家来共、追々ハ皆在住申付候様致度候。

扨又、　公辺より御出方申上候儀恐入存候間、何分当時之収納高ニ御手当壱万両ヲ差加へ、右之割合ヲ以、甲州ニ不残領知拝領致度候。左候ハヽ、是迄之領知、播州・泉州・関東筋不残差上候心得ニ候。此儀如何ニ候ハヽ、当時之領知其侭被差置、御手当金丈之積り、甲州え

地面拝領致度存候。尤有来り甲州其侭被置候積り、其外巨細之儀ハ兼而極内々与兵衛へ調申付置候。相尋可然候。

（一部断簡カ）

最前移り候事故、為心得申聞候。

八月

註・『一橋徳川家文書目録』には本文書を天明二年に配列するも、本文に「去年より申上置候処、段々御紏之上、去ル頃ハ結構ニ御手当テ被仰出」とあり、また「御手当壱万両」と記してある。治済が公儀より一万両の手当金を支給されるようになったのは天明四年六月からである（『新稿一橋徳川家記』）。従ってこの文書は天明四年八月のものと考える。

二五、天明六年（一七八六）正月、一橋邸御鷹方支配について

◎Ｌ一―四一―一

山本彦三郎儀は、御鷹方作略並被仰付罷在候儀故、是一人は相除、其余一同ニ御鷹方支配之支配

ニ可被仰付趣評議仕候上、御家老共え被申聞候処、右之趣奉畏候得共、村田亥之助・細井平七・細井平次□(共ニカ)一旦御用人支配ニ相成居候事故、此度御鷹方支配ニ入候得は、御用人共直支配より又支配ニ罷成候儀、御本丸ニ而も御咎筋は格別、例格無御座儀故、如何ニ奉存候□(間カ)、相伺候。

依之、左之通、明朝御家老共え可申聞哉、奉伺候。

御鷹方支配之儀、昨日被仰付候趣、猶又奉伺候処、成程御尤之儀ニ御座候。乍然、先年より大御番格・小十人格共ニ、身分之儀は組付ニ而、頭々も持ニ而御座候処、去年四月より組ヲ離候ニ付、先御用人支配ニ被遊被差置候儀ニ御座候。行々御鷹方支配被仰付候ハヽ、不残御預ケ可被遊御含之儀ニ御座候間、苦カル間敷哉、猶又今朝御請申候様ニ被仰出候。尤先年御徒頭・小十人頭并奥向抔、御家老支配より御用人支配ニ被仰付候例も御座候間、此儀も御請申候様ニとの御儀ニ御座候。

(治済筆)至極此趣尤ニ存候。明朝此趣共、家老共へ相達可然候。

【解説】『一橋徳川家文書目録』には、この文書を安永二年(一七七三)四月として載せてあるが、それは整理の際、次に掲げる安永二年の文書二点とこれとを、御鷹方に関係する文書という点が共通している故か、一連のものとして扱ったためと思われる。しかしこの文書は、右に明らかなように、年月は記されていない。

この文書の年代を考える手掛かりとしては、先ず山本彦三郎が「御鷹方作略並」仰せ付けられたのは、『御定高并御定人数』下（D一―一四九）によると、天明四年（一七八四）五月六日である。また同史料によると、村田亥之助・細井平次は共に天明二年四月に御鷹方見習に任ぜられ、村田亥之助は天明八年五月に大番士に転じている。これらの記事から推論すると、この文書の年代は天明四年以降、八年以前ということになる。

さらに同書には「百五拾俵　御鷹方支配　壱人」として、一橋邸創立以来の役人の変遷を記した後に、当初は「御鷹方作略」という役名であったが（天明六年正月十一日）、「以来者書面之高、御役名ニ而、御道具奉行之次、壱人役之御定ニ相成候。是迄大御番・小十人御鷹懸之者は頭々支配ニ而、御目見以下斗御鷹方作略之支配ニ候処、此節より以上以下共、支配ニ被仰付」と記してある。従って前掲文書もこの記事に関連するものと考えられ、右文書に「御鷹方支配之儀、昨日被仰付候趣」云々とあるところから推すと、この文書は天明六年正月十二日のものではあるまいか。一橋治済は天明四年頃から、腹心の番頭兼用人久田長考に命じて、一橋邸職制の大掛かりな改革に取組んでいるが、御鷹方の改革もその一環かと思われる。

二六、安永二年（一七七三）四月、一橋邸御鷹方給与について

◎L一―四一―二

（端裏書）「両奉行」

一、大御番格より御徒格迄、蠟燭代壱ヶ年金壱分宛。
一、奥口番格より御鷹方同心迄、人足代・蠟燭代壱ヶ年金弐両宛。
一、御鳥見組頭え、御鷹野御用触金壱ヶ年金五両。
一、御鷹方同心見習、人足代・蠟燭代壱ヶ年金壱両ツヽ。
一、同見習野装束代、壱ヶ年金壱両弐分ツヽ。
一、御雇御鷹方同心見習え、野装束代金三分ツヽ。
　但、当時無御座候。
一、御鷹部屋小遣之者、小紋羽織・合羽・股引代壱ヶ年銀拾四匁ツヽ。
右之分、去辰年中迄、御納戸ニ而相渡り申候。以上。
　四　月　　　　　　　　　　両奉行

二七、安永二年（一七七三）、一橋邸御鷹方給与定

◎L一―四一―三

惣御鷹方渡り、人足賃・蠟燭代

御鳥見渡触金共、

金三拾五両

大番組頭格壱人・小十人組頭格壱人・小十人格壱人・御目見以上格壱人、合四人は壱ヶ年壱人ニ付壱分ツヽ、同心格四人・壱ヶ年壱人ニ付弐両ツヽ、御鷹方見習壱人は壱ヶ年壱人ニ付壱両ツヽ、御鳥見渡り人足賃壱ヶ年五両ツヽ、築地御鷹部屋小遣之者股引・合羽代共。

右之通、安永二巳年、御定有之。

〔参考〕

『一ツ橋御目見以上以下　高席順』（御目見以下）

天明六午ノ十一ヨリ

御鷹方同心

四石壱人半扶持

外役扶持壱人扶持

諸入用金壱両三分

拾弐人

最初御徒ヨリ御鷹掛、延享四卯ノ八ヨリ御用人支配御鷹方同心と成。宝暦十二午ノ二ヨリ野扶持止、役扶持被下。明和二酉ノ正ヨリ御鷹方作略支配ニ成。

（一代御目見）

同　格　　御鷹方

拾三石弐人扶持　　甘利七左衛門

（御目見以下格式）

御徒格　　御鷹方

拾石弐人扶持　　中村　清七

外諸入用金弐両

御鷹方

拾石弐人扶持　　甘利　長次郎

外諸入用金弐両

【解説】鷹匠達の俸禄の他、野装束等の支給に関する具体的な記述は珍しい史料といえよう。就中、蠟燭代の支給に注目される。これについては、

「鷹狩は未明に出発するので、その調教は、月夜を避けた暗闇の〝夜据え〟が始めであり、基本である。原則として、調教は換羽後、鳥屋出しは、早いのは夏に始め、毎夜灯火を必要とするので、蠟燭代の支給は鷹匠には当然であるが、史料としては珍しい。」

と加藤秀幸教授から御教示に与った。

二八、安永七年（一七七八）七月九日、中井万太郎御用金切手調達の件

◎L一―六〇

（包み紙）　水谷但馬守様　　新庄能登守

（端裏書）　但馬守様　　能登守

以手紙啓上仕候。土用中弥御障不被成御座、珍重奉存候。然者中井万太郎出府仕候由ニ而、昨日横尾六右被参、内藤市十郎欠合候趣、書取一覧仕候。御用金壱万両迄ハ出来可申趣承知仕候。右出来方、米切手を以調達可仕趣ニ御座候。米切手之事は委細可被成御承知候。一橋ニは御蔵屋敷、大坂ニ御拝領而已ニ而、未御蔵も無之、殊ニ御米八年限り御払ニ相成、御蔵

詰米は無御座候。右之通ニ而御座候処、米切手を以御金調達之義、書面ニ而ハ相分り不申候。若当冬大坂廻米引当ニ而御金調達之訳ニ御座候哉、此段得と承糺被成、可然存候。

一、若御蔵元可致与申もの之、蔵御用立可申由申立候由ニ御さ候間、御米彼もの御預り有之ニ付而与申名目ニいたし、米切手を以、八・九月頃五千両も御用立候と申事ニハ無御座候哉(カ)、此段得と御糺も可被成哉。

一、米無キ蔵え封印附、米有之分ニ而、米切手を以金用相弁候類、侭ニハ有之哉様(マヽ)ニ及承申候。是ハ則、空米切手を以金用相弁候類ニ付、先年御書付出申候。

一、米切手を以、一橋御用金調達之事ニ候得は、得と御内伺も不被成候而ハ、容易ニハいつれ共御相談相成兼申候。諸家とハ違、少も表裏成手段ハ、御殿之面々不被致様ニ、兼而御手配仕置度存候。

一、是迄相勤候為替方ニ御借用金有之、年賦ニ相成候。此度之もの、御用金差出候ニ付而ハ、御蔵元幷為替御用共一円相勤申度由ニ御座候。左候得は、左為替方御借用金如何取斗候而可然哉、此段も得と御評議物と奉存候。

一、此度之世話人上坂不致候而ハ、相談相調不申候由ニ御座候。渡瀬惣次郎ハ御殿之御人ニ御座候間、如何様ニも可相成候得共、長沢茂左衛門事ハ、御徒方相勤、殊ニ当時小普請方仮役相勤罷有候間、公儀之御人ニ付、御願之上、御借人ニ相成、上坂被仰付候筋と奉存候。右御願ニ付而ハ、御用筋具ニ不被仰上候而ハ、御借人ニも相成申間敷候間、此等之趣ハ能々御勘弁ものと存候。

一、右御用金御返済方はこひ合、得と御勘弁ものニ御さ候。此間御寄合之節、申渡候小収納と諸払書付、昨日六右被差出、一覧仕候通御座候。定而御熟覧と奉存候。右之通ニ候得は、御返済方之儀、当八・九月頃借用、直ニ当冬返済之筋ニ而ハ、明年之御操廻し中々出来申間敷候。縦令一万両之金子二度ニ出させ、初之五千両を後之五千両ニて返し候と申手段、口上ニ而ハ可参事之様ニも被存候へ共、大金之やりとり、遠国ヲかけ候取斗、丈夫成事与ハ落意仕兼候間、此御相談ニハ御一例仕兼候。

一、右之通御座候。中井万太郎事遠国より参、長逗留も如何ニ御さ候間、早々御片付被成候而、御帰し被成可然存候。依之、私存寄ハ前段ニ相認候趣、内藤市十郎え御直ニ得と被仰含、御尋させ被成、彼もの申口御聞被成候上、此方之好ミ之米切手等ニて金用難申付候。其上大坂ニ前々為替用達四人御さ候。御扶持も被下来、其上右為替より大金借用有之、年賦ニも申付置候間、為替之儀ハ取替候事難成候。蔵元は相談次第申付候事も可成候へ共、大坂用達人数相増、公辺向えも手広ニ相聞、遠慮ニ候。万太郎義は格別之事ニ付、御用金も差出候ハ、御

扶持方も可被下候。依之、返済方之儀寛々受取候様可致候。右之通ニ而、調達金可有之候は、地方改役之内一人差遣可申候。長沢茂左衛門義は公儀御人之事ニ付、難相成筋之旨申渡候方ニ可有之候。此外私存寄無御座候。右之思召を以、程（カ）能御取斗可有御座哉存候。

一、万太郎罷帰候節、皆川藤右衛門取斗ニ而、銀子ニ而も不被下候而ハ相成間敷哉、遠国より罷下り候ものニ付、御手当ハいつれニも可有御座哉奉存候。長逗留は御無用ニ奉存候。

一、都而御金出来方之儀、少金当座借ハ格別、大金之分ハ、返済方当暮、来暮抔と限候筋ニ而は、御操廻し出来仕間敷候間、返済方寛成筋ニ而出来候様、何も出情之方可然存候。貴面ニも可得貴意候得共、私存寄為御心得、得貴意度候。旅人不用之義長々留置候義、気毒ニ付、宜御勘弁可有候。右可得貴意如此候。以上。

七月九日

註．水谷但馬守――水谷勝富、一橋邸家老（在任安永七年五月～天明五年六月）。

新庄能登守――新庄直宥、当時大目付、元一橋邸家老（在任安永三年正月～五年十二月）。大目付へ転じて後、安永七年五月から十二月迄、一橋邸勝手向に関与を命ぜられていた。この文書はその間のものである。

横尾六右――横尾六右衛門昭平、当時一橋邸用人。

皆川藤右衛門――皆川政敷（カ）、蓋し一橋邸番頭兼用人。『寛政重修諸家譜』巻一二七二（久田譜）に、久田長考の弟政芳が、一橋邸臣皆川藤右衛門の養子となるとの記事あり、恐らくこの政芳の養父であろう。この藤右衛門は安永三年二月、物頭格奥向頭取に任ぜられて居り、当時は御勝手掛助を命ぜられていた。それ故、この中井万太郎の御用金調達一件に係わったのであろう。但『寛政重修諸家譜』に皆川藤右衛門の家譜はない。

「空米切手ニ付、先年御書付」

（『御触書天明集成』米穀之部　二八八七号　宝暦十一年）

大目付え

大坂表諸家蔵屋敷払米之儀、廻着米高其外空米を書加え、有高より過米之切手を出、相払、且廻米都合いたし度節は、右過米切手之分買戻候類有之由相聞、正米直段幷自余之切手米売買ニ相障、甚不宜候。依之、以来右体之空米・過米等書加致売買候儀、堅令停止之条、其旨急度可相守、若違犯之輩於有之は、可為曲事者也。

十二月

右之通、可被相触候。

（この禁令は、明和四年〈一七六七〉九月、安永二年〈一七七三〉二月、天明二年〈一七八二〉八月にも繰返され、この時には呉服師後藤縫殿助が米切手改役に就任している。）

二九、安永七年（一七七八）七月十九日、中井万太郎一橋邸出入并扶持支給の件

◎L一―六一

（包み紙）　水谷但馬守様　　新庄能登守

（端裏書）　水谷但馬守様　　新庄能登守

以手紙啓上仕候。残暑強御座候得共、弥御障も被成御座間敷、珍重奉存候。然者、中井万太郎儀、一橋御出入被仰付、御領知御用向相弁、御扶持方弐拾人扶持被下置候儀、主殿頭殿・出羽守殿御内意も相伺候所、伺之通与相済申候儀は、御承知之通ニ而御座候。今日安藤弾正少弼よりも、相障候儀無之段、別紙之通、答書差越申候。御届をも可申上哉与末之文言ニ有之候。此儀は得与相考、右近将監殿・出羽守殿・石見守殿えも、御連名ニ而御差上候様ニも可仕候。猶亦此儀は追而可得貴意候。

一、右之通、御本丸向者、諸向相済候間、此上者其御殿え、御手前様より御伺被仰上、其　御殿御伺済次第、最早私え御左右ニ及不申候間、御勝手次第被仰渡候様ニ奉存候。

一、私儀　御殿え罷出、御一同召出、相願申上之儀も、此間御内談仕置候処、此節段々御用向多、一両日中罷出候程難斗奉存候間、先万太郎御扶持被下候御伺、御仕廻被成候様奉存候。
一、山口出雲守殿御病気者如何御座候哉、色々御噂も承申候。無御心元、貴報ニ委敷御様子承度奉存候。右ニ付も嘸々御取込御繁多与奉察候。折角残暑御凌被成候様奉存候。
一、万太郎え御領知御用内糺之儀、昨日委敷横尾六右え申談、御手前様御承知ニ御座候ハヽ、左之条被申談候様申達候。
一、信太芝地新田之事、
一、泉州・播州百姓持林無年貢之場所之事、
一、泉州溜沼不用之場所糺之事、
一、一トウ郡御取箇取落候場所、御取箇取上方之事、
一、大坂御蔵屋敷取立方之事、
右五ケ条、内糺之上、何れニも公儀御吟味ニ而無御座候而者、難相済筋合与相聞候間、内糺之儀、万太郎え申付虚実内糺、御手前様御承知之上、公儀御差出相成候筋与奉存候。委細者直談上可承（カ）貴意候得共、先此段得貴意置候。以上。

七月十九日

註・主殿頭――田沼意次。
出羽守――側用人水野忠友（在任安永六年～天明五年）。
右近将監――老中松平武元（在任延享四年～安永八年）。
安藤弾正少弼――勘定奉行安藤惟要（在任宝暦十一年～天明二年）。
石見守――若年寄酒井忠休（在任宝暦十一年～天明七年）。
山口出雲守――山口直郷、一橋邸家老（在任安永五年十月～七年七月）。
一トウ郡――播磨国揖東郡のことであろう。同郡七カ村二千百六十石が、延享三年（一七四六）以来一橋領となっている。

三〇、安永七年（一七七八）七月二十七日、中井万太郎一橋邸出入并大坂米蔵建設等の件

◎L一―六二

（端裏書）　但馬守様　　能登守

以手紙啓上仕候。不勝天気一入残暑御座候得共、弥御障不被成御座、奉珍重候。然者昨日安

三〇、安永七年七月二十七日、中井万太郎一橋邸出入并大坂米蔵建設等の件

藤弾正少弼別紙書付差越申候。一覧仕、進達仕候。御答書被仰付可被下候。御出入扶持被下、御領知御用相勤候もの故、少ハ取扱有之候様ニとの御答ニ而も可然哉奉存候付、思召通被仰付、私扣も乍御世話被仰付可被下候。奉頼候。

一、中井万太郎えも、右之通御答書被遣候段、被仰渡可被下候。尤其節、公儀御用之節は無遅滞罷出候様可被仰渡哉、奉存候。

一、横尾六右え申遣候米買上之儀、定而御承知可被下と奉存候。此義御くり廻し専一ニ御さ候。私勤務中ハ此事専一心付申候。去年ハ御買上米之手段、手配り薄く相見へ候故、直段違ニ而甚御不手廻しニ相成、現ニ当年御互ニ心労仕候通ニて候。此中、当時油断御座候へは、御金方之積合違候間、何卒強響き不成様ニ御買上米仕度候。田安之方随分相談出来仕候。夫よりも前納之もの出来可仕候は、其方ニ仕度奉存候。とら(マヽ)ハ此方之勝手宜義故、相談相手も出来仕兼可申哉奉存候。兎角此儀御手配専御相談被下度候。

一、此間六右え御伝言申上候通、万太郎御扶持被下候御届ハ、右近将監殿・主殿頭殿・出羽守殿・石見守殿え差上申候間、左様御心得可被下候。

一、大坂御蔵屋敷え御年貢米詰置、御払米ニ不致候而ハ、兎角米直段下直ニ相成候義ハ、此方ニ御相談申上候通、遠処(カ)ニて相知候事ニ付、御米蔵取建方之儀は、弥御相談相決、取建

候方と奉存候間、場所宜所ニ而御蔵出来候様見合、御内意相伺見可申候間、左様思召可被下候。大造之御不益御座候中故、能々御勘弁被下度候。尚貴顔可得貴意候得共、此段申上候。已上。

七月廿七日

尚々、安藤弾正え答は、明日御城え御持参可被下候。已上。

三一、安永七年（一七七八）七月、大坂御蔵屋敷地ニ付申上候書付

◎L一―六三

（上包み紙）絵図書付入

（中包み紙）

書付　壱通

絵図　弐枚

中井万太郎

（端裏書）

御蔵屋敷地之儀ニ付申上候書付

中井万太郎

一、先達而被仰立候大坂御蔵屋敷地之儀は、及見候処、場所末、其上地低ニ而、出水之節は毎度水附ニ罷成候段、及承罷在候地所故、御役人中被指置候御長屋斗御取立被遊候ニも、一躰之地面御築上、御普請無之候而は、右被指置候衆中毎々難渋之筋も可有之哉、尚又御廻米御手当御米蔵御取立も被遊候ハヽ、旁以地形高ク築立不申候而ハ、仮初之雨天ニも水気地面ニ相残り、御蔵詰御米相囲申候ニは甚不宜、勿論地面築立候ニは御入用も多ク相懸り可申哉、たとへ地面御築立御普請出来候而も、右申上候場所柄故、向寄悪敷、御米相望候者も自然と少ク、御払米懸札等之詮議も薄可有御座哉、一躰御蔵屋敷之儀は、河岸端ニ無御座候而は、御廻米着船之節、又は御払米船積等之砌、御持運繁御座候ニ付、多分俵実少ク可罷成候。左候得は、入札之者共夫彼を相考札入仕候ニ付、御米直段下直ニ罷成候道理と奉存候。依之、別段舟着近キ所ゑ御蔵屋敷地面御取立被遊候ハヽ、御蔵入并蔵出之節も、持運ひ手近ニ而、御失費無之、猶又入札も相進ミ、御米直段引立可申、左候得は、御益之筋ニも可有御座哉と奉存候ニ付、御蔵屋敷替地之儀、乍恐早速ニも被仰立候様奉存候。前文之外、御蔵屋敷御取立被遊候ハヽ、御米直段引立候趣意は、先達而も奉申上候御事ニ御座候。
一、右御替地之儀勘弁仕候得共、差当存寄候場所も相見え不申候処、大坂道頓堀川末、大黒橋辺ニ而は、川幅広ク、其上難波御蔵入堀近ニも有之候間、右大黒橋南詰上下ニ而、大躰只今迄之御蔵屋敷地面程築出地ニ被仰立、御蔵屋敷地ニ被遊候ハヽ、可然と奉存候。
此儀本文ニも申上候通り、難波御蔵入堀近ク候ニ付、米方之者共毎々往来仕候道筋ニも有之、向寄も宜敷、御米買請、船積仕候ニも勝手宜敷場所ニ付、御払米懸札等も早速諸向え相聞、入札数も多ク、御米直段引立可申哉ニ奉存候。猶又此後御廻米之儀、御用金調達方、御手段ニより、泉播共打混シ御廻米有之候節は、木津川口より直ニ右御替地下迄着船仕候故、是又御弁利之筋ニも可有御座と奉存候。何れニも、御蔵屋敷之儀は、諸人見知能様ニ目立候場所え御取立被遊候方、御調達方御都合之為ニも可有之、乍恐此段奉申上候。
右之趣、乍恐御勘弁之上可然被仰立候方ニも可有御座哉、則是迄被仰立御蔵屋敷ニ罷成候地所、并此度私申上候道頓堀川、亀絵図共相添、愚意之趣、先奉申上候。以上。

戌七月　　　　　　　　　　　　　　　　中井万太郎

◎L一―六四、L一―六五　絵図（省略）

三二、安永七年（一七七八）閏七月十二日、長沢茂左衛門、以書付奉願上候

◎L一―六六

以書付奉願上候

一、私儀御雇ニ被成下、上方御用向被　仰付被下候は、大坂表は私古郷之儀、尽紛(マヽ)骨を御奉公筋奉申上度奉願上候。当冬御払米之儀ニ付而も、勘弁仕置候御益筋之儀も御座候。且又来亥年御収納以前御用金之儀者、兼而申上置候通、私親共代より別懇仕候大坂表町人共え申談、急度為差出候様可仕候。乍併、此度差掛り候而は六ケ鋪御座候ニ付、来年御入用高奉伺之、従前廉与得引合置、御入用次第早速為替ニ而取寄せ、御間を合せ可申と奉存候。尤利分等之儀は、是又随分出情仕、御為筋第一ニ相働、為差出候積ニ御座候。依之可罷成儀ニ御座候ハヽ、私儀御徒名目を相離レ、何格与成共被成下候得は、猶更以御奉公筋相働能、難有可奉存候。
右之趣、御序も御座候ハヽ、乍憚何分宜被及御沙汰可被下候。重々奉願上候。以上。

閏七月十二日　長沢茂左衛門

皆藤右衛門様

三三、安永七年（一七七八）閏七月十八日、来年大坂調達金并長沢茂左衛門身分の件

◎L一―六七

（端裏書）

水谷　但馬守様

田沼市左衛門様

新庄能登守

以手紙啓上仕候。残暑強御座候得共、弥御障被成御座間敷、珍重奉存候。

一、来年金五千両大坂ニ而調達方、弥申付候は出来不致哉之儀、長沢茂左衛門召呼、相談候所、御払米之節、大坂罷残候は居金ニいたし、金五千両調達可致旨申聞候間、左候ハヽ、御両所様えも罷越、御直申上候様ニ申聞候間、茂左衛門参次第御逢、調達方可被成御究、居金ニいたし、年々利払之積、右之通出来候得は、甚御くり廻ニは宜筋奉存候。

一、大坂御払米之儀も、直段引上方少々之儀ハ可有御座旨申聞之候。

一、中井万太郎申聞、御蔵屋敷地御引替御願之儀は、右茂左衛門糺方被仰付、筑建御入用吟味被

仰渡候は、能々相分可申哉奉存候。

一、右之通ニ付、先達而より皆川藤右衛門も申聞候通、長沢茂左衛門事被仰立、御貸人ニ而、右之御用向共被仰付候方可然哉ニ存候間、則万太郎差出候御蔵屋敷絵図并書付進達仕候間、御内御伺書御取調も可被仰渡哉奉存候。尤右地所障有無相知不申候ニ付、先御勘定奉行・大坂町奉行え御欠合、地所障無御座候ハヽ、表立候御願は追而被仰上候積ニ、先可被仰上哉ニ存候。且右絵図ハ横尾六右衛門より貸り申候而、御両所様御覧後、六右え御返し可被下候。

一、長沢茂左衛門申候ハ、御徒方ニ而ハ、一橋ニて取扱候御用柄ニ不相当ニ御座候、支配勘定格ニ而、持高之侭、一橋之御勘定所え出役被仰渡之儀、御預筋ニて可然哉奉存候。尤一橋ニては御勘定奉行差続キ相勤、御領知御払米且大坂御用向一件相勤、追而御附人之内明次第、其節被仰上、御附人相成候は、過人ニも罷成申間敷哉。御附人明候迄之内、過人之様ニ相成候間、此所御書面御書取入組可申哉。委細御直談ニも可申上候得共、先得貴意度、如斯御座候。此間ハ同役共評定寄合度々有之、私義西丸詰ニ而、御遠々敷奉存候。以上。

壬七月十八日

註・田沼市左衛門——田沼意致、安永七年七月二十八日より一橋邸家老。

三四、安永七年（一七七八）閏七月、大坂御払米掛札并米渡方等の儀書付

◎L一―六八

（端裏書）

大坂御払米掛札并御米渡方等儀書付

大坂御払米入札紀方等左之通御座候。

一、入札之儀者、日々浜方立相場書付取之、たとへは前々日・前日抔より今日之相場書能相見候を、御役人相考、明幾日御払入札可取候間掛札可致旨、御蔵元え申渡候得は、懸ケ札左之通差出申候。

戌年播州

一、米五百俵　但五斗入

右、明幾日御払ニ付入札可致段、御蔵会所之入口え掛置申候。

但、五百俵与掛札出置候而も、望之ものは何百俵買請度旨、入札差出候ニ付、直段次第ニ而、掛札高より過分、或者少分ニも相払、又者相考候程之直段より格別下直ニ候得は、壱廉も荷札不申付、其節は押え札与申候而、会所入口え押へ与掛札出し、当日は入札は取用不申候。

一、入札当日朝より追々買人入札御蔵所え持参ニ付、御蔵元扣帳え名前相記、入札請取之、則錠前付之札箱え入置候而、八半時開札之筈ニ候得共、札数無之日者、七時迄も見合、右札箱御役人之詰所え差出、錠前ヲ明ケ、扣帳之名前与入札数突合改、御蔵元立会、入札は同心封を切、地方改役開之、直段・俵数共、扣帳え御蔵元之者記之候上ニ而、高直ヲ元ニ立、二三又者四五番、直段宜候得は其余までも相払可申与、改役勘弁を以落札相極、則直段附扣帳之内、可払分え荷札立之、印形仕、右壱石当り直段、米員数、買人名前、壱廉限ニ掛札ニ相記、御役人詰所ニ罷有候内、御蔵会所入口え札相掛テ、右入札を除、札共不残御役人方え請取、御払直段帳ニ相添、江戸表え差出申候。

一、右落札之分、買人壱人別之米高、切手者壱枚ニ弐拾俵充之積り相認、翌朝御蔵元より差出申候。右切手之形チ、右之通御座候。

表之方

御蔵元　○御役人印　何月幾日落札、何屋
押切印　米弐拾俵　　誰、買高何拾俵之内
　　　　　　　　　但、五斗入
右可相渡、水火之難不存者也。
一橋御蔵印

右切手は上厚程村紙ニ而認メ候義ニ御座候。

裏之方

○御蔵元印
何月幾日出　　阿曽沼二兵衛印

右之通、たとへは米百俵之買請人えは切手五枚、代銀七日限納候上、御蔵元より相渡申候。
御米請取候節者、切手上之ものえ買人より申聞、夫より御蔵元御役人え申出候ニ付、差出候切手之員数ニ随ひ、御蔵より米相渡申候。勿論代銀納済候印ニ、切手之角御蔵元より裁切候而、買人え渡置候義ニ御座候。

但、代銀者御蔵元より懸屋ニ為改、夫より為替之者え相渡候ニ付、八日目ニハ為替三人より連判之請取手形壱通ニ相認、御役人え差出候間、御役人代銀取扱候義者無御座候。勿論為替人より請取手形差出方遅り候得は、御蔵元を以吟味仕候事。
一、十一月中御払之平均直段者、泉・播州石代元直段ニ用ひ候義ニ付、右壱ヶ月払方直段、専要之義ニ御座候。
右者大坂御払米入札吟味、落札之ものえ御米渡方、代銀納方等、書面之通御座候。以上。

戌閏七月

註．阿曽沼二兵衛――『覚了院実録九』（A一―九）宝暦九年（一七五九）五月十五日条に一橋邸が「深川富川町呉服師阿曽沼二兵衛抱地を扇橋添地として借用す」との記事があり、また『一橋徳川家文書「番頭御用人日記」』嘉永三年（一八五〇）五月五日条に、一橋慶喜が呉服師阿曽沼銘蔵悴を謁見の記事があり、以後も同日記に阿曽沼の名前が時折見える（参照『新稿一橋家記』）。恐らく阿曽沼は京都に本拠を置き、代々一橋邸の呉服師を勤め、蔵元を兼ねていたのであるまいか。

三五、安永七年（一七七八）閏七月、大坂御払米之儀ニ付書付

◎Ｌ一―六九

（端裏書）

大坂御払米之儀ニ付書付　　　　横尾六右衛門

播州御年貢、大坂御払米直段糺方、左之趣ニも可有御座哉。

一、当戌年御廻米払方之儀は、是迄之御蔵元阿曽沼二兵衛引請之入札直段は、前之通、地方改役壱人并泉摂州詰同心之内壱人出役、吟味仕、中井万太郎手先之者えも石高引分ケ、御蔵元為仕、右入札直段吟味は、万太郎相勤候ハヽ、別而相励、出情仕、直段吟味も尚又行届可申哉と奉存候。

但、十一月中御払直段平均を以、泉州石代八千石程之元直段ニ相用ひ、右直段ニ三匁増を加え候儀ニ而、播州之儀も願石代は右同断ニ付、御払直段専要之月ニ御座候。依之双方之払直段を打込、平均仕候ハヽ、自然と平均直段相懸可申と奉存候。

三五、安永七年閏七月、大坂御払米之儀ニ付書付

一、米高凡八千石程之分御蔵元弐人え引分ケ取扱候付而ハ、四千石余宛引分ケ可申儀ニ御座候処、阿曽沼二兵衛儀ハ前々より出情勤来、殊ニ大坂表之会所ハ、平日泉・播州え往返之御用取次候故建置候会所ニ而、下代京都より出張り罷在相勤、其上御廻米之砌ハ増人相雇勤来候ニ付、中井万太郎手先大坂住宅之者とハ訳違候間、御米高之内、左之通引分ケ取扱可然哉ニ奉存候。

一、凡米高八千石　大坂御廻米

此諸入用

銀四貫目余　口銭銀

但、米壱石ニ付、銀五分ツ、

銀弐百四拾目余　切手入用

但、米拾石ニ付、銀三分宛

銀三百弐拾目余　蔵敷賃

但、壱ケ月壱坪ニ付、銀壱匁八分宛

米拾弐石　米蔵入仲仕賃米

但、米六石ニ付、米壱斗五升宛

銀四貫五百六拾目余

〆　金ニ〆七拾六両余
米拾弐石余
　金ニ〆拾弐両余
二口
〆金積凡八拾八両余
右之通、蔵元え可相渡分
　内訳
一、米五千六百石余　阿曽沼二兵衛
此諸入用、金ニ〆六拾壱両弐分余　七分通
一、米弐千四百石余　中井万太郎手先
此諸入用、金ニ〆弐拾六両壱分余　三分通
〆
　外
一、凡銀百目程　御役人御用中、筆・墨・紙・蠟燭代
金ニ〆壱両弐分弐朱余

右入用、両蔵元出役え割合、左之通。

一、金壱両弐朱余　七分通　地方改役并同心分

一、金弐分程　三分通　中井万太郎手先

〆

一、右御払米之儀、清水・田安ニ而ハ、年内直段下直ニ候得ハ、入札之内扣、高直之分四拾俵、百俵宛相払、来春え向候而も直段見合、宜時節斗連々ニ相払候ニ付、年内之払方ハ捗取不申由、此御方之御払方ハ、年内手廻仕、払切、十二月廿日以前ニも代銀為替渡不仕候而ハ、御遣方御差支ニ相成候故、少々下直ニ存候而も、無拠年内払切候間、自然と惣平均ニ而ハ、清水・田安之惣平均直段とハ下直ニ罷成候儀御座候。以上。

壬七月

【解説】前掲二八号乃至三五号の文書は、安永七年（一七七八）一橋邸が大坂において年貢米担保の米切手を発行し、それによって資金調達をしようという、中井万太郎の申出をめぐる関係者の動向を物語るものである。中井万太郎については「目付書付留」（C一―九）に河内国楠葉村（現大阪府枚方市）の者とある以外、現在のところ手がかりはない。

この年五月七日、家老伊東照方が公儀大目付へ転じ、後任として公儀小納戸頭取水谷勝富が家老となったが、先任の家老山口直郷は病気重篤であったので（七月二十日死去）、もと家老を勤めた大目付新庄直宥が、当分一橋邸勝手向について関与を命ぜられた。そこに中井万太郎の御用金調達の問題が起ったのである。

先ず注目せねばならないのは、一橋邸は明和元年（一七六四）五月に大坂に蔵屋敷七百坪を拝領していたが（「覚了院様御実録」一四〈A一―一四〉）、実はそれは敷地のみであって、米蔵はなかった事がこの二八号文書で知られる（一橋邸の役人および御用商人等の詰める会所はあったようである）。その実在しない米蔵に詰め米がある事にして、それを担保に米切手を発行するのは、まさに宝暦十一年以降禁令が繰返されている空米切手そのものであって、大目付である新庄直宥が容認できないのは当然であったろう。

更に新庄直宥は、中井万太郎を御用商人とするには扶持を支給せねばならぬ事、またこの一件に公儀の徒士長沢茂左衛門が関与している事にも、難色を示している。この茂左衛門は、閏七月十二日付の願い上げ（前掲三二号文書）によると、故郷は大坂で、親の代から懇意な商人がいると申立てている。そのような者が如何にして江戸で幕府の徒士となっているのか、この度の一橋邸御用金調達に何故登場してきたのかは、判明出来ない。

ところで、大目付新庄直宥の難色にも拘らず、十日後の七月十九日には、中井万太郎を一橋邸出入り商人とし、二十人扶持を支給する事について、側用人田沼意次・水野忠友の内諾を得、勘定奉行安藤惟要からも差障りない旨の回答を得ている（二九号文書）。長沢茂左衛門についても、閏七月十八日の一橋家老宛新庄直宥の書状（三三号文書）で、徒士から支配勘定格として、一橋邸附人に移すと記しているところを見ると、幕府首脳部の承認は得たのであろう。

空米切手による資金調達は、流石に実行されなかったように思われるが、誰がこのような事を発案したのか、中井万太郎や長沢茂左衛門の任用を、田沼意次らに承認させたのは誰か、そこに一橋治済がどれほど拘っていたのかなど、考えるべき問題は少なくない。またいかにも田沼時代らしい一件といえよう。

なお当時の上方における一橋領は、播磨国六郡二万千七百五十四石余、和泉国二郡一万八千五百五十石余、合わせて四万石余である。この中、泉州領の年貢は、森杉夫氏の研究（『近世徴租法と農民生活』〈一九九三年、柏書房〉第一部第五章）によると、原則として皆石代銀納であった。前掲三五号文書に泉州領石代八千石程とあるのがそれに該当する。播州領の年貢は米納が主だったようで、大坂廻米凡八千石がそれであろう。他に石代納もあったようである。

石代の直段は大坂払米直段に石当たり銀三匁を増した直段で、これは「米一石ニ付銀五匁高之積」という享保十年の幕府の規定（『牧民金鑑』第六）より安い。

三六、安永七年（一七七八）九月、雨天路次悪之節、御時宜合之義書付

◎L一―七〇

（包み紙）

雨天路次悪之節、御途中御時宜合之義ニ付書付

雨天又は路次悪敷節、御登城之時分、　御城内ニ而御老中方え御会釈有之候節、御履物之儀、先方ニ准シ可被為召候。若路次悪敷、水溜り等も有之、御裏付も難被為召程之場所ニ候ハヽ、先方之履キ物ニ無御構、御下駄被為召候侭ニ而御挨拶有之、相済而、御近習番を以、路次悪敷候ニ付、御下駄ニ而御会釈有之候段、御断之御挨拶被仰遣候筈ニ相極候事。

右之趣、是迄御議定無之候付、何も評儀之上、吉川摂津守・水谷但馬守両人、筑後守殿え相伺候処、御評儀之上、右近将監殿え無急度被相伺候処、右之通可然旨御挨拶有之候間、以後書面之通相心得候様、九月三日但馬守詰番之節、筑後守殿被仰聞候。尤吉川摂津守えも申通置候事。

戌九月

註・吉川摂津守――吉川従弼、清水邸家老（在職明和二年～天明八年）。
筑後守――横田準松、側衆、御用取次（在職安永三年～天明七年）。
右近将監――老中松平武元。

【解説】御三卿は本丸登城の時、それぞれの邸を出て平川門を通り、奥に最も近い風呂屋口から本丸に入る。曲輪内は御三卿といえども下乗して徒歩であるが、中の口から出入りする老中と、路次で行き合った場合の挨拶についての取極めである。

三七、安永九年（一七八〇）安永六〜八年諸向定式・臨時渡方米金高覚

◎L一―七二

（端裏書）
写

御勘定奉行

一、御定金月割書、別紙申上候。

一、三季御切米大積り
米壱万四千石程
但、米金割合之儀ハ、三季御張紙出次第相極申候。

一、御扶持方、月々大積り
凡壱ケ月分

米六百六拾石程　　諸渡方・定御扶持方・御役扶持・女中御切米・御扶持方

安永六

一、酉年諸向御定金類、其外定式諸渡方・御切米・御扶持方

米壱万弐千四拾石程

金弐万七千七百七拾両程

同　七

一、戌年　右同断

米壱万六千八百四拾石程

金弐万四千百七拾両程

同　八

一、亥年　右同断

米壱万七千八拾石程

金弐万千八百両程

酉・戌・亥三ヶ年平均

諸臨時御入用
壱ヶ年分
金千弐百両程
右同断
株立候臨時御入用
壱ヶ年分
金千七百弐拾五両程
一、当子御年貢米、丑春え越高、春納共
米三千四百弐拾石程
金壱万千両程
一、御用達町人
御領知方　凡拾弐人

御勘定所　凡五人
御広敷　凡四拾七人
御納戸　凡九拾人
御賄所　凡弐拾四人
御厩向　凡壱人

右、御勘定所御用達之内
当分御用金　坂倉
千両差出置候　治兵衛
当分御用金
弐千五百両差出置候　播磨屋新右衛門
土屋　半兵衛
内、千両当暮御返金之積り
外
金五百両　御勝手掛衆より請取候御用金

丑春御返金之積り

御勘定奉行

子十二月

右之通御座候。以上。

〔参考〕『一橋徳川家文書目録』によると、「米金納払御勘定目録」が寛政十年（一七九八）から慶応元年（一八六五）迄の間、とびとびに八年分残っている（整理番号G一―一乃至一〇）。その中、前掲史料に比較的年代の近い寛政十年と十二年の米金収納額を参考として掲げる（金額は金一両銀六十匁の公定相場で銀を金価格に換算して合計する）。

寛政十年　米　一二、八八五石　金　三三、七二〇両

十二年　米　一三、三二三石　金　三四、七五八両

これによると、金額は寛政年度の方がやや多いが、米額はほぼ同じである。金額が増加しているのは、安永末年から、治済への公儀からの下賜金・拝借金が次第に増加していった事も、関係なしとはいえぬであろう（『新稿一橋徳川家記』、拙稿「徳川御三卿の生活」参照）。

なお安永九年正月七日、播磨屋新右衛門・土屋半兵衛が初めて治済に目見を許されている（「目付書付

留」〈C一―九〉)。これは恐らく前記の御用金二千五百両差出しと関係あるであろう。

三八、天明元年(一七八一)四月、田沼能登守相応之御場所え被仰付候様御頼之書

◎L一―七三

(端裏書)
「封シ候而、田沼主殿頭へ、同人甥能登守ヲ以遣」

一、此度重キ御内慮　被仰出候。然ル処、是迄家老共相兼相勤来候間、何卒壱人被召連、相応之御場所え被仰付候様仕度奉存候。其内田沼能登守儀は、別而出情仕、年若ニも御座候間、右之者被仰付候様仕度候。尤御間柄ヲ御離、御評議御座候様、御頼申候。以上。

四月

註．能登守――一橋邸家老田沼意致、安永七年十二月十六日従五位下能登守。

【解説】田沼意致は田沼意次の弟意誠の子、父は始め一橋邸附切の身分であったが、恐らく一橋宗尹の希望

によるのであろう、宝暦九年（一七五九）一橋邸附人に昇格し、一橋邸家老に任ぜられた（前掲第九号文書参照）。そのため意致はまず公儀の小姓組番士に任ぜられ、その後昇進を重ね、安永七年（一七七八）七月二十七日、公儀目付から一橋邸家老となった。通説この人事は田沼意次の勢力拡大の野望に基づくといわれるが、私はむしろ一橋治済が意次の意を迎えようと意図したものではないかと推察している。豊千代に付けて意致を公儀の役職に推薦したのも、意次から種々の便宜を得ようという治済の同様の意図からと考えている。

三九、天明元年（一七八一）四月、一橋御附人老女飯島儀、御内々申上候書付

◎L一―七四

（端裏書）

六通之内、此書ハ御用掛衆直ニ御取扱被成候様、主殿頭申候由ニ而、越中守殿御請取、御留メ被成候ニ付、扣ヲ認メ置候。若転役被仰付候ハヽ、御左右無之、直ニ被仰付候由ニ候。

一橋御附人老女飯島儀、御内々申上候書付

水谷但馬守

田沼能登守

御附人老女
飯嶋

右は豊千代殿幼年之節より、平日万端容子相心得候者之儀ニ御座候間、豊千代殿附之者ニ而は無御座候得共、可罷成儀ニ御座候ハヽ、此度相応之御場所え被仰付候様被相願度、此段御内々申上、宜鋪御評義御座候様被致度被申候ニ付、申上候。以上。

四月

註．越中守——側衆稲葉正明、明和五年より御用取次。
豊千代殿——一橋治済長男、十一代将軍家斉幼名。

四〇、天明元年（一七八一）五月、豊千代将軍養子として登城当日の儀につき、一橋家老より公儀への伺書及び側衆指示の附札

◎L一—七九

（端裏書）「
五月朔日上ケ、同月八日下ル。
主殿頭殿えも御評義相済、御附札被成、御下ケ被成候様、越中守殿へ能登守申候後、御前御扣上ル。
御当日登城之儀ニ付奉伺候書付
水谷　但馬守
田沼　能登守
」

豊千代殿登城ニ付、左之趣奉伺候。

附札

一、登城御日限之儀、其以前御沙汰御座候御儀与相心得罷在候。

（附　札）「各方迄、拙者共より御内意可申達候。」

附札

一、御当日御次第之儀御座候ハヽ、品ニ寄り稽古可被致候ニ付、前広ニ相伺置候様ニ仕度奉存候。

（附　札）「此ケ条相済。」

一、登　城之儀、御風呂屋口より御表え登　城之儀ニ御座候哉、御広敷え登　城被致候儀ニ御座候哉。

札附

（附　札）「御風呂屋口より御同道ニ而御登城可被成候。」

一、御当日、民部卿殿ニも登城之儀可有御座、左候得ハ、例・不時之登城之節之通、御書付等を以被仰渡御座候御儀与相心得罷在候。

札附

（附　札）「御父子様御登城之儀、前日書付老中より達可有之候。」

一、豊千代殿御当日登城之上、被仰出御座候ハヽ、右被仰出之趣承之、供方之者不残引払可申哉、且又其節乗物・馬・鑓・長刀・挟箱・茶弁当等之類、是又一橋え引払候之積り相心得罷在候。

札附

（附　札）「差図有之、引取候心得可被有之候。御鑓・御長刀ハ少々差図遅ク可申候。何レニも是亦差図次第可被心得候。」

一、豊千代殿登城供連、万端只今迄之通相心得罷在候。

附札

（附　札）「此通り可被心得候。」

一、右被仰出候ニ付、民部卿殿御礼向之儀奉伺候。

附札

（附　札）「分而御礼と申儀有之間敷候。御祝義御取かわし之所、御一同之御方とハ違候義も可有之哉、未難相知候。」

右之通奉伺候。以上。

五　月

註・民部卿――一橋治済。

【解説】一橋邸からの伺書第四条によると、御三卿といえども、登城するには、不時の場合は勿論、月例の登城であっても、前日老中からの指示を受けねばならなかった事が知られる。

〔参考〕　『一橋徳川家文書』C一〇—一

（上包紙）

安永十丑四月朔日ヨリ

同年四月十三日天明と改元

『御隠蜜（マヽ）御用一件』

水谷但馬守・田沼能登守勤役、至而御隠蜜（マヽ）之儀ニ付、御用人・御右筆えも不申聞、万端之儀、
自筆ニ而伺ヒ、一件ハ田沼能登守自筆ヲ以認メ置。

（表紙）

安永十辛丑四月朔日ヨリ

同年同月十三日、年号

天明ト改元

『御隠蜜（マヽ）御用記』

水谷但馬守

田沼能登守　勤役

能登守書之。

四月朔日

一、今日、月次之御礼有之、御登城も有之、罷出、詰番も自分相勤候処、越中守殿御逢被成由ニ而、至極内々被仰聞候は、當夏中之内、　豊千代様え御養君ニ被仰出候。此段極内々心得ニ被仰聞候旨ニ付、即席ニ而伺候は、右御内意、私相伺候趣、民部卿殿えハ可申達哉、并同役但馬守えも可申聞哉、但馬守儀此節病気ニ而引罷在候得共、右之段相伺候旨申達候処、民部卿様ニは兼而御承知ニ被為在候得共、各方え御内々申候趣入御聴候様被仰聞候。且又但馬守えも申達候様被仰聞候。其外伺等之儀ハ相考、追々可申上旨申上置候。

一、御同人御申聞被成候は、此度御人等之儀ハ荒増御評義も被成候処、一人も不被召連候而可然程之義ニ思召候。此所ハ此方共得与考候而申上候様、越中守御申聞ニ付、御幼年様之御儀、一人も側向之者不被召連候而は、御差支ニ可有之段申上候処、女中向ハ御附之分ハ被召連候儀ニ可相成、表御側廻り之者ハ先ツハ無之程之義ニ御心得被成候得共、此所ハ今日主殿頭殿え罷越、直ニ伺候様被仰聞、其外万端之程合も、主殿頭殿え直ニ伺置候様被仰聞候ニ付、左候ハヽ、今日同役方え罷越、申聞候上、今日夕方迄ニ主殿頭方え罷越候様可仕旨申上候。

一、一橋え罷出、御内々越中守殿被仰聞候趣委細ニ申上、主殿頭えも承候上、猶又可申上之段入御聴候。夫より但馬守方え罷越、委細ニ申達、帰り懸ケ主殿頭方え罷越、今日越中守殿御申聞之趣并自分即刻伺候趣等申達、御人之儀伺候処、主殿頭被申候ハ、御幼年様之御儀、御馴染之者二三人ハ不被召連候而ハ相成間敷候。且又今日此方共え心得ニ御用掛衆より御申之儀ハ、御老中方ハ御存無キ積りニ候旨被申聞候。

一、豊千代様えハ、今日越中申聞之趣は、御聴ニ入候哉と主殿頭被申候間、此義は今日伺不申候。老女えも可申聞品ニ御座候得共、此義も今日伺不申候。是ハ明日ニも伺候積り之旨申達候。
一、今日民部卿様え入御聴候節、御直ニ御意被成候は、右之通被仰出候ハヽ、豊千代様御母公岩本内膳正娘於秀之方、定而格式ニ而も可被仰付哉、左候得は、民部卿様御実母善修院様より上座ニ相成候而ハ、万端御手重ニ相成、御気毒ニ思召候ニ付、於秀之方、此度御供被仰付、御本丸ニ而之御取扱ニ相成候得ハ、たとへ老女衆之上え成り共、次席ニ成とも不苦候。併此義ハ品ニより、公儀え被遣、格合宜敷様ニ被成度と申ス筋ニ相聞え候而ハ、以の外之間違之義、且又御養君ニ被仰出候へハ、万端御部屋様之御世話ニも被為成候事ニ候之処、若右之者ヲ御部屋様同様ニも被成度思召抔ニ相聞へ候而は、甚間違候事故、此義ハ自分得と勘弁仕、取斗候様ニ情々被仰付候。且又、一橋御附人老女飯嶋、此度御供被仰付候様ニ被遊度段被仰付候。右二ケ条、先刻但馬守方へ罷越候節、委細思召之趣咄置、早速取扱候之積候へハ、今日ハ主殿頭えも不申聞候。（下略）

註・田沼意次を「主殿頭」と敬称を省略して記しているのは、筆者が意次の甥の意致であるからであろう。
御部屋様——十代将軍家治側室於知保之方、書院番士津田信成女、家治世子家基生母、安永三年（一七七四）より御部屋様と称せられる。家治御台所五十宮が生存中ならば、当然豊千代の嫡母となるところであるが、明和八年（一七七一）死去したので、於知保之方が豊千代の養母代りとなったのである。
於秀之方——一橋治済側室、十一代将軍家斉（豊千代）生母、公儀小普請奉行（当時）岩本正利二女。

但、「御三卿家族戒名(仮題)」(『一橋徳川家文書』A一―五二)には於富方、『文恭院実紀』巻一(将軍前記)は富子、『徳川幕府家譜』家斉譜には於富之方、『幕府祚胤伝』には於登美とある。しかし『藤岡屋日記』文化十四年丁丑五月八日条に、「公方様御実母、一橋殿御内証方、御病気之処、御養生不被為叶、今暁子下刻御逝去」という記事を載せ、その後に「初メの名お秀、後ニお富之方と称」と記してあるので、豊千代が将軍家養君となった後に、「お富の方」と改称したのであろう。

四一、天明元年(一七八一)閏五月十八日、一橋治済長男豊千代将軍家治継嗣として江戸城西丸へ移るにつき、関係者へ贈り物書付

◎L一―九九

十八日之方

縮 五反」 鯛 一折 田沼主殿頭殿

縮 三反」 鯛 一折 水野出羽守殿

縮 三反 」鯛一折ツ、 稲葉越中守」横田筑後守殿

縮　弐反　　　　　　　　依田豊前守
縮　一反」晒　一反ツ、　奥之番　弐人
　　　　　　　高岡との」花園との」飛鳥井との」御ふしの方」
縮　三反ツ、　瀧川との」野むらとの」砂野との」
　　　　　　　大崎との」高橋との
　　　　　　　御客応答　三人」同格　三人
　　　　　　　御中臈　七人」御錠口　五人
金五百疋ツ、　表使　五人」栄受
　　　　　新御殿附　上臈　弐人」御年寄　弐人
　　　　　一ノ御殿附　上臈　壱人」玉沢」いわを」青羽」小倉」
　　　　　御本家附　御右筆　七人」御切手　三人」
　　　　　　　　　　御次頭　壱人」御次　拾弐人」

四一、天明元年閏五月十八日、一橋治済長男豊千代将軍家治継嗣として江戸城西丸へ移るにつき、関係者へ贈り物書付

金三百疋ツヽ　御錠口助　壱人」御坊主　四人」
呉服之間頭　三人」呉服之間　拾三人」
御広敷頭　壱人」御三之間頭　壱人」
新御殿附　若年寄　弐人」御中﨟　六人」御小姓　弐人」
一ノ御殿附　若年寄　弐人」御中﨟　六人」
御小姓　弐人」表使　弐人」
金弐百疋ツヽ　御本家附　御広敷　拾人」御三之間　拾人
銀三拾枚　惣中
右之通、大奥取扱ニ而被贈候積りニ御座候。
三反ツヽ　高岡との」瀧川との
弐反　富野

右は初より取扱ニ付、別ニ反物被贈候積りニ御座候。

弐反　　　　　民野

目録　　　　　御右筆」御使番　二人

右は西丸え罷越、伝達等御座候ニ付、追而披キ候節、反物ニ而も被贈候筈ニ御座候。

　壬五月

註・田沼主殿頭――田沼意次、老中。
水野出羽守――水野忠友、側用人。
稲葉越中守――稲葉正明、側衆、御用取次。
横田筑後守――横田準松、側衆、御用取次。
依田豊前守――依田政次、留守居。
御本家――将軍家附きの女中（ゴホンカと読む）。
滝村鶴雄『職務余話』内篇（「徳川宗家文書」）「昔ハ将軍家御附の女中を御本家（ゴホンカと読む）といひて、総女中、御台様女中と別なり」。

【解説】田沼意次は明和九年（一七七二、安永元）に正規の老中に任ぜられたが『浚明院（将軍家治）実紀』には、意次老中任命の記事に続けて、「昵近もとの如し」とある。しかし『寛政重修諸家譜』（巻一二一九）・『柳営補任』には奥兼帯と記してない。幕府の政治機構が確立した三代将軍以降、将軍側役が老中となり、しかも奥向を兼帯するという事は、幕政史上画期的な変化というべきであるが、『実紀』を採るべきか、『重修譜』・『柳営補任』の記載に依るべきか、遽かに判断はむつかしいが、一橋邸が豊千代の将軍養子、或は後掲の島津茂姫との婚姻に際し、側用人や側衆と共に意次にも贈り物をしている事を示すこの覚え書は、意次が奥向を兼帯していた事の有力な傍証と認めてよいであろう。

なお依田政次へ物を贈っているのは、留守居が大奥の取締りを任としていたからである。

四二、天明元年（一七八一）閏五月十九日、豊千代（家斉）縁女島津茂姫一橋邸入輿につき、公儀表奥関係者へ贈り物書付（L一—一〇一には、書付六通があるが、その中、四通を掲げる）

◎L一—一〇一—三

ゐち後島三反つゝ

高岳殿」　花園殿」　飛鳥井殿」　御ふち方」　たき川殿」

野村殿」　いわ野殿」　大崎殿」　高橋殿」
御客応答衆已下役々へ被下御金、御右筆間より員数書出シ申候通り。以上。

◎L一―一〇一―四
縮五端」　鯛一折　　田沼　」　主殿頭
縮三反つゝ　　出羽守
たい一折つゝ　　越中守
　　筑後守
縮二反　　豊前守
縮一反　　奥之番衆
晒一反つゝ　　弐人
茂姫様御迎使之御客応答衆・表使衆へ之遣、左之通り。

四二、天明元年閏五月十九日、豊千代（家斉）縁女島津茂姫一橋邸入輿につき、公儀表奥関係者へ贈り物書付は、書付六通の中、四通

御表様より　三百疋つゝ　　御客応答衆」表使衆

茂姫様より　五百疋つゝ　　御客応答衆

　　　　　　ゐちこ二反つゝ　　表　使　衆

茂姫様御引うつり当日、御部屋様より御使ニ付被下、左之通、

御表様より　三百疋　　玉沢殿

茂姫様より　五百疋」ゐちこ二反　　玉沢殿

茂姫様より

　百　疋　御迎使之御客応答衆供針明　壱人

　百　疋　同　断　表使衆供針明　壱人

　二百疋　右同断　半　下　四人

　百　疋　玉沢殿ニ添参り候御使番　壱人

註・針明――針妙、しんみょう。針仕事を主とする女奉公人。
半下――下級の召使いの女、はした。端者（はしたもの）、婢女（はしため）ともいう。

◎L―一〇一―五

御表様より　　　　　　御本丸
一、三百疋つゝ　　　　　御使番　弐人
右者、西丸へ御セわニ参りおり候ニ付、御内々被下。
茂姫様御引うつり御迎帰(カ)しニ付、
御表様より被下。
(附札)「十九日御用」
三百疋つゝ　　　　　御本丸　御客応答衆　壱人
　　　　　　　　　　同断　　表使衆　　　壱人
右同断ニ付
茂姫様より被遣。

四二、天明元年閏五月十九日、豊千代（家斉）縁女島津茂姫一橋邸入輿につき、公儀表奥関係者へ贈り物書付は、書付六通の中、四通

五百疋つゝ　御本丸　御客応答衆　壱人
同断　表使衆　壱人
右同断供ニ付
茂姫様より被下。
百疋つゝ　針明　二人
二百疋ヲ　半下　四人
茂姫様御引とりニ付
御部屋様より御使御座候ニ付
御表様より被下。
三百疋　玉沢殿
右同断ニ付
茂姫様より被遣。
五百疋　玉沢殿　（下げ札）「〇縮二反不見」
百疋　供御使番　壱人
右之通り御用意

註・御部屋様――十代将軍家治側室於知保之方、津田氏。家治世子家基生母として安永三年（一七七四）より御部屋様と称せられる。

◎L一―一〇一―六

ゐち後五端入り　一枚」同　三反入り　三枚」
一、同　二反入り　三枚」同　三反入り　九枚」
たい　五折
但シ御上ケの鯛ハ、御本丸御賄へ御たのみ候て可有候間、此外之分、是は御内々被下候分事。

五百疋つゝ
御客応答　三人」同　かく　三人」
御中ろう衆　七人」御錠口　五人」
表使衆　五人」栄受」
新御殿附　上ろう　二人」御年寄　二人」

四二、天明元年閏五月十九日、豊千代（家斉）縁女島津茂姫一橋邸入輿につき、公儀表奥関係者へ贈り物書付は、書付六通の中、四通

三百疋つゝ　壱御殿附　上ろう　壱人」（御年寄脱カ）四人」
御本家附　御右筆　七人」御切手　三人」
御次頭　壱人」御次　十二人」
御錠口助壱人」御坊主　四人」
こふくの間頭三人」呉服の間十三人」
御広座敷頭　壱人」御三の間頭　壱人」
新御殿附　若年寄　二人」御中ろう　六人」
御小姓　二人」
壱御殿附　若年寄　二人」御中ろう　六人」
御小姓　二人」表使　二人」
弐百疋つゝ　御本家附　御広座敷　十人」御三の間　十人」
白かね三十枚　惣　中

【解説】豊千代が将軍家治の養君として江戸城西丸へ移った翌日、即ち天明元年閏五月十九日、豊千代縁女島津茂姫は芝島津邸を出て、一橋邸に入った。この時、すでに豊千代は将軍御部屋於知保の方の養い子の

扱いとなっていたので、茂姫島津邸より引き取り方は、於知保の方の差図で、本丸奥女中が出向いて行なった。その謝礼として、治済（表）・茂姫より関係者への贈り物の覚え書である。

この記録によって、当時の将軍家大奥の女中の人員構成をほぼ知ることができよう。御本家については前に註記したが、新御殿は豊千代、壱御殿は於知保の方をさすものであろう。

なお個人名があがっている奥女中達は本丸老女であるが、高岡（岳）・滝川・大崎などは、この前後から寛政期にかけて、表向きの幕政に対しても、隠然たる発言力を持っていた。

四三、天明二年（一七八二）三月十七日、治済三男雅之助、黒田治高と仮養子の縁組に関して、黒田家より治済に公儀への格別の配慮を請う書付写

◎L一―一〇九
天明二寅
三月十七日
雅之助様未御幼年之御事ニ被成御座候得は、自然御十七歳御未満ニ而家督御相続之上、万一違変等有之候節之儀、何分安心不仕儀御座候。此段」何卒」民部卿様思召を以、筑前守

初、家来共迄も安心仕候様、従」公儀御沙汰有之様奉願候儀御座候。雅之助様御幼年之御儀に御座候故、仮養子ニ奉願候義ニ御座候へ共、此方より」公辺え申立候儀難仕奉存候。偏」民部卿様思召を以、」公辺之趣安堵仕度奉存候事。

一、長崎御番之儀、先祖右衛門佐忠之代ニ格別之」思召を以被仰付、其後代々不相替右御番被仰付候。長崎表之儀は格別之所務ニ付、武門之規模難有仕合奉存罷在候儀ニ御座候。」雅之助様若御幼年之内家督御相続被遊候節たり共、不相替右御番被仰付候様、筑前守初家来共迄一統奉希儀に御座候。此儀は前条申上候通、」公辺之趣、何卒」民部卿様思召を以安心仕候様奉願候事。

右は至而重キ御事ニは御座候得共、先年隼之助様御幼年ニて当家御養子御取組之節、右之趣」刑部卿様に先々筑前守相願候処、彼是御取扱被成下、隼之助様ニは格別之御身柄ニ付、跡目之儀安心仕候様、并長崎御用」隼之助様御家督中御暇以前ニ、其節ニ至り伺之上、家老身代ニて相済可申候条、両様共ニ安堵仕候様被仰出候段、」刑部卿様より御附札ニて被仰下候。此度も何卒右之通、両様共」民部卿様より被為仰立、願之通相済、両様共安堵仕度、筑前守初家来共迄一統奉願候事。

三月廿日

附札
此紙面弐ケ条御願之趣、重キ御事ニ而、民部卿殿一存ニ而は難被及御挨拶、御内々」公辺え被相願候処、隼之助養子被仰出候節之通相心得候様、」民部卿殿より可被申達置旨、松平周防守殿御附札を以被仰渡候。依之、為御安心被申達候事。

註・雅之助——治済三男（安永六年〈一七七七〉～寛政三年〈一七九五〉）。天明二年（一七八二）十一月、黒田治高の末期養子となり、福岡城主五十二万石を相続。はじめ長畾（ながあきら）、寛政二年元服、将軍家斉の偏諱を賜って、斉隆と名乗る。
隼之助——一橋初代宗尹五男（宝暦二年〈一七五二〉～天明元年〈一七八一〉）。宝暦十三年、黒田継高の養子となる。明和三年（一七六六）元服、将軍家治の偏諱を賜って、治之と名乗る。
松平周防守——老中松平康福。

【解説】筑前福岡黒田家は、宝暦十二年（一七六二）黒田継高の嫡子重政が死去し、嗣子がなかったので、一橋初代宗尹の五男隼之助が継高の養子となり、治之と名乗った。しかし治之も天明元年十一月、無嗣のまま死去したので、黒田家では急遽末期養子として、讃岐多度津領主（一万石）京極高慶の七男又八を迎えた。ところが、この又八治高も翌天明二年十月、無嗣のまま死去したので、黒田家は二年続いて末期養子を幕府に願うことになり、ここに一橋治済三男雅之助が黒田家を継ぐこととなった。

しかしこの文書をみると、雅之助はすでにその年三月に黒田治高の仮養子に内定していた。これは又八が将軍の前で元服し、家治の偏諱を賜って治高と名乗った直後のことである。これを推察するに、又八治高は二十九歳であったが、すでに病弱で嗣子を望めない状態であったのではあるまいか。さらに黒田家は近江源氏佐々木氏の末裔という縁故で、京極家から末期養子を迎えたものと思われるが、筑前五十二万石と多度津一万石とでは、あまりに格が違い過ぎる。これは治之の病死という緊急事態での措置であって、黒田家としては、これで廃絶の危機を逃れて、改めて大藩に相応しい養子を直ちに求めたものと考える。

しかし雅之助は当時六歳、治高の跡を継いでも、万一、十七歳未満で継嗣なく死去すれば、当然末期養子の禁令に抵触する。そこを何んとか一橋治済の威光で、公儀の保証を得たいという黒田家の懇願である。この点は一応、老中松平康福の附札という形で保証されたわけである（参照前出二〇号文書〈L一―一三四〉）。

仮養子の問題はこれで一段落となったが、早くもこの年十月黒田治高は死去し、雅之助は末期養子という形で遺領相続を認められた。しかし当主幼少というので、福岡藩政上の責任、及び黒田家が栄誉と思っている長崎警備について、再び治済を通じて公儀へ請願することがあった。これは老中から公式の文書で伝達された。その文書を次に掲げる。

四四、天明二年（一七八二）十二月、雅之助に黒田治高の末期養子たる事を許可する老中の書付并口達書面写

◎L一―一二三

（端裏書）天明二寅年十二月」御書付并御口達書面写

左之御書付、松平周防守殿御渡、但馬守受取之。

十二月十九日

民部卿殿家老衆え

松平筑前守願置候通、松平雅之助儀養子被仰付、遺領無相違被下、長崎御番所之儀、筑前守時之通被　」仰付旨、今日被仰出候。此段可被申上候。

一、左之御書付、御用番より桜田家老久野外記え被相渡候。

松平雅之助事、長崎御番所之儀、筑前守時之通被仰付候。雅之助并黒田千之助も幼年ニ候間、右幼年之内は、家老共名代ニ而相勤、長崎御用并家事之仕置等、別而入念厳重ニ取斗候様可致候。

四四、天明二年十二月、雅之助に黒田治高の末期養子たる事を許可する老中の書付并口達書面写

一、御用番より南部大膳大夫え被成御渡候御書付一通、外ニ御口達之書面一通。

松平雅之助

養父筑前守養子被仰付、遺領被下候節、」御称号之儀
ニ付相達置候趣有之候得共、其方儀是迄松平名乗候ニ付、
改而御称号不被下候。直ニ松平名乗候様可被致候。

十二月

筑前守願置候通、雅之助儀養子被仰付、遺領無相違被
下之、長崎御番所之儀、筑前守時之通被仰付之。

註・黒田千之助――黒田長堅、筑前秋月領主、五万石。明和七年（一七七〇）生、当時十二歳。
南部大膳大夫――南部利正、陸奥盛岡城主。何故黒田家への文書を南部が取次いだのか明らかではないが、黒田継高の嫡母即ち黒田宣政夫人は南部行信の女、継高の女が利正の兄利謹（病気廃嫡）夫人というように、姻戚関係が濃いので、親戚代表という立場にあったのであろうか。
なお黒田家からの願いを、一橋家老が側衆稲葉正明の指示により、直接老中松平康福へ進達した結果を、

一橋治済へ報告した文書が、L一―一二一にあるが、やや重複するので省略する。

四五、天明二年（一七八二）五月十九日、一橋邸修復について御内御用書付

◎L一―一一〇

（上包紙）御内御用筋　　　但馬守

五月十九日預ケ　　　肥後守

（中包紙）御書付

（治済筆）

一、此度修覆之儀、弥」公辺より御手当筋之儀ニ相成候得は、先ハ是迄之侭ニ而、手入斗ニ而無之候而ハ相成申間敷哉。前々出来之時節とも違イ、唯今ニ而ハ間柄之大名も入来等有之候事故、余り見苦敷場所、都合不宜候ハ、住居替致度候得共、此儀ハ如何可有之。尤先年婚姻之砌、」公辺より御普請、御修覆等之節も、先々深達院様御在世之節間ニ合候場所えも建直し、又廊下

四五、天明二年五月十九日、一橋邸修復について御内御用書付

幅広ク相成候事も有之、殊ニハ誠ニ物好成ル三階家等迄出来候程之事故、得と評儀有之度候。

一、座之間向抔も、上使其外重モ之間ニ候処、道すから、平日末々之者通行ニ相成、水抔迄も持運ヒ候事ニ付、寄麗(マヽ)ニも無之候間、あの間抔引直シ、御側始めメ(マヽ)、奥向其外奥口より内へ取入候者謁所等も、甚行届不申候間、右間所等ハ別ニ廊下ニ致度者歟と存候。

一、休息向ハ有形ニ而引直し度存候。引続手軽ニ能見物所、小座敷兼、新規ニ出来候様、弥座之間引ケ候得は、是迄大溜・小溜・膳建等迄閑(カ)屋ニ相成候歟、場所無之候間、絵図面之ヶ所抔と致度候。

一、慰ニ絵図相認候間、則為見申候間、あの通とも申儀ハ無之候得共、先あの振合を以、大造無之、都合宜敷候様ニ致度候。何方ニも皆是迄ハ廊下通一筋故、甚不都合ニ付、相直度存候。

一、修覆之儀も、縦ハ屋根抔も近来葺替相済候場所ハ其侭差置、誠之朽損、曲り等相直シ候迄ニ而、無益之手入レ無之様、乍去余り仮繕ヒニ而、早速又損シ候様ニ而ハ全(詮カ)も無之事故、能程ニ積立可然哉之事。

一、絵図面等ハ、又工夫も有之候ハヽ、相仕立候上、猶又見申度候。

一、何分格段大造之御入用御出方は無之候様致度候。

【解説】一橋邸は明和四年（一七六七）、治済が京極公仁親王息女在子を簾中として迎えるに際し、公儀より大修理が施工された。その時、三階家も建てられたようである。一般には、慶安二年（一六四九）二月十五日の町触以来、三階建ては禁止されていた筈であるが（『正宝事録』二一五）、御三卿ともなれば別格であったのであろう（水野耕嗣「江戸末期の三階建について」一　日本建築学会東海支部研究報告　一九八五年二月）。

治済は「格段大造之御入用御出方は無之候様」と結んでいるが、実際はあれこれ注文をつけている文面である。

四六、天明三年（一七八三）四月、一橋勝手向につき、御勝手懸用人書上

◎L一—一三一

（包み紙）　天明三　四

御勝手向書上　　秘

（端裏書）

鈴木治左衛門

大林与兵衛

四六、天明三年四月、一橋勝手向につき、御勝手懸用人書上

皆川藤右衛門

御勝手向之儀、是迄段々御勘弁之上、品々御省略も被仰出候得共、一躰壱ヶ年之御取箇辻を以、一ヶ年之御遣方ニ御不足御座候処、諸役所向御定金等格別之減高等被仰出、右御定金高、且格別之御減等を以差引仕、漸々一ヶ年之御取箇辻ニ引合候趣ニ御座候得共、右減通りニ者何分御暮方出来不仕候ニ付而は、御定金高名而已ニ相成、夫ニ而者御遣方引足不申候之間、臨時々々之御入用ニ相立、全ク之御遣方ニ至り候得者、中々一ヶ年之御取箇辻ニ而は御遣方引足不申候。然処、猶又品々御勘弁を以、御手当金・御取替金・御取替米等之御手当を以、其年々御暮方者出来仕候様ニは相見へ候得共、一躰御物成ニて御遣方引合不申儀ニ御座候得は、年々御不足丈ヶ者御借用段々相嵩ミ、追年ニは必至と御差支ニ可相成儀眼前ニ御座候。何之何故、右躰御不足成義ニ御座候哉と、」公儀より相渡候御領知御拝領之砌拾万石御割合御定高帳と、当時御入用与、段々取調、突合申候所、別紙之通相嵩ミ申候。何故右之通相嵩ミ候哉と相調候処、右御定高帳之外、当時全ク廉立相増候分、荒増別紙之通御座候。右之外ニも御繁栄ニ随ひ、御間柄段々御出来、御出入も多、御人等相増候ニ付而者、一躰定式御入用ニも相響キ、右ニ付而ハ、廉立不申定式之方も定メ而相嵩候儀と奉存候得共、此義何程相嵩候と申義者取調兼申候。廉立

相見へ候分、別紙御定高帳ニ添書仕、并右御帳外之増候分、荒増申上候。右之通段々無拠筋ニ而御入用相嵩候儀ニ者御座候得共、年々別紙之通相嵩、追年必至と御差支ニ相成候儀者眼前ニ御座候処、右之趣も兼而不申立候而は、其節ニ至、申訳も無御座義ニ付、甚恐入奉存候得共、此段入「」御聴候。何分当時之趣ニ而者、其年々 公儀より御手当を以、ヶ成ニ御暮方者出来可仕候得共、始終之処、全ク御差支之儀と乍存、御勝手御用向相勤罷在候之儀、甚恐入奉存候。何分ニも御賢慮之程奉願候。依之申上候。以上。

四月

鈴木治左衛門
大林　与兵衛
皆川藤右衛門

四七、天明三年（一七八三）四月、勝手向難渋につき、御勝手懸用人書上

◎L一—一三二

（端裏書）
鈴木治左衛門」大林与兵衛」皆川藤右衛門

四七、天明三年四月、勝手向難渋につき、御勝手懸用人書上

御勝手向御難渋之儀ニ付取調之趣、先達而入御覧候処、此上如何取斗可然哉、存寄も有之候ハ、、心底不残可申上旨、且又郡奉行・御勘定奉行初、御勝手向取扱候者共えも申達、各存寄も可申出旨被仰渡、奉畏、則申達候処、御勘定奉行・吟味役共者、一向存寄無御座候旨、書付を以申聞、郡奉行両人、松浦弥二郎儀者存寄之趣、以別紙申聞候ニ付、相添入御覧候。御取用ニ者難相成儀与奉存候。左候得は先達而申上候通、御割附御高外、無拠儀共ニ而御入用相増候分、別紙之通りニ御座候得は、何れ御減可被成筋も相見不申候。左候得者、御不足丈之儀者御合力御願之外、私共存寄一向無御座候。此上共ニ段々御家御繁栄ニ随、御増者相見候得共、可相減筋者一向相見不申候。此上一年々々与御増可有御座儀者、御子様方御成長被遊候ニ御随、御上り御衣裳等迄も、是迄与者違候儀者眼前ニ御座候。其上御縁辺等之儀ニ付而も、其節々尤公儀より御支度金等可被進候得共、右御入用丈限りニも不相済、其上御続柄相増候得は、年中為御取替等全相増候儀ニ御座候。当時之御振合ニ而者、年々御金五千両、御米五千石宛御合力之儀、御願被成下候様、偏ニ奉願候。右之通被仰付候而も、当時之御借金跡引ニ相成候故、早速ニ御取直与申程ニ者参間敷奉存候得共、拾ケ年程ニ者何分御勝手向相直可申奉存候。且又是迄御拝借高も多分之儀ニ御座候処、御上納も御差滞、甚恐入候儀ニ御座候。御返納筋之儀者、一躰御規定えも相響候事ニ御座候之間、年々閏月無御座候年者、御返納御座候様仕度奉願候。

尤此度調之儀者、」公儀御勘定方立合御願之上、過不足御改御座候様仕度奉願候。右躰之儀
申上候儀恐入候得共、心底不残可申上旨被仰渡候ニ付、右之段申上候。以上。

四月

鈴木治左衛門
大林　与兵衛
皆川藤右衛門

四八、天明三年（一七八三）五月、一橋邸勝手内実につき、家老の意見書

◎L一―一三七

（上包み紙）

天明三卯年七月十二日封之。

御筆入

御勝手筋御内実御用向書付共

但馬守
肥後守

（中包み紙）

書付（治済筆）　　三通

（端裏書）　一

御勝手向之儀ニ付、段々と被　仰出候趣共、乍恐御尤至極之御儀ニ奉存上候。右ニ付、彼是と評儀仕候処、先年公儀より被仰出候御人御定高之面を以、十分ンニ取調仕候趣、別紙之通り漸ク現米四千石余ニ相成り、先達而申上候御勝手向御不足積り、都合壱万両之御償ニは中々引足不申候。其上猶又評儀仕候処、私共儀は、御役高と申ニは無御坐候得共、公儀よりも外御米頂戴仕候儀ニ付、如何様ニも格式通り取続キ相勤可申候。番頭以下」御屋形より被下候御宛行之分相減シ候而は、最初御領知渡り候節之御定も有之候儀、其上清水・田安勤之者とも之並ニも違候間、公儀より被仰出候御振合ニ相響キ申候ニ付、其所を被為仰立候而は、何とやら如何ニも相聞可申哉とも奉存候。諸家ニも何ケ年之内何分通り借り八木と申儀有之候間、右之振合ニ而、御手前より之御手当之内、半減宛御借米之積ニ勘弁仕見申候之処、八役之分ニ而弐千五百五拾俵ニ相成申候。其割合を以末迄段々ニ割合セ、都合現米ニ〆凡弐千石余ニ相成申候。尤御定人数之外、追々相増候御人之分えも割合懸ケ、其外奥表とも年中外被下皆勤御褒美筋、不残相減候而も、都合五千五百石程之義ニ御座候間、迚も壱万両之御償ニハ引足不申候。勿論其上ニも御格外成御倹約ニ而も被仰出候ハヽ、今少之償方出来可仕哉ニ御座候得共、左程ニ切詰候而も、年限之内御立直りと申見込も無御座候。全ク無御拠御入用共にて、御一躰之御不足高ニ相成候得は、永久之御償方無御座候故、何れニも御不足之分不被為仰立候而は、往々御差支ニ相成可申哉ニ、乍恐奉存候。勿論当時は御手当金・御取替金・御取替八木等も御座候得は、可成ニは御間合イ申候得共、御手当金迚も去ル亥年より拾ケ年内之儀ニ御座候得は、最早年限半バ過申候。尤右拾ケ年相立候得は、兼而御年延ニ相成居候御拝借金御上納も有之候。且御取替金之方は、是又亥年より五ケ年内之御元済之儀故、当年迄之御事ニ御座候。御取替米ハ年切之儀ニ御座候間、何れも此上御願返シも相済可申哉ニ御座候得共、其程も難相計奉存候。依之旁御操廻シ之御差支を相考、猶亦乍恐私共評儀仕候趣奉窺候。以上。

五月

水谷但馬守

林　肥後守

四九、天明三年（一七八三）五月、邸臣充行節減につき、家老私案（文書整理番号は前掲文書に

四九、天明三年五月、邸臣充行節減につき、家老私案（文書整理番号は前掲文書に同じ。）

（端裏書）　二

一、米弐千俵　　　　　　　　　　　　　　　　　御家老　　両人
　　但、壱人ニ付千俵宛、御手前より被下候分不残減ス。
一、米四百俵　　　　　　　　　　　　　　　　　番　頭　　両人
　　但、壱人ニ付弐百俵充、御手前より被下候分不残減ス。
一、米千弐百俵　　　　　　　　　　　　　　　　御用人　　六人
　　但、右同断、
一、米四百俵　　　　　　　　　　　　　　　　　御簱奉行　壱人
　　　　　　　　　　　　　　　　　　　　　　　御長柄奉行　壱人
　　但、右同断、
一、米千俵　　　　　　　　　　　　　　　　　　御物頭　　三人
　　　　　　　　　　　　　　　　　　　　　　　郡奉行　　弐人

但、右同断、
一、米百俵　　　　　　　　御勘定奉行　弐人
一、米四千四百俵　　　　　御小姓拾　拾四人
　　　　　　　　　　　　　御近習番　弐拾人
　　　　　　　　　　　　　御附御小姓　弐人
　　　　　　　　　　　　　同御近習番　八人
但、御宛行高五拾石弐拾人扶持宛之内、壱人ニ付
百俵ツ、減ス。
一、米五百五拾俵　　　　　御広敷御用人弐人
　　　　　　　　　　　　　御目付　　三人
　　　　　　　　　　　　　御徒頭　　三人
　　　　　　　　　　　　　小十人頭　三人
但、御充行高弐百石宛之内、壱人ニ付五拾俵宛減ス。
一、米百五拾石　　　　　　大御番三拾人
但、御充行高弐拾五石五人扶持宛之内、壱人ニ付五石

四九、天明三年五月、邸臣充行節減につき、家老私案（文書整理番号は前掲文書に同じ。）

宛減ス。

一、米拾石　御賄頭　弐人

但、御宛行高弐拾五石四人扶持充之内、壱人ニ付五石

宛減ス。

一、米六石　御台所頭　弐人

但、御宛行高弐拾石四人扶持ツ、之内、壱人ニ付三石

宛減ス。

一、米三拾六石

御用達　三人

御広敷御用達壱人

御金奉行　弐人

御勘定組頭　弐人

小十人組頭　三人

御馬役　壱人

但、御宛行高弐拾石四人扶持、三人扶持之内、壱人ニ

付三石ツ、減ス。

一、米三拾石　　　　　　　　　　　　　　　御代官　　六人
　　但、御宛行高三拾石四人扶持之内、壱人ニ付五石宛減ス。
一、米六拾六石　　　　　　　　　　　　　　小十人　　三拾人
　　　　　　　　　　　　　　　　　　　　　御右筆　　三人
　　但、御宛行高拾七石三人扶持之内、壱人ニ付弐石宛減ス。
一、米拾石　　　　　　　　　　　　　　　　御勘定　　五人
　　但、御充行高拾五石弐人扶持之内、壱人ニ付弐石宛減ス。
一、米弐拾石　　　　　　　　　　　　　　　御徒目付　拾人
　　但、御宛行高拾五石三人扶持之内、壱人ニ付弐石宛減ス。

〆　米壱万五拾俵
　　　此石三千五百拾七石五斗
　　米三百弐拾八石

二口〆米三千八百四拾五石五斗

但、拾弐石以下ハ減無之。

右之外、御広敷女中之向御宛行之内、表向ニ准し、御減シも可有御座哉、是迄も少分之儀ニ可有御坐哉と奉存候、以上。

五月

水谷但馬守
林　肥後守

五〇、天明三年（一七八三）五月、家老・用人等に対する治済の指示（整理番号は前に同じ。）

（治済筆）

一、勝手向操廻シ手段之儀、猶又評儀之趣、此間之答旁昨日ハ書面差出、具致承知候。然ル処、」公辺え内々ニ而も申立候ニハ、兎角ニ何そ趣意無之候而ハ、容易ニハ難申出シ候間、ケ様ニ而も仕候ハヽ、右不足之処間合可申哉、外ニ手段無之趣申出シ候様致度儀ニ候間、再応存寄申談シ候間、得と評儀之上、申聞有之候様存候。尤右仕法ニ致候と申ニハ無之候得共、右程ニ切詰メ可申段謡候ハヽ、可然哉と存候。

一、倹約と申候而も、毎度申渡シ、諸向ニ而も出情有之候得共、迚も行届キ不申候間、相改メ申度儀数多有之候得共、元」公儀より御定メ之儀共ニ而、清水・田安共同様処故、手前切りニ相改候儀難仕、併右之通捨置候而ハ不相済事ニ付、不得止事相調へ候趣ニ候。

一、公辺定式・不時共献上物、御宮・御霊屋献備、禁裏・仙洞御所方進献物等ハ是迄之通、其外勤向是迄之通。

　但、其外と申候ハ、御役人組内之儀ニ候。

一、手前内祝儀之節并不時吉凶為取替等、至而省略ニ而、印迄之取扱可有之事。

一、何レもえ差遣候役料等之儀、是又尤之儀ニ存候。乍併当時両人共持高宜敷事故、何分可成之取償ニハ相成可申候得共、此後共小高之者被仰付候節、決而取償兼可申儀、殊ニハ重キ役儀ニ而、供廻り其外共ニ自然と行届兼候様ニ相成候而ハ、外聞之義相抱(マヽ)候間、何分是ハ有来り之通ニ致度候。

一、番頭・用人共ニ高相減シ候而ハ、自然乗馬等之儀相成兼可申儀候。左候而ハ外聞ニも抱り候事故、是又相減シ難候間、有来り通差置、外合力金等ハ除キ可申哉。

一、八役之外、是迄之充行、分限之高相込メ、新法ニ組直シ、人数ハ場所ニより、却而過シ候様ニ致候而、忰共年比之分ハ部屋住より呼出し、扶持斗程能差遣、場所々々相応ニ人数合セ可申候。

　但、取来之面々ハ、程能借り米可然候。

　但、屋形内ニ他所之者出会無之勤柄之者ハ、是迄之衣服着用ニ不及、用捨ニ而綿服着用之事。召連候供廻り、是又格外ニ省略之事。

一、此方身分之儀も格外省略ニ相調へ可申事。

一、鷹野其外下屋敷へ罷越候度数、是亦減シ可申事。

一、万端心付候品々取調可然候。

一、女中向、是又表方ニ准し可然候。

一、広敷向抔も、諸家へ押移り取斗可然候。

一、此度より諸向相詰メ候と申心取ニ相成候而ハ、以之外不宜候間、収納方へ引合候様ニ仕法組直シ候と申趣、一統得心有之候様致度候。

右之趣ニ相成候得は、何程相減シ候と申儀申上、其通ニ被仰付候得は、是非も無之儀、又御恵厚ク候而、此間之調通相済候得は、最上之儀ニ存候。猶又存分之趣、無腹蔵申談候間、猶又評儀之上、無遠慮申聞有之候様存候。

五　月

（別紙、治済筆、附札剝落カ）

一、手前内諸褒美類相止メ、皆勤・上勤等ハ勤之者規模ニ相成候事故、是斗ハ遣可申哉与存候。

右ハ認落候より申遣候。

註．当時両人共持高宜敷事故――家老水谷勝富は家禄二千二百石、林忠篤は三千石、共に公儀奉行級の旗本としては、かなりの高額である。更に三卿の家老は、家禄の多寡とは関係なく、公儀から千石、夫々の邸から千石の役料を受けていた。因みに当時の清水・田安家老の家禄は次の如くである。

（清水）吉川従弼、五百石（小普請奉行より転任時に二百石加増）。

本多昌忠、五百石（新番頭より転任時に八十俵加増）。

（田安）安藤惟要、五百石（勘定奉行兼任、勘定奉行就任時に二百石加増、天明二年迄）。

松本秀持、五百石（勘定奉行兼任、勘定奉行就任時に四百石加増）。

戸川逵和、千五百石（世襲家禄、天明三年就任）。

但、一橋家老の世襲家禄が常に高禄であったとは限らない。

五一、天明三年（一七八三）七月、御金操廻大積報告

◎L一―一三八

（端裏書）
鈴木治左衛門」大林　与兵衛」皆川藤右衛門

当卯六月朔日より同十二月中迄、御金御操廻大積、左之通。

一、金三千三百四拾四両程　六月中　有高

内

金千七百八拾四両程　六月中　諸払方之分

差引

金千五百六拾両程　七月え越金

金八百六拾弐両程

是者関東卯夏成金・甲州去寅年酒造米代金入候分

金弐千両　御取替金入

三口合金四千四百弐拾弐両程　七月中　有高

内

金三千八百弐拾六両程　七月中諸払方之分

差引

金五百九拾六両程　八月え越金

金六百両

是者関東卯麦秋成金可入積り。

金千両　御取替金」可入積。

三口合金弐千百九拾六両程　八月中　有高

内

金千五百五拾七両程　八月中諸払方之分

差引

金六百三拾九両程　九月え越金

金千三百六拾三両程

是者関東卯夏秋成金、泉州去寅御年貢金可入積り。

金千両　御取替金」可入積り。

三口合金三千弐両程　九月中　有高

内
金弐千四百三拾五両程　九月中諸払方之分
差引
金五百六拾七両程　十月え越金
金千百三拾両程
是者甲州卯御年貢・関東卯秋成金可入積り。
弐口合金千六百九拾七両程　十月中有高
内
金壱万弐百拾七両程　十月中諸払方之分
差引
金八千五百弐拾両程　不足之積。
此償方左之通
金九千両　御用金可申付積り。
又差引
金四百八拾両程　十一月え越金

金六千弐百六拾六両程
是者関東卯御年貢并夏秋成金、甲州・播州・泉州卯御年貢金可入積り。
弐口合金六千七百四拾六両程　十一月中有高
内
金千六百六両　十一月中諸払方之分
差引
金五千百四拾両程　十二月え可越金
金八千七百七拾六両程
是者関東・甲州・播州・泉州卯御年貢金可入積り。
弐口合金壱万三千九百拾六両程　十二月中有高
内
金壱万八千弐百六拾四両程　十二月中諸払方之分
差引
金四千三百四拾八両程　不足之積り。
此償方左之通

金五千両　　　　　　　御用金可申付積り。

又差引

金六百五拾弐両程　　　来辰正月え可越積り。

朱書二口

〆金壱万四千両　　　　御用金卯暮御借居え之積り。

卯御年貢金来辰春納ニ可成分、左之通。

金八千七百六拾七両程

前条辰正月え越高

金六百五拾弐両程

弐口

〆金九千四百弐拾両程

前条朱書卯暮御借居金高　「金壱万四千両与」差引

金四千五百八拾両程　　　　　　　　　御用金御借り居え之方多し。
右之通御座候付、来辰正月より御遣方金無之積ニ御座候。
右之外
金六万三千百五拾両
是者延享四卯年より安永五申年迄、公儀より御拝借金御上納残り、此上御上納可有之
分
金弐万九百八拾三両余
是者御領知并大坂為替共年譜金、此上御返金可有之分
右之通之御操廻ニ付、来辰正月より御遣金無之積ニ御座候得共、前条申付候御用金御借り居、
其上是迄之通」公儀より御取替金・御取替米被成下、来辰年者正月中より御取替金相廻り、
右御借り居御用金之方御返金相済シ、又候一二ケ月も過候而、御用金申付候ハヽ、可成ニも
御操廻出来可仕哉ニ奉存候得共、左候得者年々御借用金残相嵩ミ、追年必至与御差支ニ罷成
候者、眼前ニ奉存候。依之申上候。以上。

七月　　　　　　　　　　　　御勝手掛り」御用人

五二、天明三年（一七八三）十二月、入用筋諸事勘弁可仕旨、治済指示

◎L一―一四〇

（包み紙）

御入用筋諸事勘弁可仕旨被仰出候。

御筆　　　　　　御書付一通

卯十二月

当年は領知大造之損毛有之、既ニ」一公辺えも御届申上候事故、猶又此上無油断、不益筋無之候様、諸向共ニ心附キ事ハ、向々より相調へ可申出候。其余相触可然儀、猶又評儀可有之候。

一、表向・奥向共、屋形外并客来等之節ハ是迄之振合ニ而、屋形内之儀ハ格別之用捨之儀ニも候間、猶又着服等迄も、品物等弥手軽ニ可致候。尤側向キ迚も不苦候間、其旨相心得可申旨可相達候。

一、大奥向之儀、是又着服等同様ニ而、是迄よりハ一二段ツヽも軽キ品相用可申候。
一、女中外出等之儀、定式之出、御城使并常盤橋・桜田等、年中之度相調へ可申候。
一、定式之出、上野・増上寺并天徳寺・大円寺・祥雲寺抔之類、老女・表御使番等、右之分、公辺勤ニ准シ候儀ニ付、一度相調へ可申候。
一、右之外、是迄仕来之神社・寺院之祈禱抔之参詣、広敷向キえ添番抔之類、両人程も撰ミ、隠便《(マヽ)》ニ内々取斗候ハヽ、格別之益可有之哉。
一、右之外、与右衛門抔へ相尋候ハヽ、外ニも何そ心付品可有之候。
右ハ早速ニハ難申渡可有之候歟。間ニ合候ハヽ、年内相触可然と存候。

五三、天明四年（一七八四）五月二十四日、一橋勝手向につき、治済家老宛書状

◎L一―一六六

（包み紙）

天明四辰年五月廿四日、治左衛門を以御下ケ被遊候。

御勝手向之儀ニ付、御書壱通。

（包み紙）書　付　（治済筆）

諸向申渡帳一冊致熟覧候。何之存寄も無之候。併場所ニ寄、余り委敷過キ候文段も有之候間、先諸向より仕法存寄等書出させ、其節ハ、定メ而此手段とハ向々違イ可申候間、宜敷品ハ夫相用イ、又不宜品仕法有之候ハヽ、此趣共附札有之可然候。諸向存寄不出内、又出候而も、一円ニ打消、此趣意斗申渡候而、却而気請不宜、末々ニ而ハ、結句不益之筋、自然出来有之候而ハ如何ニ存候。此等之趣能々御（マヽ）勘弁可有之候。

一、本暮シ方之儀、兎角引足り不申趣ニ成程承り候処、何レ女中之取斗不行届事多可有之と存候。一躰当時ニ而ハ何一ツ慰等も無之、甚気之毒成者ニ而、其儀ハ不絶此方も相考申候。何卒定金増方、手元之相応も出来候而、少分之物好等も相成、何そ相応之慰も出来候様致度候。此等之趣、追々ハ勘弁も可致と存罷在候。茂左衛門引請之方ニ而、少々ハ甘ロキニ相成候様ニも可相成と、内々書面之趣ニ而致安堵候。先書面相返申候間、本文之趣ニ相心得可然候。

五四、天明四年（一七八四）五月、勝手向き難渋につき、治済書状

◎L一―一七三

（包み紙）「書付」　（治済筆）

勝手向難渋ニ付、　」公辺より度々御恵ミ有之候処、兎角不足之暮シ方ニ而、調之上、去年申上候処、去暮は御取替米金共、不残被遣候段被仰出、尤当春ニ至り御沙汰可有之段、御書付も出、乍毎度厚キ御事、万一申上候通之御手当筋にても可被仰出御事ニも相成候節ハ、別而已来之処、此方始、何レも并末々迄之役人等、別而心ヲ用、向後勝手筋之儀ニ而、彼是と申儀、　」公辺え申上候様成ル趣有之候而ハ、甚不行届恐入候事故、一統申合、右躰之儀ニ及不申候取扱、専一ニ存候。夫ニ付、乍差越候事、被仰出候ハヽ、其刻取〆之儀、」公辺より被仰出有之候様致度存候。左候ハヽ、別而一統之慎ニも可然哉ニ存候。不苦趣ニも評義有之候ハヽ、序之節、越前守方え咄置候様存候事。

五月

註．天明三年十二月二十五日、当暮幕府へ返納すべき取替金一万三千両は貰切りとなる。更に翌四年六月二日、当辰より申迄五年間、毎年金一万両を幕府より支給せられる（『新稿一橋徳川家記』）。

五五、天明四年（一七八四）六月、公儀合力金に尽力せし御勝手懸用人三人へ被下物について

◎L一―一七四

（包み紙）

田沼・水野・稲葉三家え御内々之御使之儀伺書付、并

上御合力金被仰出候ニ付、御勝手懸り三人之衆え被下物

伺書付、尤伺之通、御筆有之。

水谷但馬守

林　肥後守

（端裏書）

辰六月十一日、伺済候書面

被下物有之。

銀三拾枚　鈴木治左衛門
銀弐拾五枚　大林　与兵衛
銀弐拾枚　皆川藤右衛門
右、此度御合力金之儀ニ付、御用向取調等取扱、出情骨折候ニ付、拝領物被仰付之。
別段
銀拾五枚　大林　与兵衛
右、此度同断御用筋之儀ニ付、松本伊豆守并大前孫兵衛え承合等、格段骨折相勤候間、別段拝領物被仰付之。
（朱書）
「天明三卯年十二月
銀二拾枚　鈴木治左衛門
　　　　　大林　与兵衛
銀拾五枚　皆川藤右衛門
右、御取替金被進限り之積被仰出候節、拝領物被仰付候事。」

右之通奉伺候。以上。

六月十日

水谷但馬守

林　肥後守

（別紙〈附札剥落カ〉治済筆朱書）

「伺之書面、何レも伺之通、取斗可申事。」

註・鈴木治左衛門――鈴木直裕、元文元年（一七三六）より一橋邸附となり、番頭兼用人に至る。家禄百俵。

大林与兵衛――大林親用、安永三年（一七七四）五月、公儀の勘定組頭から一橋用人となる。後、番頭を兼ねる。家禄百五十俵。

皆川藤右衛門――『寛政重修諸家譜』に載らず。一橋邸番頭兼用人皆川政敷カ。前出二八号文書（L一―六〇）註記参照。

五六、天明四年（一七八四）六月、公儀勘定奉行松本伊豆守へ紋服下賜について

◎L一―一七七

（包み紙）
松本八え被下候　御紋付之義、越前守殿え伺候処、主殿頭殿えも御談合有之候上、松本え御紋付被下置可然由。

（治済筆）
本文之趣不相成候ハヽ、先刻之通りニ而宜敷候。

先刻伺有之候伊豆え之遣シ物、不図存出シ候ハ、去年之頃歟と覚申候、紋附之品望之由、内々何レもより、治左衛門ヲ以申聞有之候哉と覚申候。其砌問合之処、先見合之振合ニ相成居候哉と覚申候。左候ハヽ、越前抔へ問合候而も、去年表立取調掛合等、当屋形へも罷出程之事故、是非挨拶筋可有之儀、殊ニ当時田安家老兼勤之事故、外御役人とも違イ、格段失礼之品ニも無之哉、可然存候ハヽ、越前へ之口上、伊豆守度々掛合等、屋敷へも罷出、糺等有之、太儀成ル儀ニ存候趣ニ而、有合之品故、紋附上下・羽織抔之類遣シ可然哉之段、何レも宜敷存候由、程能先越前迄咄、様子宜敷相聞候而、双方可申段、答有之候ハヽ、格別、又無用之振合歟、迚も難相成抔と申趣ニ候ハヽ、越前限聞置之積りニ申談、可然候。田安当時大夫

斗故、左様の被下筋無之哉、若済居候ハヽ、可相成儀哉に存候。右之趣、得と勘弁之上、取斗可然存候。以上。

但、口上振りハ宜敷作略可有之候。

六月卅日

【解説】田安・一橋両卿の家計は領知下賜の当初から不健全性を含んでいた。すでに延享三年（一七四六）七月、即ち領知下賜申渡しの二ヶ月前、両卿の傅役（家老）達は老中に次の様な試算を提出している。

一、拾万石

三ツ五分之取ニシテ」　拾万俵　三斗五升入

只今迄之御入用高ニ」　弐万四千八百俵余不足

四ツ之取ニシテ」　拾壱万四千三百俵程　同断

只今迄之御入用高ニ」　壱万五百俵余不足

五ツ之取ニシテ」　拾四万弐千九百俵程　同断

只今迄之御入用高より」　壱万八千俵多シ

（『酒井家文書』〈姫路〉B九―二六六）

両卿の領知は、全体に土地柄のよい村が与えられていたようであるが（拙稿「徳川御三卿の生活」専修

人文論集五三号 一九九四年参照）、それにしても全領平均免五割は不可能である。恐らく平均免四割程度であったろうから、下賜以前から不足が見込まれていたといえよう。『酒井家文書』によると、老中は両卿傅役に対し、「御両卿御格式、御三家之御格ニ候得共、御暮シ方ハ御三家之通ニは難被成候。御高位之大名之暮シ方之趣を請、万端事軽ニ御暮シ方相済候様、差略可有之候」と申渡しているが、むしろ経費が年々膨んでいった様子は、「此上共ニ段々御家御繁栄ニ随、御増者相見候得共、可相減筋者一向相見不申候」という勝手懸り用人達の書上げ（本稿前掲四七号文書）からも窺われる。

一橋邸では、既に初代宗尹の時から、幾度か公儀から拝借金を仰いでいるが、治済の代になると、拝借も頻繁となり、その返納の延期、更にはその貫切り、特別の年金下賜などが相次いだ（拙稿「徳川御三卿の生活」参照）。安永五年（一七七六）十一月「新庄能登守（家老）覚書」（Ｌ一―五三）によると、去々午（安永三）年春より御蔵米金共御年明ニハ必至与窮乏、御借用金、大坂金弐万両余、御領知八千両程、江戸表凡七千両程有之、江戸之分者去年迄ニ皆済、大坂并御領知御借用金者三十年賦等形付、当時は御借金無之、御物成ニ而御賄相成候事」と、公儀のみならず、町人・領民からも多額の借金をしていたことがわかる。（二万八千両余の負債を、債権者に三十年賦返済を承諾させた事で、「御借金無之」と理解しているところなど、小身〈七百石〉とはいえ新庄能登守も鷹揚な御直参の感覚を持っていたといえよう。）

天明三年（一七八三）に至って、治済は家老・勝手懸り用人に、財政改革を評儀させた。しかし用人等の答申は「御不足丈之儀者御合力御願之外、私共存寄一向無御座候」「当時之御振合ニ而者、年々御金五千両、御米五千石宛御合力之儀、御願被成下候様、偏ニ奉願候」（前掲四七号文書Ｌ一―一三二）という頼りないものであった。

家老達に対しては、公儀附人に対する一橋邸としての足高の廃止を含めて検討させた。しかし家老達は、節減額も四千石程であり、清水・田安の附人達との均衡もあることを理由に、減俸には消極的であった。

其外奥表とも年中外被下皆勤御褒美筋、不残相減候而も、都合五千五百石程之義ニ御座候間、迚も壱万両之御償ニハ引足不申候。勿論其上ニも御格外成御倹約ニ而も被仰出候ハヽ、今少之償方出来可仕哉ニ御座候得共、左程ニ切詰候而も、年限之内御立直りと申見込も無御座候。全ク無御拠御入用共にて、御一躰之御不足高ニ相成候得は、永久之御償方無御座候故、何れニも御不足之分不被為仰立候而は、往々御差支ニ相成可申哉ニ、乍恐奉存候

結局、只管公儀の援助を請うというのが、廷臣要職の結論であった（前掲四八・四九号文書L一―一三七）。

こうしてその年末（天明三）、公儀へ返納すべき取替金一万三千両は貰切りとなり、更に翌四年からは年金一万両を下賜されることになった。用人達は公儀要職との折衝には奔走したようで、その功への賞与を得た（五五号文書）。またこの下賜金実現に貢献した田沼意次の腹心、勘定奉行松本秀持へも葵の紋服が授与されたのである（五六号文書）。

五七、天明四年（一七八四）十月二十四日、一橋家老宛一橋治済状、越前松平家格昇進願いを公儀取次の件、松平重富へ返事について

◎Ｌ一—一八五

（上包み紙）

越前守様え之御返言之儀ニ付、此方共え拝見被仰付候。

御筆　辰十月廿四日　但馬守

肥後守

（中包み紙）「書　付」（治済筆）

越劦より書面到来、家格之儀ニ付、品々心願之趣申来候。稲葉越劦え相頼ミ候様ニと申事ニ候。然ル処、先達而も、昇進之儀并惣下座等之願、稲葉越劦え孰もを以内々相頼候処、越前家勝手向甚難渋之筋ハ間柄之儀ニ候得者、此方承知之上ニ而ハ、越前守殿身ニ附候儀故、余り気之毒ニ存候上ハ、無拠内々相頼候筋も可有之哉ニ候得共、越前守殿家格筋、昇進筋之儀ハ先方之家ニ附候願ニ而、決而此方より相願間敷旨、依之取扱無之積り、稲葉越劦方申聞之

趣、孰も申演、具ニ致承知罷在候。其刻も先方えも断申遣、随分承知之儀ニ候。此節は段々続柄等之儀ニ付而ハ外ニ相頼候者も無之間、是非世話有之候様、甚難渋之事共申来、ねたりニ而致当惑候。尤越刕ニハ、孰も存候通り、兄之続ニ而、殊ニ当家嫡子之事ニ候処、従 」

公儀　思召ヲ以、越前家え養子并相続、両人迄被　仰出候儀ニ候得ハ、格別之御取扱も可有之哉、兼而も越前守殿ニは存被居候趣ニ相聞申候。其身ニも右規模を以、何卒家格并昇進之儀共ニ、越前家再ヒ取立被申度願望ニ而、甚御心尽之事ニ候。其上当時ニ而ハ、格別之 」

公儀御間柄ニも候得ハ、是非致世話くれ候様ニ被申越候。且又先達而より、薩州えハ品々結構之御取扱之事故、別而羨敷も被存候哉与察申候。越前家ニハ往昔ハ格別之家格ニ候得ハ、旁右之趣ヲ以て一向ラ頼被申越候。右之通りニ候得共、此度返書差遣申候ニ付、彼是心痛申候。乍去やはり先達而稲葉越州申聞之通り之趣ニ而、此度も可申遣と存候得共、如何可申遣哉、猶又孰も勘弁之上、申聞候様存候。

註・稲葉越州――稲葉正明、側衆、御用取次。
公儀　思召ヲ以、越前家え養子并相続、両人迄被　仰出候――延享四年（一七四七）六月、一橋宗尹嫡子小五郎を幕命により、越前松平宗矩の養子とする（松平重昌）。宝暦八年（一七五八）二月十八日松平重昌死去。同二十日幕府一橋嫡子仙之助（重昌弟）を重昌の養子とする（松平重富）。

薩州えハ品々結構之御取扱――天明四年（一七八四）九月、島津重豪（徳川家斉夫人父）に江戸城中大廊下を控の間とすることをゆるし、また五節句・八朔は白書院、月次は黒書院を御目見の場とする等、徳川家門に準ずる取扱いとしたことをさす。

五八、天明四年（一七八四）十二月三日、家格昇進取計らいについて　松平重富状、一橋家老宛

◎L一―一九四

以別紙申入候。本文申入候通ニ有之候。大井弥十郎を以申達候得共、尚亦申入候。家格昇進筋之儀、一ツ橋より御頼被成間敷旨、御用懸り衆去年其許方へ被申候由、其儀者随分承知罷在候儀ニ有之候。元来　」覚了院様より、已前　」公辺え御請被仰上候節、段々結構ニ御取扱可被仰出候御事ニ付、御請も被仰上、殊ニ両度迄一ツ橋御嫡男より養子相続之儀ニ付、御辞退も被仰上、右等之訳合ニ付、三十六七年相立候得共、今以何之御沙汰も無之ニ付、一ツ橋より被仰上候儀ニ候得者、願之儀を御願被成候と申事ニハ相当り申間敷、右之趣を以御用掛り衆へ御内談有之候様ニ致度、呉々厚頼入存候。則最前右　」覚了院様御請之節之御同役

方ハ、伊丹兵庫頭殿・佐野豊前守殿ニ有之候。其節之御用掛り衆ハ藪主計頭殿ニ而、段々有徳院様厚キ思召も主計頭殿承知候儀有之候。委細之儀ハ先ニ而(カ)も申達候段、態々不申達候。何分之宜御申談、御勘弁被下候様ニ存候。毎度之御世話之儀、めいわく致罷在候。已上。

十二月三日

註．覚了院様――一橋初代宗尹。
伊丹兵庫頭――一橋家老伊丹直賢（在任延享三年十月～寛延二年十二月）。
佐野豊前守――一橋家老佐野察行（在任元文四年十月～延享四年正月）。
藪主計頭――本丸側衆藪忠近（在任元文二年六月～寛延二年二月）。

五九、天明四年（一七八四）、越前松平家格昇進願いにつき、公儀御用取次稲葉正明書付、一橋家老宛

◎L一―一二一八

（包み紙）

松平越前守殿参府之節、御挨拶之儀ニ付、稲葉越州自筆之書付壱通。

但馬守
肥後守

差当ル越前守家格ニ而ハ、従四位下侍従ニ官位可有之候処、従四位上少将と被仰出候ハ、全ク一橋より養子ニ被仰付候故之義ニ候。家格之通り侍従被仰付候ハヽ、年来相応ニ至り少将ニも可被仰付哉。左候而も従四位下並ニ候。当時之官位は従四位上ニ候故、打越罷在候。かく様ほと結構ニ乍上（カ）、何角御願ケ間敷義被仰上候ハ、御振合ニもかゝわり可申ヤニ奉存候。

【解説】越前松平家は貞享三年（一六八六）綱昌除封の後、二十五万石で再興、隠居していた昌親が四十七歳で再び継承。この時彼は従四位下侍従であったが、元禄九年（一六九六）五十七歳で左少将に昇進した（宝永元年〈一七〇四〉、吉品と改名）。

その養子吉邦は、元禄十四年（一七〇一）養子となり、叙従四位下（二十一歳）、宝永元年任侍従（三十歳）、同七年家督相続、正徳四年（一七一四）左少将に昇進している（三十四歳）。

吉邦は享保六年（一七二一）無嗣で死去したので、分家から宗昌が急遽本家を嗣ぎ（四十七歳）、侍従に任ぜられた。同時に前橋松平の分家から、宗昌の養子として宗矩が迎えられた（七歳）。宗矩は同九年家督

相続、同十一年元服（十二歳）、従四位下侍従に叙任。同十八年左少将に昇進（十九歳）。

このように、再興後の越前松平家の当主は、元服か家督相続の後、従四位下侍従に叙任され、やや年をおいて左少将に昇進するのが例であった。これに対し、一橋から宗矩の養子に迎えられた重昌・重富は、共に元服すると直ちに従四位上左少将に叙任されている。これは稲葉正明のいうように、御三卿からの養子という特例であったのであろう。それ故、公儀としては、これ以上の官位昇進については、重富個人に係る問題ではなく、越前家の家格に係る問題として、厳しい態度で拒否している。（なお越前松平の家格問題については、後掲六〇号〈L一―二二九〉・六一号〈二三四〉・九三号〈四六七・四七三〉を参照。）

六〇、天明四年（一七八四）、越前松平家格昇進願い取扱方につき内存、一橋家老水谷勝富書付、一橋家老林忠篤宛

◎L一―二二九

（端裏書）「内存之趣　咄　　肥後守様　但馬守」

越前守様思召は、　」覚了院様御請之趣を以、　」御前より御願被成候様ニ被成度由、且越前守様より御願を御願となり、　」御前之御願等被成候義、何も　」覚了院様御遺言御書物

等も無御座候得者、何を御証拠ニ、此御方より御願可被仰上哉。其上」有徳院様厚　思召も被仰遣候故、御請も被遊候との義ハ、先達而も越前守様御咄御座候得共、是以如何様之追而　思召も被為在候との御義ニて御座候哉。越前守様ニハ左様被仰候得共、一向此御方ニ御書付等も無御座候。藪主計頭方取扱ニ而、其節之御家老両人へ、定而主計頭殿御内々御咄ニ而も有之候迄之事ニ而可有御座候。左候へハ、証拠も無之候ニ付、此御方何と御願被遊可然哉。何ぞ御書付ニ而も、覚了院様より御譲受ニ而在之候ハヽ、夫を以御願も可被遊哉。夫とても」公辺より御沙汰も無御座候ニ、此御方より御待兼被遊、御願被遊候而ハ、公辺之御振合如何ニ御座候。まして急度いたし候ニ付、御約束之御書物等も無之事に候へは、此御方より御願は決而被為成間敷御事哉と奉存候。越前守様ニは御約束之事之様ニ思召候得共、」覚了院様とハ御代も違ひ候へハ、急度御証拠も不被為在候御義を被仰立候義は、何共難被遊御事とのミ、乍恐奉存候事。

六一、天明五年（一七八五）二月十日、一橋嫡子越前松平へ養子の幕命についての隠密書類の有無取調

◎L一―二三四

（包み紙）

「御隠密御用　巳　二月十日　但馬守

御　筆　肥後守

右ハ明十一日過、相調可申事。」

御用部やニ有之古キ書物之内、公辺并御隠密書物等も有之候ハヽ、取調之上、可入御聴事、

但、此御筆之趣之書付等有之候哉、追而相糺可申上事。

右之趣、治左衛門を以、被仰出候事。

二月十日

（治済筆）

延享四卯年五月三日

一、西丸え兵庫頭罷出候処、御用部屋脇於御用談所、遠江守殿より一ニ付有之御書付弐通、兵庫頭

え御渡被成、猶又御口上ニ而被仰聞候は、近々兼々上使等御座候節、刑部卿様御請被成方、如何と思召候御儀も可有御座哉、依之御本丸思召、且又十八年以前戌年」大御所様思召等も有之たる品、為御心得入御覧置候間、此書付弐通入御覧、刑部卿様并御簾中様御承知之訳、明四日兵庫頭西丸え罷出、遠江守殿え可申候、左候ハヽ、藪主計頭殿え、遠江守殿より御申被成候趣ニ被仰聞候事。

但、右一二附之御書付は、至極御内々之儀故、爰ニ不記、別ニ有之。

右之前書之趣、古キ帳面ニ相見へ申候、若用部屋ニ書物等も有之候哉之儀、家老共え可申談候。

註・兵庫頭――一橋家老伊丹直賢（在任延享三年十月～寛延二年十二月）。
遠江守殿――加納久通、大御所吉宗付き若年寄。
刑部卿様――一橋宗尹。
藪主計頭殿――本丸側衆藪忠近（在任元文二年六月～寛延二年二月）。

【解説】延享四年（一七四七）六月五日、幕府は老中堀田正亮を上使として一橋邸に遣わし、宗尹嫡子小五郎を松平宗矩の養子とすべき旨の上意を伝えた。この文書は、その時、宗尹夫妻が述べるべき御請けの口上を、予め大御所吉宗迄報告を命じたものである。宗尹簾中の実子で長男である小五郎を、有無をいわさず越前家へ養子に出させようという公儀の厳しい態度が窺われる。

「一二付有之御書付」というのは、恐らく嫡子を他家へ養子に出すべき理由を箇条書きにした文書であろう。しかもそれは「十八年以前戌年、大御所様思召」の品という。「戌年」は享保十五年（一七三〇）に当たる。この年十一月、将軍吉宗は次男宗武に田安邸を与え、その建築を始めさせた。その時に際し、吉宗が今後の将軍庶子の処遇について、何か方針を表明したということは、十分推測し得る。これに関連して、石井条大夫蠡『続三王外記』に、

王（吉宗）嘗て謂う、昔荘王（四代家綱）二弟を大国に封ず。清楊《（マヽ）》王（綱重）を峡（甲斐）に封じ、憲王（綱吉）を館林に封ず。もし世々これに倣い王子を封ぜば、窮みあるの地をもって、窮みなき王子を封ずれば、則ち国家衰耗の基たり。如かじ、これに廩米を給し、もし子なければ則ちこれを御廩に還さんには。

（中略）既にして王子宗尹の長子をもって福井侯宗矩の養子となし、名を重昌と賜う。皆その素志を行う也。（原漢文）

という記事がある。石井条大夫は、当時の老中松平武元の右筆を後年勤めているので、武元からこの頃の

事情を聴いていると思われ、この記事については信憑性を認めてよいといえよう。

しかし治済も「一二附之御書付」というものを発見出来なかったようである。この後、「文書」は存在せぬまま、吉宗の「思召」或いは「御定」という詞が、御三卿の性格に決定的な文言となってゆく。安永三年（一七七四）田安治察死去の後、田安邸側の懸命な願いにも拘らず、当主を欠くに至るのも、この「御定」による（前出追補二号文書〈L一—四三〉「安永三午年九月　田安御相続之儀一件」、辻達也『江戸幕府政治史研究』第九章）。

治済が何故天明五年に至って家老にその書付の有無を探させたのか、意図は憶測の域を出ないが、松平重富の官位昇進の願いに関して、越前家へ養子を命じた際の書付に、何か大御所吉宗の特別の意向を思わせるような文言を、期待したものかとも察せられる。

或いは、この翌々年、治済五男慶之丞に田安邸相続の幕命が出た。これは治済の奔走によるものに相違ないが、そのために御三卿の相続について、吉宗の申渡しの内容が知りたかったものかとも想像しうる。

〔参考〕

『酒井家文書』（姫路）B七—一　（延享四年六月）

（端裏書）

六日山辺兵庫御届を以申候」雅楽頭宅被参候事。

水戸殿家老へハ封候て芙蓉間ニて渡ス。

□□（月番カ）

御挨拶雅楽頭宅参佐（カ）大夫御請被申候。

　紀伊殿御挨拶藪主計頭へ　」申上ル。

扣　紀伊大納言殿、於御城、老中三人

　申上ル。目出度之旨被仰候由、

　紀伊宰相殿・尾張中将殿御取次」御部屋ニて

（本文）

松平兵部大輔先年仮養子　」之儀ニ付、万一不慮之儀候者、

刑部卿殿家督ニ茂可被　」仰付、

大御所様思召茂有之候処、」此節刑部卿殿ニ者年齢」不相応ニ付、

小五郎殿を　」　兵部大輔養子可被仰付」思召候。

註・刑部卿殿ニ者年齢不相応——刑部卿宗尹は享保六年（一七二一）生まれ、養父となるべき松平兵部大輔宗矩は正徳五年（一七一五）生まれで、六歳しか差がないことをさす。

六二、天明四年（一七八四）五月二十四日、治済宝生流以外の能稽古について

◎L一―一六七

（包み紙）

「宝生太夫、能番数書上之外能、　」御覧被遊度儀ニ付、越前守殿え見せ候
御筆之写、并越前守殿挨拶之趣書留置候。
辰　　五月廿八日　　　　　　肥後守　　」

近代より当時ニ而も、宝生太夫書上有之候由、流儀之能、数番之事ニ候。然ル処、九郎并弥五郎稽古ニ罷出候刻、当時他流えハ、相勤候能之内、宜敷品柄も相見へ候間、相勤候事、折々相尋候得共、物ニ依、往昔ハ相勤候得共、書上外之品難相勤段申聞候。併定メ而古キ書物等ハ所持可罷在儀哉と存候。一向ニ先祖共不相勤品ハ、迚も出来不致事ニ存候。右ニ付、可相成儀ニ候ハヽ、越前守方より向々え相掛り被尋、流儀之外ニ而も、御留夕（マヽ）有之候ハヽ、可相勤能何番程有之との趣被尋候様致度存候。万一難相成儀ニ候ハヽ、内々触流（マヽ）共え申談候而も不苦（マヽ）カル間敷哉、此段も越前守え、程能可及内談候事。可相成候ハヽ、あの方より被尋、

宜敷能柄之者、宝生太夫より答差出候得は、好キ之儀故、番数も相増、一段大慶之儀ニ存候。程能ク勘弁之上、越前守方手切之取計ニ相成候得は、別而大慶ニ存候。

右御筆之写

右御本紙、越前守殿ゑ、但馬守・肥後守、右御書を以申談候処、被致拝見、此儀は宝生太夫ゑ御尋被遊、往古相勤候得共書上之外難相勤段申上候ハヽ、定而古キ書物、手附ケ等も可有之義、御覧被遊度能も有之候ハヽ、宝生太夫より伺、或ハ届等ニ而相済候ハヽ、御覧被遊度段被仰付候ハヽ、定而宝生太夫方ニ而も、評議之上、其筋へ伺、或ハ御届等ニ致シ、其上ニ而差図を請候ハヽ、右之振合を以、御請可申上義と被存候由、越前守殿被仰聞候。

註．越前守――稲葉正明、側衆、御用取次（天明四年五月、越中守より越前守に改む）。
肥後守――林　忠篤、一橋家老。
但馬守――水谷勝富、一橋家老。

【解説】治済が能楽稽古に際し、宝生九郎・弥五郎が提出した番数以外に、他流または流派成立以前の古曲の稽古を要求し、彼等を困らせた文書である。結局邸内では解決せず、御側御用取次稲葉正明に指示を仰ぐに至っている。その結果治済の希望が実現したか否かについては判明しない。

治済の我侭でもあろうが、一流派の稽古のみでは慊らず、更に古曲をも知ろうという治済の意欲は、凡庸の武家貴族のものではないと思う。

六三、天明四年（一七八四）、甲州鳴海屋等上げ金願いについて

◎L一―二一三―一

（包紙）　極密書（治済筆）

極密ニ相尋申候は、甲州上ケ金筋之儀、為差品も無之ニ、利潤ニも不相成金子差出謂有之間敷処、如何之訳ニ候哉、実々存付申出候儀ニ候哉。万一取扱候代官共始メ、地方掛り合之者より、響等ニ而も有之、無拠差出候歟、又は何卒紛敷手段等、彼等共有之候而ハ、以之外不宜。其上甲州之儀は人気も六か敷、毎度箱訴状度々有之、実々心遣イニ存候。何も之存念、極内々相尋申候間、内々ニ而之風聞等、糺方も可有之哉。一向ニ先見合ニも可相成哉。糺等

も有之候ハヽ、其已前ニ糺方内々申聞有之候様ニと存候。扨亦鳴海屋之儀ハ、毎度及承候者、身元も相応ニ相聞へ申候。周平儀は身元之様子如何程之様子ニ候哉、是又無覚束存候。此書面ハ何レも両人切取扱ニ而、勝手掛へも沙汰無之様ニ存候。評義之上、存念申聞候様存候。

一、孰レも評義之書面へ、此方存付、附札ニ而相達候。

◎L一―二一三―二

（包　紙）

（治済筆）

書付

但馬守（水谷勝富）

肥後守（林　忠篤）え

一、昨日差出候鳴海屋太郎兵衛・甲州領知内医師周平差出金之儀、勘定奉行・同吟味役評義之趣、并勝手掛評議之趣、書面一覧置候。孰レも両人之評義承度存候。其上ニ而、猶又此方存寄之趣可致相談候間、無底意申聞候様ニ致度存候。

一、昨日伺之書面、治左衛門伺之方斗、先下ケ申候、跡ハ追而下ケ可申。

十二日

◎L一—二一三—三

（包　紙）

天明四辰年

鳴見（マヽ）屋太郎兵衛并周平儀ニ付伺書　水谷但馬守

并右ニ付御書御附札　林　肥後守

甲州三日町鳴海屋太郎兵衛并同国御領知藤田村医師周平儀、御領知凶作之節、御救之御手当ニも相成候ため、両人儀上ケ金相願候儀ニ付、先達而奉伺候処、右太郎兵衛儀ハ、毎々より入御聴候儀も御座候得共、周平儀ハ身元之様子いか程之ものニ候哉、為差利潤ニも不相成金子差上置候様仕度と申ニハ、如何之訳ニ而候や、実々存付申出候儀ニ候哉。万一御代官始、地方懸り合之者より、響等ニ而も有之、無拠差出候か、又ハ何そ彼是紛敷手段等ニ而も有之候哉。左候而は以之外不宜、其上甲州之儀ハ、人気六ケ敷国柄ニ而、毎度箱訴状等も度々有之事ニ御座候得ハ、御心遣ニ被為思召候間、私共限りニ評議仕、内々ニ而風聞等糺方も可有御座哉、一向ニ先其侭ニ而差置候方ニも取斗可仕哉。極御内々蒙仰候御書之趣、奉畏候。
依之、私共猶また評儀仕、内々ニ而周平身元、人柄等相糺させ候処、別紙之通、甲州御代官より申出候書面之趣ニ而ハ、差而如何成主意も相聞へ不申候得共、格別有余金貯置候と申程之身柄共相聞不申候間、先達而蒙仰候御趣意通り、鳴海屋太郎兵衛儀ハ差上金仕候積り、周平儀ハ先此度願之趣御取上無之旨、可申渡哉ニ奉存候。猶又此段奉伺候。以上。

附札

七月

林　肥後守
稲葉　主計頭

(附札)
「伺之通、弥取上ケ無之積リ取斗可申。」

註・天明五年六月二十四日、家老水谷勝富は公儀留守居へ転出、公儀先手より稲葉正存が一橋家老となる。文書包み紙には天明四年とあるが、四～五年にわたるものか、或は包み紙の上書きは、後世整理の際、年次を誤ったものか。

【解説】天明四～五年の飢饉に際し、甲州領内の富裕な者が救済資金の献上を申出たのに対し、治済が慎重な取扱いを指示した文書である。自発的な献金ではなく、そこに地方役人の圧力がありはしなかったか、或は献金の背後に何か不正な利権獲得の企みがありはせぬか、というような配慮にも、治済が庸君でなかったことが窺われる。また「甲州之儀は人気も六か敷、毎度箱訴状度々有之、実々心遣イニ存候」と、人民の「目安箱」投書に気を使っているところも注目される。将軍世子の実父として権勢を張り、田沼意次等とも親しい治済に対しても、祖父吉宗の創置した「目安箱」は効果を発揮していたといえよう。

六四、天明四年（一七八四）十二月、公儀附人独占の要職の中に「抱入れ」を昇進させる事について

L一―二〇六
（治済筆）

一、簱奉行より勘定奉行迄ハ御附人之積りニ有之候。併勝手筋勤之事故、郡奉行・勘定奉行共ニ壱人ツヽハ御附人之積り、其外ハ抱入之者ニ致度候。右趣意ハ抱入之者共、稀ニハ簱奉行迄

モ昇進有之候者モ候得共、表役ニ而ハ目付限りニ相成候間、勤仕之者規模も薄ク、老年ニ相成、供方等難勤類、籏・長柄物頭之類え遣シ候得は、取続可申類も無拠勤居申候歟、不歩行等之者ハ小普請入相願候族粗有之、年来之勤功無詮ニ相成、不便成儀ニ存候。若右役筋不残不相成候ハヽ、半分ツヽ成共致度候。当時抔当屋形ニも無拠過人等も出来、か様之類、右躰に相成候得は不益ニも無之歟ニ存候。当時物頭共、御附人之者斗、御年寄共へ使者勤来り申候。是も畢竟ハ何之役ニも不立事迚も、此方格合之儀ハ御三家方ニ准シ候事故、夫より引ケ候様ニハ、先々ニ而も取斗有之間敷事、是迄之処御附人斗と申候処、振合宜敷ニ外見有之候。一統存候儀、至極尤ニ存候。併是ハ其人々之格合ニ而、此方ニ而之会釈ニは無之候間、貪着も有之間敷哉ニ存候。此儀権門方へ相聞候ハヽ、却而我意之様ニ相聞、是又不宜敷哉ニも存候。

右之趣ハ手前切与違イ、御定メニ拘り候儀ニ付、得と両人評義之上、可然存候ハヽ、清水・田安申合、猶又評義之上、一統ニ可申上儀哉と存候。

【解説】御三卿の邸臣としては、家老・番頭・用人・籏奉行・長柄奉行・物頭・郡奉行・勘定奉行を「八役」と称し、原則として公儀附人が独占した。治済は邸制改革の一環として、抱入れの者にもこの「八役」

の下部の方へ登用の途を開こうとしたのである。即ち籏奉行・長柄奉行（各定員一名）・物頭（定員三名）はすべて抱入れの役席とし、定員二名の郡奉行・勘定奉行も、その中一名は抱入れの者を任用しようという案である。しかしこれは清水・田安両邸とも共通する問題なので、三邸家老協議を命じたのである。その結果に関する文書は存在しないが、実施された形跡はない。

一橋邸抱入れの者を重役に登用したいというのは、治済の宿願であった。安永七年（一七七八）治済が家老に示した「心願」（L一―六八三、本書前出二三号文書）にも「家老両人、是迄之通り御附人之積り（中略）番頭より勘定奉行迄、是迄ハ御附人之処、国勝手ニ相成候積り故、相除キ申候」とある。この「心願」というのは、一城の主となりたいというので、それは財政上の問題でもあったが、また何事も公儀附人に抑えられて、彼の意のままにならない状態に対する不満からでもあったと思われる。

この「心願」は結局拝借金返納延期、年金支給という財政援助で宥められてしまったが、絶えず彼の強い願望であった（同二四号文書　L一―一一五　治済「口演之覚」　天明四年八月）。邸重臣八役の中、籏奉行以下五役に抱入れを登用しようというのも、同じ願望から出たものと思う。この後もしばしば同様の趣旨の評議を家老に命じて、その都度抵抗を受けて断念している。

六五、天明四年（一七八四）十一月、一橋邸職制改革令（一）議定掛り用人規定

【解説】天明四年十月、治済は腹心の用人久田縫殿助長考を主任として、邸の職制改革に着手した。それが

十一月中頃に出来上がったので、十七日家老名で諸向に伝達した。それは家老を始め、御側掛り・議定掛り・礼式掛り・勝手掛り・普請掛りの用人以下諸役人を対象とした詳細な規則である。『一橋徳川家文書』の整理番号でも、Ｌ一―二一五～二二七に亘っている。その中から、議定掛り用人規定と、勝手掛り用人規定を掲載する。

現存の文書は、治済の申渡しの形式をとり、各箇条（恐らく久田長考原案）を家老が承伏した場合には「奉畏候」という下げ札を付け、意見がある場合にはその旨下げ札に記し、それに対し治済が附札で意見を述べている。特に勝手掛りについては、後日に問題が残った。

〔参考〕「(目付) 御書付留」（Ｃ一―九）

（天明四年）

別紙御書付壱通、但馬守殿被成御渡候。依之申達候。以上。

十月十一日　　　　当番　御目付中

此度久田縫殿助諸向規矩調被仰付候ニ付、諸役所帳面并日記等、右御用之節々、縫殿助断次第、早々差出候様可致事。

右之通得其意、向々え可被相触候。

辰　十月

別紙御書付壱通、肥後守殿御渡被成候。依之申達候。以上。

十一月十七日　　当番　御目付中

此度諸向規矩調、奥向ニ而被仰付候段、向々ニ而粗承及可有之事ニ候。是以全新法を被為立候儀ニは無之、　公儀御法制并御屋形ニ而先年より追々被仰出候御条目等斟酌有之、後代迄無動一定之規矩可被為立との御事ニ候。依之是迄被仰出候事ニも、当時ニ差支筋歟、又は御為可宜手段存付候儀は、調方之見合ニも可相成儀ニ候間、此節向々より掛り御用人迄可申出候。尤御領知被進候節より既ニ四拾年ニ及候得共、《はカ》其調一朝一夕ニ出来可申ニも無之、数年之後ならてハ一定規矩被仰出は有之間敷候。当時追々被仰出候品を以、調方決定之上之儀と存候而は、心得違ニ候。

右之通得其意、向々え寄々可被相触候。

十一月

◎L一—二一七

（端裏貼紙）「三」

御議定掛り」御用人」壱人
（下げ札）「久田縫殿助可被仰付候哉。」
御目付」同支配向
久保次郎右衛門
御右筆」弐人
（下げ札）「　海老原長十郎」秋山鉄三郎
右可被仰付哉。　」
一、諸士分限帳相預、常々御目付申談、相改可申候。
（下げ札）「奉畏候。」

但、御役替・小普請入・隠居・家督・病死・御足高・御加増并御暇跡抱又ハ新規御抱入等之節、向々頭支配早速明細書相認、御目付え差出候様ニ、兼而諸向え相達可然事。
一、御番方小役人・御目見以下共ニ、御入人願、向々頭支配より差出候分、御家老より相渡候ハヽ、其向々御用人分之儀、奥向は御側懸りえ申談、表方は御目付え申達、書上

附札

之書面共取集、逐一相調、御家老え申達、評儀之上、御家老御直ニ伺無之節は、差図次第相伺可申事。

但、御用人支配より申出候御入人願は、泊方当番御用人請取、御家老え差出候事。

（治済筆附札）

「御議定掛り
久田縫殿助
御目付一統
同支配共
奥詰
久保次郎右衛門
御右筆組頭
海老原長一郎
御右筆
秋山鉄三郎
右之通掛り被仰付候。勤方左之趣可相心得候事。」

（下げ札）「奉畏候。」

一、職役類明キ有之、御入人願候ハヽ、右ニ准シ取計、書上之姓名之分、其職分頭支配え不残書付候而相渡シ、夫々ニ而吟味之上、善悪書付取之、其上ニ而御家老え差出可申事。

（下げ札）「奉畏候。」

一、兼而向々頭支配より差出有之候御帳載り之分ト、御用人分書上与突合可申事。

（下げ札）「奉畏候。」

（治済筆附札）

「一、右掛り分ハ被仰付候得共、銘々身分ニ附候諸願・伺・届等之類、其頭々ニ而取斗可申候事。

右之通被仰出候間、可得其意候。」

一、諸向隠居・家督・跡式願等、向々頭支配より差出候分、御家老より其節々相渡候ハヽ、家柄・勤柄・元高等、其外兼而之御定法相糺、御家老え差出可申候。并御目見以下、御譜代・跡抱等之差別、是又念入相糺可申事。

附札

附、倅共無足見習願等も、是又御定法通り無相違相調可申事。

（下げ札）「奉畏候。」

一、御目見御奉公願之儀、御家老より書面相渡候ハヽ、御帳え記置、余程人数も有之、御程合宜敷時節相成候ハヽ、相調、御目見之儀、御家老え書付相達可申事。

（下げ札）「奉畏候。」

一、諸向御番調、毎暮書上之節、上中下之勤取調、」御目見以上勤之分、姓名相認、翌正月入」御覧可申候。壱通えは」御目見以下書加、御家老え差出可申候。

（下げ札）「奉畏候。」

一、諸向御褒美願等、御家老より下ケ候ハヽ、是又相調、先例等無相違相糺候事。且又不相当之儀は、仮令仕来ニ而も評儀之上、善悪共ニ存寄、是又御家老え相達可申事。

（下げ札）「奉畏候。」

一、重キ御役被仰付候ニ付、御評儀之義、御家老并御用人一同承之、衆儀一決ニ而被仰付候事。

（下げ札）「奉畏候。」

一、入　御聴候分、諸願・諸伺、是迄之格ニ相心得候事。

（下げ札）「奉畏候。」
一、前々より被仰出候儀、中絶之儀、再応触候義、調へ可申候事。
（下げ札）「奉畏候。」
一、其外取斗方洩候分、相伺可申事。
（下げ札）「奉畏候。」


【解説】久田長考は、その祖父辰之が元紀州藩士で吉宗に随って幕臣に加えられ、小納戸を勤めた。その妻は大奥の老女となり、小五郎（一橋宗尹）のお守をつとめた。父宣如はその二男、母の縁故で、享保七年（一七二二）三月、六歳の時小五郎の御伽役に召出され、その侭一橋邸付切りの身分となり、小姓から始まり、やがて目付を経て物頭に至った。長考はその長男、付切りの身分なので、最初から一橋邸臣として勤務し、近習番から始まり、小姓・物頭などを経て、用人に昇進した。付切りの邸臣が用人に就任するのは、田沼意誠（意次の弟）などの先例はあるが、大抜擢といえよう。

治済は、ともすれば公儀依存をはかり、改革に消極的な家老・用人達幕府附人の中に、一橋邸生え抜きの久田長考を登用して、邸制刷新の中心としようと考えたのであろう。そこで前掲の目付「書付留」にあるように、諸役所から資料を久田長考の許へ提出させ、職制改革案を作成させたのである。

その案に基づき、用人を中心とする職務分担を定めたが、長考の任ぜられた御議定掛りは、その規定から考えると、人事部といえよう。そこに治済の長考によせる期待が察せられる。

六六、天明四年（一七八四）十一月、一橋邸職制改革令（二）勝手掛り用人規定

◎L一―二二〇

（端裏貼紙）「五」

御勝手掛り

御用人」壱人

（下げ札）「大林与兵衛」

年々御収納増減、諸向御入用之惣高相調候事、日々是迄通り御用人部屋ニ罷在候而、御勘定所え相詰、御用向承り可申事。

一、諸向御入用筋、向々より御家老え差出候書面請取、不相応之儀ハ向々え再応申談、吟味詰り候上、元払致勘弁可申候。又ハ存寄有之候儀ハ、是亦御家老え可申達事。追而金銀渡方之儀、御定法之通りニ而、猥ニ無之様可取扱事。

一、凶作等之節、御手当之儀常々心掛、百姓困窮無之様、御代官え可申談候。

右、手附之分

郡奉行」　同支配共

勘定奉行」　同支配共

右、前段ニ准シ。

（後欠ならず。文章未完の如くなれど、原文書のまま）

六七、天明四年（一七八四）十一月、一橋邸職制改革令（三）勝手掛り用人規定について、家老意見

◎L一―二三一

（端裏貼紙）

「五

御勝手懸り之儀ニ付評儀之趣書付」

御勝手掛り

御用人」壱人

右」御書之趣ニ而者、以来御勝手掛り壱人ニ被遊候思召ニ被為在候と之御儀、奉畏候。右ニ付、乍恐私共評儀仕候趣、猶又奉伺候。

札　附

御勝手掛り之儀は、唯今迄三人被仰付候而、万端申談取調、私共え申聞、尤私共よりも、御入用向・御領知向之儀迄も、右三人え評儀為仕候上、奉伺来候処、此以後御勝手懸り壱人ニ被仰付候而者、大切之御用筋共行届兼、若御差支等も出来可仕哉、其上被仰付候もの壱人勤ニ而者、一存之取斗ニ罷成候故、了簡違之義も出来可仕哉、且諸向ニ而も御入用筋之儀は、御勝手掛りを目当ニ仕候儀に御座候処、是まてハ御勝手掛り三人ニ而評儀之上申渡候儀と、向々ニ而も相心得候ニ付、気請も宜奉存候。此後は御勝手掛り何之誰一人之了簡を以、私共えも能キ様に申聞置、取斗候抔と、向々批判ニ而も仕候様ニ御座候而は、諸向取〆り甚不宜、自然と人気之動キニも相成可申哉、依之、御勝手掛りは何卒唯今迄之通り三人ニ而被差置候方、乍恐可然哉ニ奉存候。夫共、思召も被為在候ハヽ、両人ニ成共被仰付被差置候様仕度奉存候。左候得は、相懸

札　げ　下

り御座候付、互ニ評儀も仕候事故、御取〆りニも罷成、諸向ニ而之気請等も宜可有御座哉ニ奉存候。右之通評儀仕候付、乍恐奉伺候。

（治済筆附札）

「本文評義之趣委細致承知候。左候ハヽ、治左衛門儀、側掛りより勝手掛兼之積りニ申渡可然と存候。」

（下げ札）

「御附札御書拝見、委細奉畏候。左候ハヽ、皆川藤右衛門儀ハ御勝手掛り御免被仰付、治左衛門儀、御側掛りより御勝手懸り兼被仰付、与兵衛両人ニ而御勝手懸り相勤候様可被仰付旨、奉畏候。右、被仰付候儀ハ来春之御積り相心得候様ニ可仕哉、奉伺候。」

一、御勝手掛り御用人壱人、日々御用人部屋え出仕仕、御勘定所え出席仕罷在候而、取扱之趣見及、且伺・願・届類一覧仕候上、存寄り不残心底申談候様ニと之」御書之趣奉畏候。此儀も私共乍恐評義仕候趣、猶又奉伺候。

御勝手掛り日々御勘定所え出席仕、取扱及見罷在候儀、御勘定所之取〆りニは宜可有御座候得共、御勘定奉行頭立相詰罷有、其外組頭等も出席仕罷在候義ニ御座候得は、御勝手掛りハ急度相詰罷在候ニは及申間敷哉。日々時刻を不相定、不時ニ御勝手懸り共壱人充見廻り、暫之間御勘定所ニ罷有、取扱之趣共を見聞仕候ハヽ、万事御取〆りニも罷成、御勘定奉行初メ御勘定所一統、気油断も出来不仕、可然哉ニ奉存候。右之通り評義仕候ニ付、乍恐奉伺候。

札附

右之段、猶又奉伺候。以上。

（治済筆附札）

「本文評義之趣、成程奉行始メ夫々相詰居候間、勝手掛相詰候ニハ及申間敷段、至極尤ニ存候。然ル処、職原抄抔見合候得は、八省之卿壱人、大輔壱人・少輔壱人ト申如く、用向は勝手掛用人・勘定奉行共ニ一躰ニ相勤候ハヽ、可然哉。左候得は、掛り用人共一存之取斗も有之間敷哉ニ存候。通例之場所々々之頭取抔之振合ニ而、是迄之勝手掛之勤方とハ違イ候積りニ候。極意之所ハヽ、唯今迄振ニ而ハヽ、役所数多ク差またき候間、勝手向役所ハ勘定所斗ニ致度候。左候得は勝手掛留役も相止メ、相応之場所え申付候様ニ致度存念、併俄ニ取斗候而ハヽ、若人気之障りニ可相成哉と存、先差扣置候得共、猶亦打割申談候事故、不残心底認遣シ孰レ

札げ下

も評義之上、猶又申聞有之候様存候。右答次第ニ此間之書面共相下ケ候積りニ付、先留〔置カ〕申候。」

（下げ札）

「御附札　御書之趣奉拝見、奉畏候。右御勝手懸り、御勘定所え出席仕候儀、兼而清水御振合等も及承候処、清水ニ而も御勝手懸り、御勘定所え出席等ハ無御座候御振合ニ御座候。乍去、此儀猶又評議仕候ハ、此間御請ニも申上候通り、一躰之御取〆りニも可罷成儀ニ御座候間、御勘定所え三四日目ニ壱度ツヽ、不時ニ壱人宛見廻り候ハヽ、御勘定所一統之気、油断も出来仕間敷哉ニ奉存候。勿論都而御用部や并御勝手懸り部屋共、是迄之通り被建置候様ニ乍恐奉存候。御屋形惣くゝり之御場所ニ而御座候ヘハ、重キ御隠蜜（マヽ）等も取扱申候儀故、諸向へ対し、あらはに致候而ハ、物毎御取〆りニ不相成御用筋も御座候。是等ハ御用部や・御勝手懸り部屋等ニ而申談、取扱候様仕候方ニ可有御坐候間、旁御勝手懸りハ部屋え相詰罷在、御勘定所えハ不時ニ見廻り候方可然哉と評議仕候ニ付、此段猶又奉伺候。

但、御用人部屋留役之儀ニ付、御書之趣奉畏候。此儀御勝手懸り并当番御用人部屋共格別重キ認物等御座候節ハ、是迄も御右筆所え申渡候儀ニ付、其外一通り之認物・留物等ハ、右部屋附坊主相認候而も、御用相弁可申哉。左候ハヽ、連々ニハ急度留役と申ニ而無之候而も、御用弁可申哉ニ奉存候。然ル上ハ、追々留役之儀、相応之御場所え操替へ申渡候様仕候ハヽ、御人減ニも罷成可申哉ニ奉存候。此儀ハ猶又其節々奉伺候様可仕候。

右之通、猶又奉伺候。

水谷但馬守

林　肥後守

（治済筆下げ札）

「下ケ札、勝手掛り、勘定所出席之儀、清水ニも無之趣致承知候。然ル処、先代ニ小宮山利助、当代ニ横尾六右衛門、此等ハ諸役所見廻り之儀有之候例も有之候。乍去、段々評義之趣、逸々致承知候。然上ハ治左衛門・与兵衛壱人ツヽニ而、手透次第、本文之通り日々不時ニ出席候而可然存候。

一、用部屋建置候儀、是ハ惣用之場所故、何分建置候事ニ候。左様無之候而ハ、政務之本ニ候間、安堵有之候様存候。

一、勝手掛り部屋之儀、先代末より段々与事多ニ相成、諸事引請ニ相成、先は勘定所ニカ所ニ有之様ニ而、勘定奉行始、是ヲ目当ニ取斗来り、主役之本意失ヒ来り候間、有来り之部屋用談所ニ相成可然哉。尤此節掛り向相分候間、事も少ク相成可申候間、留役等追々相止ミ可然哉。此所追々勘弁可有之儀ニ存候。

但書、御用人部や留役之儀、追々時節次第ニ而可然、不急事ニ存候。」

【解説】従来の一橋邸の財政運営は、勘定所において郡奉行・勘定奉行等勘定方役人が協議して作成した原案を、三人の勝手掛り用人が合議して家老に進達するという手続きをとっていた。治済はこの手続きを簡素化し、勝手掛り用人を一人とし、しかもその用人は勘定所へ日勤して、郡奉行・勘定奉行等と合議させようという改革案を示した。用人の定員は七人であるから、三人の勝手掛りは当然他の掛りを兼務しているわけである。この度の改革の主意は職務分担の明確化にあったから、勝手掛りも一人の用人の専務とする。また現制度では、用人の席と勘定所と、さながら二重の勘定所が存在するようで、煩雑であり、それだけ事務も停滞しやすい。そこで用人を勘定所に出座させて奉行達と協議させれば、相互の理解もその場で得られ、執務も合理化出来るという趣旨であった。

家老達が反対した根本的理由は、この改革が用人と奉行以下勘定方役人との間の格式の差を不明確にする危惧にあったと推察する。御三卿の用人は、公儀の役人として布衣の列にあり、平の旗本より一段上の地位にある。郡奉行・勘定奉行は八役の一員で、公儀御附人とはいっても、多くは旗本より下の御家人である。それが一座となって協議するということは、彼等として看過出来ぬ問題であったといえる。そこで勝手掛り用人を複数置き、用人御用部屋を設けて、そこで用人だけで合議する。勘定所へは数日に一度監督に出向くという意見を上申した。

結局、勝手掛り用人には、専任の用人の他に、兼務として御側掛り用人を加え二人とし、勘定所へ出座する代りに、毎日監督に出向くということで妥協が成立したのである。また従来用人の多くは諸掛り兼務であったので、用人部屋留役という書記を置き、その記録に頼って執務することが慣例であったが、諸掛りの職務分担の明確化により、留役も他の職場に順次配置転換してゆくことになった。

六八、天明四年（一七八四）十二月、築地下屋敷内に剣術・柔術・弓術の稽古所設立

◎L一―二〇七―二

（治済筆）

築地下屋鋪大畑又は添地之内え、軽ク稽古所相建、尤一ケ所之儀ニ付、日合イ差支無之様ニ操合可申事。鈒術・鎗術・弓馬・素読・手跡・算術等迄も、夫々相応ニ、勤仕之内より師範役相撰申付、屋形勤之者共并部屋住次男三男ニ至迄、勝手次第稽古ニ差出候様、下屋敷内住居之者斗ニ不限、勝手次第罷出可申候。将又定日ニ出席之姓名、帳面え都度々々師範役之者記置、毎年十二月目付共之内壱人掛り申付、取集メ置可申候。縦令勤仕之者ニ而も、稽古一

件之儀ハ頭支配取扱は無之積り、追而ハ同所ニ住居罷在候目付共え掛り申渡可然候。師役(範脱カ)之者、当時彼場所ニ不罷在分ハ、定日ニ罷出候積り。

一、新法之儀ニハ候得共、差支無之候ハヽ、相建申度候。弥不苦評儀ニ候ハヽ、時節柄之儀響ニも可相成候間、此度ハ小納戸金之内より申付、追々手入等之節よりハ表引請候積りニ致度候。

〔参考〕「(目付)御書付留」(C一―九)

(天明四年)

御目見以上以下、御奉公不勤・部屋住惣領之内、左之通心掛候者有之候ハヽ、書付差出候様、治左衛門殿被御申聞候間、二三日中、拙者とも迄御差出可被成候。

一、武芸

但、免許以前ニ而も、相応ニ心懸候者。

一、手跡

但、大概達者ニ致候者。

一、読書

但、五経ヲも読仕舞、夫程之力有之候者。

一、算盤

但、算術ト申候而モ、其限りも無之候。夫程ニ不至候共、掛割相応ニ致候者。
以上。
十二月七日
大御番」鈴木治左衛門組
剣術・柔術
小櫛熊次郎
小十人」山本十郎左衛門組
弓術
加藤矢太郎

右、此度以　思召、築地於御下屋敷内稽古所御取立有之、右両人師範役被仰付候間、御屋形諸向勤仕之面々并部屋住之惣領・次男・三男ニ至迄、築地御長屋住居之外、外宅之向共、一統勝手次第罷出、稽古可仕候。
一、右稽古定日相極置、其度々師範役之者、右稽古所え罷出、稽古出席之者姓名、師範役之者帳面ニ記し置、毎年十二月、御目付え差出、右帳面、御目付ニ而取集、差出候様可致候。勿論勤仕之者たりとも、右稽古ニ付候儀は、頭支配之取扱は無之積り可相心得候。
一、稽古道具之儀、最初は御入用を以被成下候間、追而不足之分并修復等之節は、自分入用を以可取賄候。
一、稽古ニ罷出候者は、自分弁当相用、湯茶等之儀も、銘々自分入用を以可取賄候上、師範役之者えは弁当料被下之。
一、稽古所之儀は、御屋敷奉行御預り之事。
右之通被仰出候間、得其意、向々え可被相触候。
十二月

【解説】学問所や武芸の稽古所を設立して文武両道を奨励し、或いは技芸にすぐれている者を抜擢することは、当時藩政改革に励み、明君と称せられた大名の施策に共通するところである。幕府の寛政改革の先駆ともいえよう。但、「新法之儀ニハ候得共、差支無之候ハヽ、相建て申度候」などと、かなり遠慮がちな表現を用いている。恐らく一橋邸の家老達が清水・田安の家老とも協議し、公儀の御側御用取次へも伺いをたてるなど、新規の施策は治済にとって制約の多いことであったと推察する。経費も小納戸金つまり治済の手許金で賄うといっているから、規模も自ずから制限されたものであったろう。しかしここにも治済の改革の意欲を窺うことが出来よう。

六九、天明四年（一七八四）五月、一橋治済宛一橋家老状、関東領知年貢引方取扱不調法の役人咎め伺い

◎L一―一五九

（端裏書）

水谷但馬守
林　肥後守

去卯年、関東御領知御取箇之儀、格段凶作ニ付、御年貢引方之儀ニ付、伺も不相済候以前、畑方永引方相立、村々一統え相触候取斗之儀如何ニ付、御代官前野勘兵衛、其節代検見相勤候地方改役矢口平兵衛両人え、御勝手懸り共より郡奉行迄相尋候趣、私共迄御勝手懸り共より申聞候。右一件ニ付、書付帳面共差出申候。依之私共評議仕候趣、左ニ奉伺候。

一、武劢・総劢・野劢御領知村々、去卯年格段之凶作に付、畑方御年貢永之内、引方相立、凡積りを以、村々一統ニ相触候儀、前野勘兵衛・矢口平兵衛取斗方之儀、御勝手懸り共より勘兵衛・平兵衛相尋候処、去卯年損毛多村々納り方、年柄之儀故、捗取候ためと一途ニ相心得、伺も不相済以前、凡積りを以相触候由、尤右之趣仕来候儀も御座候故取斗候趣ニハ相聞候得共、右仕来は不宜儀ニ御座候処、其心附も無之、分通り相記シ相触候段、尤其節右村々納り兼候ハヽ、其分引落シ、納払帳認直差出候之様、稲守三左衛門右両人え及差図候ニ付、大積にて前年之永辻五分通り引落シ、納払帳差出申候由、右之積を以、先内端ニ見込、三分通り引方相立可然与、勘兵衛・平兵衛両人評儀之上、村々え相触申候由、且安永二巳年・同九子年ニも、伺不相済候以前、引方之儀村々え相触候儀も御座候ニ付、右前々之仕癖ニ斗泥ミ、右之通取斗候由、不行届儀只今ニ至、察当を請候而ハ申立候品も無之、不調法恐入候之旨、勘兵衛・平兵衛答書差出候旨、御勝手懸り共より私共え申聞候。

右ニ付評儀仕候ハ、畑方永引之儀ハ、容易ニ引方難相立筋ニ御座候処、御料所之振合再応も承合不申、村々納方捗取之ため斗を存、不宜前例之しくせニ泥ミ、伺も不相済以前、右引方無思慮村々え分通り相極、相触候ニ付、此上引戻し等申渡候而も、村々一統之儀得心いかゝ可有御座哉、然ル上ハ、勘兵衛・平兵衛両人共不念成取斗方ニ御座候。然ル処、前文ニ申上候通り、其節郡奉行稲守三左衛門、納払帳ニ引方相立差出候様申聞候ニ付、勘兵衛・平兵衛儀も右之響キニ而不心附、不念成取斗方も自然と出来仕候様ニも相聞へ申候。左候得者、三左衛門も不心附取斗方に御座候。且又関東御代官立会小松多次兵衛儀も、其節ハ未御役以前之儀ニハ御座候得共、右之趣意をも不相弁、其後勘兵衛・平兵衛御年貢引方伺之書面え奥書、印形致、差出候段、是又不念成儀ニ御座候。

下げ札

然ル上ハ右一件、以来共御取〆り之ため、私共吟味之上、表立夫々ニ御咎等被　仰付候積り取斗候様可仕候哉。勿論三左衛門儀ハ御附人之者ニ御座候間、右ニ付御咎等被　仰付候ハヽ、其段公儀え御達等之儀も、是亦前例之通取斗候様ニ可仕候。夫ニ付、極内々私共評儀仕候ハ、右一件表向えハ不相懸、御勝手懸り手限ニ而取扱、私共え申聞候ハヽ、其段伺之上、急度御咎可被仰付儀ニ候得共、先此度ハ御勝手懸り限ニ而、私共えハ不申聞候積りニ而、以来右躰之儀堅く無之様、入念心を附候之様、自今御取〆り之処、厳敷御勝手懸共より申渡、叱り置候振合ニ取斗セ候様可仕候哉、此段も乍恐　」御内慮奉伺候。依之、御勝手懸共より差出候別紙書付并帳面共、奉入御覧候。以上。

（下げ札）

「本文ニ申上候畑方御年貢引方引戻之儀、去冬三分通り引方、村々え相触候ニ付、村々ニ而ハ引方相立候儀と相心得罷在候処、急ニ平年通取立候ハヽ、村々気請も不宜、其上実々差支候村々ハ不納も可仕哉。尤御料所ニ而も、去卯年凶作ニ付、畑方永引方一向取上無之候而ハ、上納ニも差支可申趣ニ付、当時吟味仕候由ニ御座候旨、右ニ付、郡奉行・同立会役并吟味役共より評儀之趣、別紙之通取斗方申出候。此儀評儀仕候処、先達而三分通り引方相触候村々も、引方相立候儀と相心得罷在候儀、一向引方相立不申候ハヽ、不納之程難斗奉存候。依之、実々上納ニ差支可申村々ハ、吟味之上引方も相立、左程ニも無之村々ハ引戻し之上、村柄ニより年賦上納之積り申渡候ハヽ、村々敢而差支候儀も有御座間敷哉ニ奉存候。」

五月

水谷但馬守
林　肥後守

七〇、天明四年（一七八四）五月十七日、一橋治済宛一橋家老状、関東地方役人処分再伺い

◎L一―一六三

（包み紙）

上

水谷但馬守
林　肥後守

五月十七日御下ケ
再応之伺書、右ニ付」御下被遊候」御書共入。

封

（端裏書）

水谷但馬守
林　肥後守

御籏奉行」稲守三左衛門
右、去卯年、関東筋御領知畑方引之儀ニ付、先役之節不行届取斗有之候得共、不及御沙汰、叱置候様ニとの御事候。

御代官」　前野　勘兵衛
右、去卯年、支配所之内、畑方御年貢引方之儀ニ付、取調方、御料所承合等不行届、其上先例ニ泥ミ、伺も不相済以前、村々え引方相触候段、心得違之取斗方、不念之至ニ付、重クも可被「　」仰付候得共、格別之「　」思召を以、「　」御目通差扣被仰付之。

地方改役」矢口　平兵衛
右、去卯年、関東筋御領知代検見被仰付候処、畑方御年貢引方之儀ニ付取調方、御料所承合等不行届、其上先例ニ泥ミ、伺も不相済候以前、村々え引方相触候之段、心得違之取斗方、不念之至ニ付、重クも可被仰付候得共、格別之「　」思召を以「　」御目通差扣被仰付之。

関東御代官立会
地方改役
小松多次兵衛
右、御役以前之儀ニは候得共、去卯年、関東筋御領知畑方御年貢引方之儀、前野勘兵衛・矢口平兵衛より差出候伺書、得与相糺之上、奥書・印形可致処、無其儀、不行届取計方ニ付、重クも可被　」仰付候得共、格別之　」御宥免を以、叱置候様被　」仰出之。

下げ札

（下げ札）「御目通差扣御免後、御勘定え場所替被仰付、御宛行取来候
被下之、御役金五両ハ上り候積り。」

【解説】天明三年は所謂天明の大飢饉発生の初年で、関東の一橋領も凶作を免れなかった。そこで代官前野勘兵衛と地方改役矢口平兵衛は、年貢納入進捗のため、独断で畑方年貢を前年の三割引きとする旨、村々へ触渡した。郡奉行稲守三左衛門も、もし年貢収納困難の場合には、不納分を引落とした帳面を差出すよう指示したので、二人は予め減額の触を出したのである。畑方年貢は減免を認めないのが原則であるにも拘らず、すでに安永二年（一七七三）・同九年に同様の事例があったので、勝手掛り用人へ伺いの手続きもせず、触渡してしまった。しかし今回は勝手掛り用人が事後承認を拒否し、この様な処分となったのである。

　この一件を通じて、一橋領知支配機構の中で、上下の意志疏通がかなり欠けていた事が指摘出来よう。用人部屋には複数の勝手掛り用人がいて、それはまた他の諸掛りを兼務している。その下に勘定所があるが、治済の言によると「先は勘定所二カ所ニ有之様ニ而」（前出六七号文書、L一—二二一）というべき状態であった。前号に載せた治済の用人制度改革は、この年末の指令であり、恐らくこの様な機構の不備を改めようとしたものといえよう。また後掲七三・七四号文書もこれと関連している。

七一、天明四年（一七八四）十二月、一橋家老宛一橋治済状、倹約并勤め方心得之儀

◎Ｌ一―二〇八

（上包み紙）

天明四辰年十二月

諸向御約《（マヽ）》之義ニ付被仰出候趣御書付本紙一通

水谷但馬守

林　肥後守

（中包み紙）

倹約之書付、勤方心得之書付（治済筆）

倹約之儀従先年度々申渡、諸向致出精候得共、全躰入用高収納ニ引合不申候故、繰廻シ不宜、凶年其外臨時之手当は勿論、年分定式入用之手当も難相調、甚苦労ニ存候処、先達而も相触候通、當夏従公儀格別之御手当被仰出、誠ニ安堵之儀、一統難有可存候儀ハ不及申事ニ候。乍然、右之通之勝手向故、過分之御手当ハ有之候得共、余慶と申ニ而は無之、只今迄之通倹約専ニ取斗相整候ハヽ、年分不足も相立申間敷哉ニ候。依之先達而相触候年限中、別而倹約

筋相心得可申候。将又此度側向入用之儀、格別ニ奥向掛り之者え此方之存寄申渡、諸事減少之積りニ専相調候。是は何卒少々宛も年々余慶も致出来、三四ヶ年ニハ、凶年其外臨時之手当等之助ニも相成候様致度存候心ニ候。当時格別之保養等ニ相成候能催之儀も、是迄よりハ減シ候積り、都而之儀共仕来ニ不拘、万端之事、聊ニ而も奢ケ敷儀相改メ、主法等向々より伺可申候。此趣何れも一統ニ相心得、入用筋取扱候向ハ不申(及脱カ)、其外之場所にても万端心掛ケ、不益ニ可相成儀ハ不捨置様可相守候。右申渡候趣、一通り奉畏候斗ニ而、内実ハ不得心成筋も有之候ハヽ、何れ之向成共不差扣可申出候。訳相立、尤成儀ニ候ハヽ、猶又評儀も可有之候。兎角申渡候趣、得与勘弁いたし、心服之上、無底意相勤候ニ而無之候は、為ニ不相成候。右之趣、向々え申渡可有之事。

十月

註・当夏従公儀格別之御手当被仰出――天明四年六月、一橋邸勝手向難渋につき、当辰年より申年迄五ヶ年間、毎歳金一万両を公儀より支給される（『新稿一橋徳川家記』）。

惣而重立候役相勤候者は、下タ手より諸事申談能様ニ致、存寄之趣無残申出候様可心懸候。

上ハ手より申談候儀、下タニ而心服ニ無之品ハ、内々彼是と申合イ候而は、役職之威光も薄ク、取〆りも不宜様ニ相心得、自分申出候儀を相立候振合ニ候得は、下ニ而存寄有之候而も自然と差抑、諸事不行届儀多ク可罷成候。自分存寄ニ応候事斗申聞候様ニ有之候而は、縦令如何様成差支之儀有之候而も難相知レ、行々は取扱違ニも相成候事ニ候。得与規定之上申渡候儀ヲ不相用候歟、又ハ等閑ニ致置候儀ハ、誠ニ上ハ手ヲ蔑ニ致候与申物ニ而候。左様之者ハ其身之不心得ニ而候条、急度咎メ可有之筋ニ候。左様之躰も不相見、以前権威ニ而推候様成儀ハ、曾而有之間敷事ニ候。

一、役所々々勤方之儀は、心之及候程致出精可相勤事勿論ニ候得共、当り前ニ而無之儀は、縦上ハ手より申談候共、受申間敷候。都而其役々切ニ相守、外役え混雑不致候様相心得可申候。当り前ニ而無之儀も、彼是取扱候得者、却而持前之儀ハ脇ニ相成候事も致出来候。其上主役之者ハ気請も悪敷相成可申、且ハはまり薄ク、其向持前之儀ヲ外ニ而決着致候様成行キ、役所之主意取失イ候事ニ候。且役所切ニ而外よりいろひ無之ニ付、致次第と相心得、諸事大底ニ取斗候儀は、其場所勤方未熟与申物ニ候得者、左様之者も有之候ハヽ、急度咎可有之事。

一、同役相掛り等有之向、用之儀共申付有之儀、壱人ニ而相心得罷在、申送・相談等も無之、一己之手際ヲ相立候様成儀は有之間敷事ニ候。一日切ニ相済候儀ニ而も申送、一同ニ相心得居候様可心掛事ニ候。併役筋ニより、隠密等之儀、一人ニ限り手切ニ取斗可申与有之儀ハ、格別之事ニ候。
一、都而役人共用向取扱候儀、目前之利害ニ相拘り、末々之差支も不心付、或は一己之手柄ヲ顕し候事を本意ニ致し、同役・同席等之相談も不行届様成儀は、不可然事ニ候。何レ後々迄も差滞無之、永々安堵成方専一ニ可心掛事ニ候。

十月

【解説】掲げた文書の後半は、重役達の部下への対応の心得を説いた文章で、前段の倹約励行とは直接関係ないように見受けられるが、これはこの前年すなわち天明三年四月、勝手向き難渋対策として、勝手掛り用人に命じ、部下の意見を求めさせた事と係わっていると思う(前出四七号文書　L一―一三二)。

これに対し、勝手掛り用人三人の書上をみると、

御勝手向御難渋之儀ニ付取調之趣、先達而入御覧候処、此上如何取斗可然哉、存寄も有之候ハヽ、心底不残可申上旨、且又郡奉行・御勘定奉行初、御勝手向取扱候者共えも申達、各存寄も可申出旨被仰渡、奉畏、則申達候処、御勘定奉行・吟味役共者、一向存寄無御座候旨、書付を以申聞、郡奉行両人、松浦弥二郎儀者存寄之趣、以別紙申聞候ニ付、相添入御覧候。御取用ニ者難相成儀与奉存候。

とあり、勘定所首脳部は全く意見を申述べず、辛うじて申出た一人の意見は採るに足らずという事で、結

局現在の経費は「無拠儀」であり、公儀よりの合力を仰ぐほか自分達の存寄はないというものであった。これは恐らく治済を大いに失望させたであろう。この年は前記のように公儀よりの年金支給によって切り抜けたが、改めて年末に次年よりの支出抑制を命じ、部下にも十分意見を陳べさせるよう指示したのである。

七二、天明四年（一七八四）十二月、一橋治済宛一橋家老状、先達而被仰出倹約筋之儀ニ付伺い并治済指示附札

◎L一―二二一

先達而御下ケ被遊候御倹約筋之御儀ニ付、御書付之趣、其外御膳之儀并御小納戸向御引分ケ等之儀ニ付、御書之趣奉拝見、逸々奉畏候。右御文言之内、乍恐私共猶亦存付候儀共、御勝手掛り共えも申談、評儀仕候趣、左之通り奉伺候。

（治済筆附札）「本文此儀（儀之カ）評通尤ニ存候。」

一、御倹約之儀ニ付被仰出候御書付之内、格別御慰ニ罷成候御儀共、是迄段々御減に被遊候御儀、一躰御締ニ者罷成候御義ニは御座候得共、外ニ御慰も御数少之御儀ニ付、御能は是迄之通被成置候様仕度奉願候事。

附札

一、御膳之儀、御三度とも、やはり只今まて之御振合ニ仕度奉存候。其外之御儀は思召次第之御儀、尤御朝夕、是又只今迄之通ニ而御座候之様仕度奉存候事。

一、御小納戸御仕法御改メ可被遊哉之御儀、一躰懸り向等之儀、是迄之通ニ被仰付、御金嵩ニも御座候故、御手軽ニ御引分ケ被遊候御儀ニ可有御座哉、又は是迄之掛り御引替被遊候御積りニ御座候哉、乍恐此段今一応伺置候上、御治定之趣を以猶亦奉伺候様仕度奉存候。

（治済筆附札）

「本文之趣、段々心附候儀ニ而、満足存候。併、諸向え申渡、向々省略之処、慰筋斗是迄之通ニ致置候而ハ、一統之人気も如何ニ存候間、孰レ少々ハ度数相減可申与存候。手勢斗之催ヲ重ニ取斗、保養ニ可致与存候。猶存寄之趣相達義候。」

一、御召物等之儀、其掛り合之者より奉伺候御ケ条之内、只今迄可成丈上ケ来り候得共、此上御沙汰御座候程迄指上候而も可然哉之旨、伺之儀。此義御よこれ等之儀は相伺、いまた不苦も被為思召候ハヽ、猶又相伺差上候様、幾度も相伺申候様被仰付候而可然哉ニ奉存候。

御沙汰を相窺候筋ニ而は有御座間鋪歟与評議仕候。

附札

一、御納戸ニ而是迄引請之御用向、此度御道具奉行被仰付、御引分ケ可被遊哉之御儀、乍恐御尤之御儀奉存候。是迄御小納戸取扱之儀、如何之筋も相聞へ候義者無御座候得共、余り御品数多く之義ニ付、御引分ケ被遊候ハヽ、格別御用モ相減シ、両役共ニ吟味も行届申候様罷成、可然哉与評儀仕候。

附札

（治済筆附札）

「本文之趣致承知候。猶其外等掛り向伺ニ准シ可申候事。」

「評儀伺之通、賄所見廻り之儀ハ、当分賄所見廻り与申渡、可然存候。」

但、右之通被仰付候得者、役所向御道具類も多御預り可有御座儀ニ付、御蔵も無御座候は而者相済申間鋪哉ニ奉存候。左候得者、表御長屋之内、役所ニ相渡シ、今度新規ニ被仰付、出来仕候西之方御土蔵相渡候ハヽ、御差支無御座奉存候。御長屋之内御役所ニ相成候得者、町人共呼出、吟味仕候ニも手都合宜敷可有御座哉ニ奉存候。御道具奉行下役之儀者、猶亦評義仕置、追而右一躰之所被仰付候上、両役打合セ、支配向之義相伺候様ニ被仰付候方可然哉ニ奉存候。

附札

（治済筆附札）

「但書伺之通り。」

「附札、褒美筋之儀、是又有来り小納戸金之余慶ニ而取斗申候事、為念記候。」

「此度迄小納戸金与申取扱候分、簾多ニ而、全ク相当之簾斗ニ無之、表立候簾抔重モニ有之候間、此分向々役所え引請ニ致、全ク小納戸金与唱相応之分斗ニ簾分ケ致、奥之番之預りニ而小納戸ニ差置、別帋ニ相達候通、側掛り用人・奥改役より断、奥ノ番へ相達、奥之番納払致候事。夫ニ付、是迄掛り合候奥頭役源兵衛抔、一同先差免、無滞相勤候間、相応之褒美差遣度候。
一、藤右衛門儀側掛りニ相成、茂右衛門儀其侭広敷掛り候間、源兵衛斗無掛りニ而、不調法有之候様ニ而如何ニ候間、御側掛助与申渡可然哉ニも存候。」
一、御道具奉行被仰付候ハヽ、吟味役三人共同様ニ被仰付候様仕度奉存候。尤、森弥五兵衛儀、御賄頭兼被仰付候得共、其節は御賄頭両人共新役之者共之儀ニ付、右之趣ニ相勤申候得共、最早当時ニ而は、御賄頭両人共勤馴候儀ニ御座候得者、吟味役兼ニ而、弥五兵衛最早相加り相勤候ニも及申間敷哉与奉存候。依之、御賄方之儀は定式之通り、吟味役三人ニ而見廻り候ハヽ、相済可申哉ニ奉存候。
右之趣、猶又奉窺候。以上。

十二月

水谷但馬守
林　肥後守

註・『一橋徳川家文書目録』には、この状の年代を天明元年~天明四年としている。これは家老水谷勝富が在任天明五年六月迄、林忠篤が天明元年六月就任なので、この二人に共通する十二月は天明元年から同四年迄となるからである。しかし、この状の冒頭に「先達而御下ケ被遊候御倹約筋之儀」云々とあり、この文言は前掲L一―二〇八の治済倹約申渡の状を指していると認められるので、天明四年十二月の状と認定する。

【解説】治済は「当時格別之保養等ニ相成候能催之儀も、是迄よりハ減シ候積り」などと、率先倹約の範を垂れる心得であったが、家老達が勝手掛り用人と評議の結果は「御能は是迄之通」「御膳之儀、御三度とも、やはり只今まて之御振合」「一躰懸り向等之儀、是迄之通ニ被仰付」など、一向に期待に添うものではなかった。

七三、天明五年（一七八五）三月、一橋家老宛一橋治済状、勘定所・領知方打込み、勘定所一座と相唱候儀

◎L一―二三八

（包み紙）

「天明五巳年三月
御勘定所、御領知方打込、御勘定所一座と相唱候趣ニ可□（虫欠）心得旨、
御附札入。御筆・御附札共、都合四通、
但、内壱通ハ御付札ニ而無之、心得ニ被仰出候。」

（治済筆）

御勝手掛り
御用人
郡奉行
御勘定奉行

右之分ヲ向後御勘定所一座与唱、御用向・諸伺・願・届等、是迄書加へ候趣意之書面之上見出シえ、御勘定所一座与認可申候。尤是迄之通り、身分并支配身分之儀は、両奉行与認可申候。

但、御家老え進達之儀は、一座熟談之上、誰ニ而も一座之内、詰合之者進達可致候。且亦前書之通、身分之儀ハ両奉行ニ限可申事。
一、御勘定組頭始已下共ニ、御代官始已下共ニ、御用向取斗筋之儀ハ、不依何事、一座之差図ヲ請、無滞相勤可申候。

（治済筆）

組頭共ニ惣人数三拾八人、
内、六人部屋住見習也。
右、両役所打込、段々主法相改り候処故、一統気受請之ため存付き、宜敷品々も可有之間、当時之姿ニ而、惣人数三拾八人、内六人部屋住見習ヲ其侭居置キ、此上過人無之、見習之跡ハ夫々相応之者有次第、入人之議定ニ致可然哉、是亦誠に掛り分ニ而切詰メ之人数故、不時普請・修復・遠国用向等之除キ有之節抔之手当にも、少々は過人有之可然哉と存候。

（治済筆）

両様
帳面之趣熟覧之処、是迄之掛りニ而も間ニ合可申候得共、壱人ニ而簾多持罷在候間、万一間違有之候時は、如何ニも可有之候間、新法帳面之方ニ而可然哉ニ存候。併猶又此方存寄附札いたし為見申候間、孰も評議之上、存寄も有之候ハヽ、猶又無遠慮申聞候様に存候。

則帳面二冊・別帋二通相添返申候。

七四、天明五年（一七八五）三月、一橋治済宛一橋家老状、勘定所一座として、新法勤め方之儀ニ付伺い、治済筆附札

◎L一―二四〇

郡奉行
御勘定奉行　三人
内助壱人

右」御附札
寒河宇八郎・中川源兵衛両人共、郡奉行定助申渡候ハヽ、
支配向一統取斗方可然哉ニ被」思召候旨
奉畏候。

一、今度御領知方、御勘定所打込之勤ニ被仰付候。地方改役ハ御勘定、地方役は添勘定与相

心得、何も各支配ニ候条、得其意、掛り〳〵相応之人、評儀之上相定り候ハヽ、可被申聞候。且又此度組頭壱人増被仰付、御勘定方惣人数、組頭共三拾四人之処、過人四人、都合三拾八人、右過人之分は、手足り兼候場所々々え助役之積り相心得、以来御勘定方掛り人数一両人明キ有之候而も、御入人は不被仰付、過人共六七人も明キ有之節は、御入人可被仰付間、其段可被申立事。

但、組頭は格別之事。

右」御附札

御勝手掛り
御用人
郡奉行
御勘定奉行

附札

右之分を向後御勘定所一座与唱、御用向・諸伺・届等、是迄書加候趣意之書面上之見出え、御勘定所一座与認可申候。尤是迄之通り、身分并身分支配之儀は、両奉行与認可申候。

但、御家老え進達之儀は、一座熟覧之上、誰ニ而も、一座之内詰合候もの進達

下ケ札

可致候。且亦前書之通、身分之儀は両奉行ニ限り可申候。

（下げ札）

「御勝手懸り御用人・郡奉行・御勘定奉行より申出候書面之上ニ見出しえ御勘定所一座与相認候様可仕旨、奉畏候。然処、乍恐評儀仕候処、先達而奉伺候通、右両奉行より申出候書面見出シへ郡奉行・御勘定奉行与相認、御勝手懸り致評議、存寄無之儀ハ、見出し之脇え、御勝手懸りと認候小札張り候而、私共へ差出申候。御勝手懸り之儀ハ重役ニも御座候間、両奉行連名ニ而諸事申聞候様ニ而ハ、御勝手懸り共一同仕、申聞候筋ニ罷成可申哉、左候得者、御勝手懸り共吟味仕候振合無御座候ニ付、依之、見出しへ郡奉行・御勘定奉行両役ヲ御勘定所一座と相認、脇え別ニ是迄之通、御勝手懸り存寄無之儀ハ、御勝手懸りと認候小札ヲ張り候而差出候積りニ可仕哉、此段猶又奉伺候。」

（治済筆朱書附札）

「只今迄は両奉行より勝手掛りヲ歴、其上ニ而何れもえ申出候事故、聴ニも入、下知有之迄は、一事ニ而も段々日数重り、用向も手間取、領知向、末々百姓共迄ニは致迷惑候事も可有之存候故、此度掛り分申付、勝手掛り、勘定所一座之取斗可然段申談候。

一座ニ而評議熟談有之候ハヽ、何れも之外、別ニ吟味致候振合ニハ及間敷と存候。勝手掛り重役故、一同ニは難相成趣、是又一通り尤之儀ニ存候間、側掛り之名目ニ而申出候儀ハヽ、治左衛門并藤右衛門・源兵衛儀も籠り候例ニ准シ、勘定所一座と相認候儀は相止、用向之書面は勝手掛りと斗相認、両奉行は籠り候書法ニ致可然候。先達而も申談候通、縦令勝手掛りハ八省之卿、両奉行は大輔・少輔と心得候へは、一座ニ而格合も分り有之事ニ而、苦カル間敷と存候。畢竟勝手掛り与両奉行ニ而、二段ニ評議致候儀ヲ、一役所ニ而一度ニ相済候処斗之主意ニ有之候。乍然、右之趣何れも存寄ニは如何ニも存候ハヽ、推而申付候儀ニ而も無之候。左候ハヽ、只今迄之はこひニ相替候儀は無之故、勝手掛り日々勘定所え出席ニ不及候条、其趣ヲ以、猶又評議之上、存寄無遠慮申聞有之候様ニ存候。」

一、御勘定組頭始、以下共ニ、御代官始、已下共ニ、御用向取斗筋之義は、不依何事、一座之差図を請、無滞相勤可申与之」御ケ条

奉畏候。

右は御別紙ニも被」仰出候通、私共存寄等も御座候ハヽ、猶亦得与評儀之上、奉伺候様

可仕旨、御書之趣逸々奉畏候。私共勘弁仕候而評義も仕候処、」御書之御趣意、自今御取〆りニハ、乍恐御尤成」思召与奉存上候。外ニ私共存付候儀も無御座候間、新法勤方之趣ニ相心得候様ニ可申渡哉ニ奉存候。依之、猶亦奉伺候。以上。

三月　水谷但馬守

林　肥後守

【解説】前年十一月、治済は一連の職制改革の中で、従来定員三人で、且他の掛も兼務していた勝手掛用人を専任一人とし、しかもその用人は勘定所へ日勤して、郡奉行・勘定奉行等と合議させるという改革案を提示した。これに家老達が強く反対し、結局、勝手掛用人には専任一人の外に、御側掛用人を兼務として置いて二人とし、また勘定所へは出座ではなく、毎日監督として出向くということで妥協が成立した。

しかし治済は次の改革として、今後勝手掛用人一人、郡奉行・勘定奉行各二人、都合五人を以て勘定所一座と称し、家老への進達書類は勘定所一座の名で提出するよう命じたのである。家老達はかなり抵抗し、これに関連する文書は上掲の二点の他に、L一―二三九・二四一・二八〇・二八一がある。今回は治済は妥協しなかった。上掲の文中に「右之趣何れも存寄ニは如何ニも存候ハヽ、推而申付候儀ニ而も無之候。左候ハヽ、只今迄之はこひニ相替候儀は無之故、勝手掛り日々勘定所え出席ニ不及候条、其趣ヲ以、猶又評議之上、存寄無遠慮申聞有之候様ニ存候」とある。つまり家老達が不賛成ならば強いて申し付けはしないが、それでは従来と変わりはなく、勝手掛用人が毎日勘定所へ出席する意味もないではないか、もう一度よく評議せよという治済の甚だ強い意思表示と見るべきである。家老達もこの強い意気込みに押されて、勘定所一座と称する事に服従してしまった。

七五、天明五年（一七八五）四月、一橋治済宛一橋家老状、番頭勤向につき再度伺い、治済筆附札

◎Ｌ一―二四六

（端裏書）
「番頭勤向之儀ニ付、最初被仰出候御書之趣を以、各様えも及御相談候上、私共より伺候書面え御附札ニ而、猶又被仰出候書面写」

先達而御下ケ被遊候番頭組之儀、大御番頭与か又は表番頭と成リ共、両様之内、御役名之者新規ニ被仰付、大御番御預ケ被遊候御積り可被仰付哉之儀ニ付、被仰出候御書之趣、逸々奉畏、則御趣意通りを以、猶更評議仕候私共愚意之趣、乍恐左ニ申上候。尤清水同

席共えも申談候処、吉川摂津守・本多讃岐守両人評議仕候趣も、別紙之通書付を以申聞候ニ付、右書面相添、猶又奉伺候。

附札

一、此度大御番頭ゟ歟又は表番頭と成共相唱候御役、新規ニ被仰付、御長柄奉行之次席ニ而、御手前限り三百俵高ニ可被　仰付哉ニ被為　思召候旨、奉畏候。此儀八役之外、御供等相勤候御役柄之者、老年ニ罷成、昇進仕候規模ニも罷成可申候間、右御役御立可被遊旨思召、難有御儀ニ奉存候。乍恐相考候処、是迄八役之儀は、公儀より御附人可被遣旨被仰出御座候程之重キ御役場ニ御座候処、右八役之列之内ニ、一廉新役、表ニ而被仰付候ハヽ、御手前限ニ而も、公儀え元済御願無御座候而は罷成申間敷哉。

(附札)

「御筆ニ而之御附札写

新役願候ハヽ、ケ様之差支等も有之と可申訳合相立候申立無之候ハでは、如何可有之段、致承知候。是者先達而も申聞候通、当時之番頭之儀者、何れもえ差続、用人兼、奥勤之儀故、諸事取扱も多ク候処、其上ニ組取扱之儀も不軽番筋ニ有之候ニ付而者、甚事多ク、表奥差跨候場所、自然ゟ手届兼可申歟ニ付、表ニ而番頭申付度と申主意有躰ニ而、外ニ彼是之訳合無之、相分り可申候。」

尤奥頭役抔御手前限にて被仰付候得共、御簱奉行・御長柄奉行格と格式ヲ御立被遊候上、御役名被　仰付候。尤奥向勤之儀ニ付、御側御用向弁方御差支ニ付被仰付度御趣意を以、御伺相済申候御振合ニ御座候。右大御番、是迄番頭両人之銘々之組ニ被　仰付置候処、只今迄之組ヲ御取放被遊、新役御願被遊候ハヽ、ケ様之御差支等も御座候とか、御訳合相立候被仰立等ニ而も無之候而は、右八役之間ニ、一廉別段ニ新役被仰付度と申儀は、若　公儀之御評儀如何可有御座候哉にも評議仕候。

但、番頭両人儀も、是迄之組ヲ御取放シ被仰付候様ニも心得候而は、何そ手違等歟、又は取扱等ニ而も不宜故之儀なとゝ、諸向気請之程もいかゝ可有御座哉、当人共之儀は尤甚恐入可奉存候哉。

（附札）

「御筆ニ而之御附札写

伺書之趣、是又尤ニ候得共、組ヲ取放シ候と申筋ニ而無之、畢竟奥ニ付候重キ役儀ニ而表向之組預り候事故、前書之趣ニ相成候儀、却而役儀重ク相聞候主意、孰もより得と申聞候ハヽ、当人共之気請不宜儀は有之間敷候。」

札　附

一、御屋形ニ而大御番之儀は、都而御長座敷以上、御本丸之御振合相考候得者、御屋形ニ而

附札

は布衣以上と中程之席々御役人、或は奥向之惣領御番入、又ハ右格式之もの家督、小普請より御番入等被仰付候者、大御番え被仰付候儀ニ御座候。右之内ニは、重キ御役人之家督等被召出候節、御長座敷以上并奥向之内え難被仰付もの共、又は　公儀御目見以上より御附切之者ニ而も、小普請ニ入再勤等之節、并御本丸御目見以上或は布衣以上之二男三男等ニ而も、御屋形え被召出候得者、御役人之外ニは、大御番席より外無御座、且又　公儀ニ而之御振合候得者、両番ニも相当可仕哉。然処、当時小普請支配より次席之者、大御番組取扱仕候ハヽ、組向共ニ自然と軽キ趣ニ相成可申哉ニも奉存候。

（附札）

「御筆ニ而之御附札写

本文之趣、委敷評議之趣ニ相聞候。乍然、頭と組之格式之儀は、公儀ニ而も色々軽重有之、頭重ク候得者組も重ク、頭軽ク候得者組も軽クと申事ニ而も無之候間、不苦事ニ存候。」

附札

一、若年寄は表御役人并寄合共ニ支配ニ而、御小性・御小納戸・奥医師其外御広敷向も支配有之候。右之御定ニは引合不申御儀ニ御座候得共、組と支配ハ別段之儀ニも御座候之間、可罷成候ハヽ、大御番頭之御役新規ニ不被仰付、やはり大御番之

下ケ札

儀は、番頭両人之組ニ只今迄之通御居へ置被遊、且又御用人兼役之番頭之儀ニ御座候得者、奥表共ニ御用人支配之分、番頭も御用人並ニ支配被仰付候而も可然哉ニ奉存候。

（附札）

「御筆ニ而御附札写

此ケ条評議ニ不及、先是迄之通居置可申事。」

（下げ札）

「本文之趣申上候得共、御用人兼役之番頭之儀ニ而御座候得者、組并奥向斗御用人支配之分、番頭支配ニ被仰付候而も苦ケ間敷哉ニ奉存候。此段も奉申上候。

四月　水谷但馬守

林　肥後守」

右之趣共、乍恐猶又奉伺候。以上。

四月　水谷但馬守

林　肥後守

附札

（附札）

「御筆ニ而之御附札写

右下ケ札之趣ニは存候得共、唯今迄可成ニも間ニ合候儀を相改、何と歟物数寄之様ニ相聞候而は、此方存寄とは甚相違之儀ニ候間、先致来リ之侭ニ而差置、又々時節も可有之候間、兼而心居候様ニ存候。
一、摂津守・讃岐守書面相返シ申候。」

七六、天明五年（一七八五）六月四日、一橋家老宛一橋治済状、番頭組につき、此度の御沙汰取止めの事

◎L一―二五七

（包み紙）

「番頭組之儀ニ付被仰付候御趣意、先此度ハ御沙汰御止メニ相成候。

御筆　　巳六月四日

但馬守
肥後守　」

此間相渡シ置候番頭一件、申渡、得と相考候処、何レ公辺之様子難相知候間、又近々時節

可有之候間、先此方へ差戻シ候様致度存候。何も心遣之筋ニハ決而無之候。諸向掛合も有之候事故、又時節も可有之と存候間、先書面返シ候様致度候。

【解説】勘定所一座で家老達を屈服させた勢いに乗じたのであろうか、治済は続いて「表番頭」又は「大番頭」という役職の創設を言い出した。番頭は御三卿の重役として既存の職である。通例用人の上席二人が任ぜられる。用人であるから家老の下で邸政の要務の主任を務めると共に、大番士三十人を支配する。大番士の仕事は、当主の外出の供をする外、諸家（主に越前松平の分家）へ使者となる。

治済はこの大番士を支配する役職を新設し、役席は長柄奉行の次席とし、一橋邸の財源から三百俵を支給し、一橋邸抱入の老年者をこれに登用しようとしたのである。御三卿の重役は八役、つまり家老・用人・旗奉行・長柄奉行・物頭・郡奉行・勘定奉行、そのほぼ中位に当たる席次に、抱入の永年勤続者を抜擢しようとしたのである。

これに対する家老側の抵抗は、勘定所一座の名称の比ではなかった。彼等は清水邸の家老と結んで（当時田安邸は当主を欠いていたので、協議に加わっていなかったようである）、強く反対した。治済との往復書状は十数通に及ぶ。その結果治済も前掲文書のように、この案は撤回せざるを得なかった。

七七、天明六年（一七八六）七月、一橋家老林忠篤宛一橋治済状、用人手伝い、公辺向き勤め方

◎L一―二九〇

（上包み紙）

「天明六午年七月　林　肥後守

御用人手伝公辺向勤方筋之儀、御書并伺共入　」

（中包み紙）　「書付　弐通」（治済筆）

（内包み紙）「書付」

（一）　治済筆

先達而申上候上、抱入之者用人勤方手伝申付候処、屋形限り勤向ハ用人勤方ニ准シ候得共、公辺使并供等差支候間、此度用人助与申付、前書之使供等、用人共差支多有之節抔、無拠時斗為勤候様致度候。尤前々より抱入近習番共、日々　御機嫌伺之使且又供等迄相勤候。尤用人共立入候御場所も、小姓近習番立入候御場所も同様ニ而、軽キ方勤候者ハ罷越候得共、勤柄重き方却而不罷成段、不規模成事ニ而、如何ニ被存候間、孰レも申合候而、向々え能々利害申談候様致度存候。将又御三家方ニ而は御城附抔使相勤候儀、其外品々之役ニ而相勤候義有之、旁之趣差加、勘弁可有之候。
一、右相済候後、御附人・御附切等紛敷取斗無之様ハ何分相心得、急度規定可致儀候間、是又相心得、先々より尋之節、相答候様存候事。
一、却而御附人・御附切ニ限候事ニは相除可申事。
一、用人見習之名目ハ、是迄御附人・御附切ニ有之候間、夫故名目改、助与可致哉に存候。

六月

（二）家老伺い書

先達而御書を以被仰出候御抱入御用人手伝之儀、御屋形限り勤向ハ御用人勤方ニ准候得共、公辺御使并御供等之節差支ニ相成候間、此度御用人助と被仰付候ハヽ、右御使并御供等御用人差支有之、無拠節斗右助之者より相勤候様被遊度旨、尤前々より御抱入之者ニ而も、御近習番等ハ日々御機嫌御伺御使并御供等も相勤候、且又御用人立入候御場所えも御小性・御近習番も立入候儀同様ニ而、軽キ方ハ罷越候儀相成候得共、却而勤柄重キ方ハ不相成候様ニ而ハ、規模も無之様ニ御座候間、此上申合候而、向々え能々利害申談候様可仕旨、委細蒙仰候御書之趣奉畏、乍恐難有御儀ニ奉存候。

然ル処、御近習番日々御機嫌御伺御使相勤候儀ハ、　御両卿様ニ限り、奥限り之御振合ニ而御座候。尤御用人御使相勤候節ハ、御側之者え御口上等申述候。席等御近習番之日々御使相勤候席并取扱共ニ違候儀ニ御座候得ハ、全ク勤柄ニ而表向格式ニ相拘り候筋哉と奉存候。左候得ハ、右手伝勤方之儀ニ付、先達而越前守申聞候趣も御座候儀、旁　公辺え拘り候儀ハ如何可有御座哉、此度蒙仰候御趣意を含、寄々私とも心附之様ニ先内談可仕哉と評議仕候。右之趣、御請旁奉伺候。以上。

七月　　林　肥後守

稲葉主計頭

(三)　治済筆

先達而申談候儀、答之趣委細致承知候。然ル処、用人共両人ツヽ、泊り相勤候間、先は繰合セ、使等之儀も差支無之候得共、如当時之、病人多等ニ而隔番ニ相成候節抔、御附人・御附切之者ハ格別ニ烈鋪相当り候間、左様之節詰番之者居残り、本役夕出ト代り合候得は間ニ合候得共、右躰之様成時、相済居候得ハ手都合宜鋪、本役之者勤方もゆるやかに相成可然哉ニ存候。其外非常之節、万一　公辺御機嫌伺使等ニ罷出、引続登城致候様成ル時分成共、詰合之時ハ外ニ罷出可申者も無之、非番之者不罷出内ハ、詰合之手伝之者供致候様ニ致度候。

一、日々近習番共使相勤候儀ハ、全ク御側衆え計之使ニ而、達　上聞候儀ニ而ハは《(マヽ)》無之儀ニ存候。

席は御側衆部屋ニ而、近来ハ入口敷居外ニ罷在、相伺候由ニ候。

一、用人共使ハ、御城外　御成之節、還御、其外非常之節、孰レも不詰合節斗相勤候筈之処、近来清水・田安申合ニ而、定式用人共使相勤候。尤席之儀、御側部屋内え入候得は、御側衆立出候而請候趣ニ相聞候。少々之違イニ有之候。

一、右之趣ニ付而ハ少々之違ニ候間、対　公辺え不敬之様ニ無之候ハヽ、誠ニ実々無拠差支候節之用心斗ニ元済有之、紛敷無之様取斗、尤先達而も相達候通、奥御能其外抱入ニ而難成節ハ決而差出不申候積りニ取極メ置可申候。

一、先年も家老共両人共ニ病気等ニ而差支候節、先代御登城之節、番頭石川孫太郎歟と覚申候、御先へ相越、諸事取扱候儀も有之候。尤是ハ対　上ミえ候儀ニ而は無之候得共、右躰之儀も有之候間、用人共差支之節、用人共代り与申差出、若御側衆之謁方品付キ、近習番使之趣ニ取斗候とも、是ハあの方之事故、此方よりハ左様ニ相成候而も、元済有之候得は、貪着無之候。表向格式之儀ハ其人々之格式故、夫を並之通ト申候は、紛敷取扱ニ成り申候間、其所の差支ハ此方ニ而ハ無之候。

扨亦此方格式ニ拘り候儀ニ候ハヽ、日々使申段ハ無之筈ニ候得共、其所相考候得は、全ク人々之格式故、其所ニ拘り無之候様ニ致度候。

一、都而御三家方ニ准シ候様、先年被仰出候間、右之様子相考候得は、家老・用人ニ不限、御城附其外不依何役、吉凶其外、非常・暑寒・初雁、諸事品々之役ニて相勤候趣ニ存候。参勤御暇之節、家老共初用人等迄御目見、拝領物被仰付候。尤御附之者斗ニ無之、何レも手前之者之趣ニ存候。諸大名、城主之分ハ、継目御礼等之節、小身ニ而も家来共迄御目見被仰付候。此方抔ハ全ク重役之者御附人故、却而右之所へ混雑ニ相成、御評議も六ケ敷儀歟と存候。右之趣之道理ニ而ハ、奥表之差別ハ有之間敷儀ニ存候。右之趣相含、程能序次第、内々談シ候様致度存候。

【解説】一橋邸抱入の者を要職に登用したいというのは、治済多年の念願であったが、常に家老達公儀附人に妨げられて来た。しかし彼は諦めず、今度は抱入の者を用人手伝いとする案を持ち出した。但、将軍直参である附人・附切と紛わしくないように、職名も用人助とし、用人手不足で、拠ろない場合にのみ使うというかなり限定付きの職務として実現を図っている。これは大番頭の場合のように、公儀直参を支配する役でなかったので、抵抗もあまり強くなかったようにみえる。

七八、天明六年（一七八六）九月七日、一橋治済宛将軍家治遺命、及び御請

◎L一―二九四

（上包み紙）

「天明六丙午九月七日　御蜜《（マヽ）》用書付　」

（中包み紙）

「御書付之写并御請　御筆之写」

（端裏貼り紙）

「天明六午年九月七日於笹之間、掃部頭・老中一同出座、掃部頭演説之覚書之旨ニ而、同人渡之御請之趣も認置候。」

先頃より御不例被成御座候付、被遂　御養生候得共、段々不被遊御勝候。然者大納言様御若年之御事ニ候間、御両卿被申合、被添心も候様ニ被　思召候段、被仰出候。

御請之趣

重キ御儀被　仰出、何分申合候様ニ可仕候。御請之儀、宜与申達候事。

註．掃部頭――大老井伊直幸（在職天明四年十一月～同七年九月）。

【解説】十代将軍家治死去の前日、その遺言が一橋治済と清水重好に申渡された（田安邸は当時当主がいなかった）。三家にもほぼ同様の文言が申渡されている。治済は自分の長男が跡継ぎということもあって、これを機に幕政、殊に上層部の人事に強い関心を寄せるようになる。その様子は尾張宗睦・水戸治保との頻繁な往復書簡（『文公御筆類』）に詳しいが、『一橋徳川家文書』には殆ど治済の幕政関与に係わる様子を探るべき書状はない。

〔参考〕『文公御筆類』
　第一二八〇号

（表紙）
「天明六年丙午九月六日より
　同　八年三月三日迄
　　覚　書　　　　　」

天明六年丙午九月六日、於御黒書院、井伊掃部頭始老中可相達儀有之間、相越候様申聞候間、則御黒書院え尾張大納言殿・紀伊中納言殿・我等一同相越候所、掃部頭申聞候は、今日は御対顔も可被遊候へ共、先頃より之御不例御勝不遊候故、其儀も不被為在候。御養生も被遂候得共、段々不被遊御勝候。然は大納言様御若年之御事候間、御三家被申合、被添心も候様被思召候旨、申聞候。手扣之書付も尾州殿被受取候。右書附写、左之通り。

先頃より御不例被成御座候ニ付、被遂御養生候得共、段々不被遊御勝候。然は大納言様御若年之御事候間、御三家被申合、被添心も候様被思召候段、被仰出候。

右之通りニ付、尾州殿始メ、打寄致相談、差出候書附、左之通り。

去ル六日登城之節、於御黒書院蒙重キ上意、奉畏候。右ニ付、我等共申談候処、此節、上於若年之御事ニ被為有候得は、御成長方御太切之御儀ニ奉存候。就夫只今より御閑暇之節ハ、少々ツ、御読書等被遊、折節は講釈抔をも被仰付、御聞被遊候ハヽ、自然と下情をも御存知被遊、御政事之御為ニも可被為成奉存候。此段各迄相達候事。十月五日部屋ニ而相達候事。

此書附、尾州殿被認、我等一同掃部頭・老中え達ス。紀伊殿ニハ所労故、登城無之候。勿論紀伊殿ニも同然奉存旨、申添候事。

御満悦思召候。より〳〵御心得可被遊旨、被仰出之候。

右之通り、十月十二日部屋え掃部頭始罷出候而、演達有之候。

七九、天明六年（一七八六）十月、一橋家老宛越前松平家老状、田安定姫、松平治好と婚姻之儀

◎L一―二九六

（上包み紙）

「天明六午年八月十一日

常盤橋家老酒井波門申聞候田安定姫様御入輿筋之儀ニ付、書付　御答共

（以下虫欠）

林　肥後守

稲葉主計頭　」

（中包み紙）

「午閏十月四日

肥後守・主計頭両人ニ而、御右筆所へ下ケ置候事。」

田安定姫様御事、松平伊予守え御縁組之儀、先年願之通被仰出候。伊予守年頃ニも罷成候ニ付、婚姻為相整候時節ニ御座候得共、越前守勝手向、先々御承知被成下候通、甚不如意之儀、其上近年凶作等打続候ニ付、無拠右取扱延引仕候。然所、当春　宝蓮院様御逝去被遊候ニ付而は、定姫様ニも御年頃之御事、弥御引取不申候而は不相済時節ニ差向ひ候得共、

右申上候通、不勝手至極之儀ニ御座候得者、此表而已急々評議も出来兼候ニ付、越前守帰国之上ハ、早速夏中より様々と取調候得共、指支而已多御座候ニ付、急度婚姻之儀は難整、先々来春越前守参府被仰付候ハヽ、早々越前守妻方え引取置、婚姻之儀は何分追而之取扱ニ仕、諸事取繕も不致、引取可申段、先達而国許より申遣候。此趣田安向え掛合可申処、今度之　御凶事ニ付奉恐入、右躰之儀も見合罷在候儀ニ御座候。

乍去、追々　御代替御祝事御始り被遊候上ハ、田安向へ掛合候而も可然儀ニ可有御座哉。

此段極御内々奉伺　思召度奉存候。御序之節、何分宜被達　御聴可被下候。以上。

十月　　　　　　　　　　　　　　大道寺七右衛門

註・松平伊予守――松平重富嫡子治好。

八〇、天明六年（一七八六）、越前松平家老宛一橋家老状、田安定姫婚姻について治済の意向返事

◎Ｌ一―二九七

此間被差越候御紙面之趣、民部卿様え申上候処、定姫様御婚姻之儀ニ付、当春中、是非来年中御引取被成候様、高岳方より申聞有之候由及御聞被成候。右之趣を押へ候而、此上万端之御入用筋、猶又御主法御改メ御取調有之、何分にも御二方様御初、伊予守様ニも御不自由被成、貴様方御評議、御取調之上、御仕向之通ニ御許容有之候ハヽ、可成ニも御出来可被成哉ニも思召候。乍然、先達而已来御手寄之向えは度々之御歎筋も有之候処、此節ニ至り、御調之上、可成ニは御間ニ合候事を度々御歎ケ間敷儀有之候而は、御気之毒ニ思召候。依之、何そ表向え響候御品抔相省候御主意ヲ被仰立、ケ様之儀迄省略仕候ハヽ、誠ニ可成之御取斗御出来被成候趣ヲ御書面ニ御仕立、右御省略之処相顕レ候趣を以、御手寄之場所え内御相談有之、其上ニ而先々之模様ニ御随イ、御取斗も有之候ハヽ、御存念之通、御破談之御沙汰ニも不及候趣ニも可相成哉と、民部卿様被思召候。此段相心得候而、貴様え御談申候様との御事ニ御座候。

【解説】田安定姫は田安宗武の末子、松平定信らの妹、一橋治済の従妹である。明和四年（一七六七）三月五日誕生。越前松平重富の嫡男治好、つまり治済の兄の子と婚約したが、御三卿の姫君は将軍家の身内であり、越前家も徳川親藩の筆頭として、結婚にはそれだけの体面を保たねばならない。しかし当時越前家は甚だしい財政窮乏のため、その費用の捻出に苦しんだ。将軍家の大奥からはしばしば催促を受け、越前家重役達は万一破談にでもなっては一大事と心配し、一橋治済に将軍家への取り成しを頼んだのである。結局翌天明七年六月に定姫の入輿は実現した。

八一、天明六年（一七八六）閏十月、一橋家老宛一橋治済状、旗本等一橋邸出入り断りの儀

◎L一―三〇六

（包み紙）

「　家老共え（治済筆）」

御旗本之面々、御役筋并由緒ニ而出入致候者は格別、一通り之由緒を以出入致来候者は、向後断之積ニ候間、寄々可相達候。御医師之分も、奥医師ハ勤ニ付罷出候間、其外之分ハ、療用頼之外は、右ニ准シ相断可申事。

但、一通り之由緒と申は、親類共屋形勤仕か、又は祖父・父抔御附人ニ而相勤候類之事ニ候。

孰レも存寄も有之候ハヽ、猶又可申聞候。
（治済筆、後掲三〇八の附札カ）
孰も評議之趣、存之儀ニ存候。左候ハヽ、是迄之通ニ致置候手寄々ニ而相願、罷出候面々
へ、其向々より、心得違無之、寄々為相達可然存候。

八二、天明六年（一七八六）閏十月、一橋治済宛一橋家老状、御屋形御出入り断り之儀ニ付、存寄

◎L一―三〇八

只今迄御屋形え御出入仕来候御旗本之面々之内、御役筋并御由緒ニ而御出入仕候者ハ格別、一通之訳を以御出入仕来候者共ハヽ、向後御出入御断被遊候思召ニ御座候ニ付、寄々相達候様可仕旨、御医師之分も奥医師ハ勤向ニ付罷出候間、其外之分ハヽ、療用御頼之外ハ右ニ准、御断被遊候思召ニ御座候旨、尤右御趣意ハヽ、当時　公辺え格別之御続柄ニも被遊御座候間、万一心得違之向も有之、諸願等迄相願候様ニ罷成候而ハ不宜　思召候ニ付、彼是沙汰等無御座候内御断被遊候方可然哉ニ　思召候間、猶又私共評儀仕候様蒙仰候而度之御書之趣、

逸々奉畏候。

然ル処、只今まて御出入仕来候者共儀ハ、格別ニ難有奉存罷在候処、此度御断被仰出候ハヽ、面々身分ニも拘り候程ニも奉存候而、迷惑可仕哉。其上御出入之儀ハ清水御屋形并御三家方ともに御出入之者共有之、御屋形ニ限り候儀ニも無御座候間、御心遣被遊候儀ニも有御座間敷哉ニ、乍恐奉存候。依之何卒御仁情之思召を以、只今迄御出入仕来候者共ハ、其侭被差置被下置、此後新規に御出入相願候者御座候ハヽ、御断被遊候様仕度奉願上候。尤唯今迄御出入仕来候者共御願筋等之儀ハ、御断被遊候御積りニ何レも相心得罷在、御出入仕候儀斗只今迄之通罷出候ハヽ、難有可奉存候。

当時ハ世上一統風説多之時節ニも御座候間、御出入仕来候もの共御断被仰出候ハヽ、却而風説等も可仕哉。此後御出入相願候者御断被仰出候ハヽ、此度被仰出候御趣意も響キ可申哉ニ奉存候。私共評儀仕、存寄も御座候ハヽ申上候様ニ奉蒙仰候ニ付、乍恐右之趣奉申上候。以上。

閏十月

林　肥後守

稲葉主計頭

【解説】治済は故将軍家治の遺命を受け、幼将軍家斉の父として幕政に助言すべき立場を痛感し、権勢への手寄りを求めて接近する者を防ごうとしたものといえよう。こういう気配りは、彼が凡庸でなかったことを示している。

八三、天明六年（一七八六）十一月十日、家老林忠篤宛一橋治済状、播州水車運上之儀

◎L一—三一一

（包み紙）

「天明六午年十一月七日

播刕水車運上之義ニ付、被仰出候御書。

林　肥後守

」

（治済筆）

書面之運上銀、年季明ケ之度々増方有之候而は、際限も無之事ニ候間、当年初而之増方ニ候ハヽ、伺之通取斗可然候。是迄も年季明ケ之度々増方有之候ハヽ、是迄之員数居置き、年季切替之儀は、伺之通五ケ年ニ而可然候。

八四、天明六年（一七八六）、一橋家老宛一橋治済状、当年領知損毛ニ付、手当金之儀

◎L一―三二八

（包み紙）「書付　　家老共へ」

当年領知損毛ニ付而は、関東筋へ先達而手当金別段相渡候処、泉刕・甲州抔も凶作之趣ニ相聞候。依之相応之手当金、関東ニ准シ有之候而可然存候得共、時節柄之儀、差支之程難斗候而、容易ニハ難相成筋ニ存候。然ル処、先達而御本丸より御品、格段之節之手当之積りニ先達而申達候。右之品抔ハ暮シ方、遣捨とも違、格別之恵筋之儀故、可然哉ニも存候間、其内ヲ以十分ニ取斗可然と存候。左候時ハ、播州斗相残、如何ニ候間、兼而急夫食等之為手当有之趣ニ、前書之振合を以取斗候ハヽ、可然哉ニ存候間、孰レも存寄相考候而、何之存寄も無之候ハヽ、一座へも申談、評議之上、否申聞候様ニ存候。

【解説】一橋治済は八代将軍吉宗の孫として、その気性を継承しているのか、邸政全般に極めて細部にわたって配慮をしていた事は、上掲の二点の文書からも窺えよう。但、その多くは公儀からの附人である重役

達によって、実行には移されなかったようである。治済の細かい指示は、書状類としても現存しているが、『最樹院様御筆写』上中下（Ａ一―一八）・『最樹院様御教訓御書写』（Ａ一―二〇）に多く収載されている（最樹院は治済の法名。その一部は現存書状類にも残っている）。その一点を参考として掲載しよう。

（『最樹院様御筆写』上　天明六年）

関東領知、当年定免切替ニ而、是迄之定より少々増申付候儀ニ付、去年迄之定相応ニも相見へ候間、増申付候ニは及間敷趣下ケ遣候処、代官共出精之上議定致、村方ニ而も請候儀、跡より緩ミ候而は、已来之取締不宜、尤増候とても一村一家ニ割候而は、甚少分之儀ニ而、難儀之筋も無之、減候とて格別救ニも不相成、名目緩ミ候迄ニ而、已来之為不宜段、猶又伺之趣相分り候ニ付、其通可然旨ニ而相済候。且又定免切替之節々、少々充増候儀は、際限無之事ニ存候ニ付、其段承候へは、元来高免ニ候処、近来下免ニ成候故、古来之高免ニ相成候迄は、少々充積候由、此儀如何成事ニ存候。代官共其心得ニ而罷在候ハヽ、行々取箇強相成、村方困窮之基と存候。其訳は此間差出候帳面ニ、近年村方困窮ニ而、已に可及退転村方も有之由相見へ候。此段相違無之事ニ候ハヽ、右躰困窮之村々、免切替之度々増候事は相成申間敷事と存候。事両様ニ而、都合不致、相分り不申候。右之通村方困窮之儀ニ候ハヽ、少々成共取箇減し遣、村方様子も宜相成候上、相増候儀は可有之事ニ候得共、困窮ニ不差構、古来之高免迄ニ取上候心得ニ而年々取扱候ハヽ、困窮は弥増、一村二村之退転も三村四村ニ及候筈ニ而候。左候ハヽ、何方を相手ニ取箇付可申哉。若又実は左程之困窮も不致事ニ候ハヽ、帳面之趣無益之申立ニ存候。依之、右之所相糺、孰も相分り候上、向後代官共心得方申渡可然候。

八五、天明七年（一七八七）二月七日、家老林忠篤宛一橋治済状、一橋邸抱入を公儀御附切に致度願之儀

◎L一―三三五

（上包み紙）

「天明七未年御附切御願之儀ニ付、林肥後守へ被下御筆。」

（中包み紙）

「天明七年未二月廿六日肥後守え御渡被遊候御書、横田筑後守え為見候処、借り中度由ニ而請取置、三月六日出羽守えも申談候処、表立候而進達可然段、小笠原若狭守より肥後守え相戻候ニ付、御書之趣文章直し。」

（内包み紙）

「書付　肥後守え」（治済筆）

（端裏書）「書付」

一、清水ニ而は、最初より御附人少ク、公儀御人之次男・三男并厄介等被召出、直ニ御附切ニ

相成、当時ニ而も八役之内え可相進者三拾壱人有之、右之内より番頭・用人えも相進ミ、打交り有之、都合宜事ニ存候。

此方ニ而は、先代　御本丸御住居之節より領知御拝領まて、多分御附人ニ而、新規ニ被召出、御附切ニ相成候者漸々拾壱人程有之候処、其内田沼能登守儀家老被仰付候節、御附人ニ相成、上原久蔵は不慮之儀ニ而断絶、山本十左衛門は領知已前病気ニ而公儀小普請ニ入り、野沢新三郎は実子無之、断絶致シ、当時右筋目之者、久田縫殿助・中島大八郎・相馬猶之丞・橋本左一郎・林為八郎・并河宗七・飯塚縫殿之丞、右七人ニ相成り、別而人数少ク、病気又は老幼等ニ而旁押張り相勤候者払底ニ而、差支多ク有之、近年迄は御附人之古キ者余程有之候間、都而之儀呑込候而罷在候者多、繰合も致能候処、当時ニ而は昨今之御附人斗ニ相成候。前書之通、清水ニ而は御附切之者多人数ニ而、繰合も相成候趣ニ相見候。何卒此方ニ而も御附切之者多有之様ニ致度候。

右ニ付、手前抱入之内、出精之者内より、清水御附切之惣人数ヲ押へ、手前有合之御附切人数ヲ差引、全ク不足之人数丈ケ、姓名追而申上候ハヽ、公辺え被召出候段、御書付渡りニ而も可然候間、御充行貪着ニ不及、名目斗御附切ニ被仰渡、相済候得は、多人数ニ相成候上は、追々繰合之ためニ宜候間、何分相済候様致度存念ニ候故、相心得候而、先御用掛

り衆え内談可致候。其様子次第、表立相願可申候事。

二月

八六、天明七年（一七八七）四月、当番老中宛一橋家老林忠篤状、并老中附札、刑部卿治国官位叙任に伴う家老・用人等任命伺い

◎L一―三三七

（包み紙）

「廿六日長十郎へ相渡可申物

天明七未年四月廿二日下ル。

書付　四通

委細は別紙ニ認置。」

（一）

（端裏書）「林肥後守」

一橋目付　抱入者
高弐百俵
田中善三郎
未六拾一歳

右善三郎儀、覚了院殿代より段々被取立、数年出精相勤候者ニ御座候間、別紙ニ被相願候勘定奉行中川源兵衛義、用人見習被仰付候ハヽ、右跡勘定奉行被申付度被存候。尤充行之儀は不残一橋より遣候積り御座候。

右、書面之通被相伺候ニ付申上候。以上。

四月　林肥後守

（老中附札）「御伺之通被成候様可被申上候。」

八七、天明七年（一七八七）七月、公儀老中宛一橋家老状并老中附札、小倉小兵衛番頭任命等願上げ

◎L一―三四七

（上包み紙）

「留済」

「天明七未年七月　　　　林　肥後守
　　　　　　　　　　　　山川下総守

小倉小兵衛番頭え、中川源兵衛御用人え、近山六左衛門御用人見習え被仰付候御願
申上書付并御附札」

（中包み紙）

「天明七未年七月十六日若狭守殿え御用あり、時斗間ニ而安部(マヽ)伊勢守殿え両人ニ而進達
いたし、即右之訳、縫殿助を以申上之、同月廿日於土圭之間伊勢守御直々御渡、若狭
守殿へ懸御目、同日縫殿助を以、」

（端裏書）　「　　　　林　肥後守
　　　　　　　　　　　山川下総守　」

（附札、老中阿部正倫カ）
「御願之通被成候様可被申上候。」

御附人」一橋用人
小倉小兵衛
未六拾一歳

高四百俵
内元高　百俵
御足高三百俵
外　弐百俵　一橋より

宝暦九卯年十一月評定所留役より一橋勘定奉行被仰付、天明三卯年十二月被相願候上、郡奉行・勘定奉行兼被申付、天明六午年四月被相願候上、用人見習被申付、同年十一月被相願候上、用人被申付、当未年迄一橋弐拾九年相勤申候。

右小兵衛儀、無懈怠出精相勤候者ニ御座候間、此度番頭・用人兼、細田助右衛門跡被仰付、番頭御定高之通、御足高被下候様被致度、被相願候。

番頭御定高
五百俵　公儀より
弐百俵　一橋より

御附切」一橋用人見習
中川源兵衛
未五拾二歳

高五百俵
内元高　百俵

天明七未年四月被相願候上、御附切被仰付、同月被相願候上、用人見習被申付、都合勤年数当未年迄三拾四年相勤申候。

右源兵衛儀、数年出精相勤候ニ付、小兵衛儀番頭被仰付候ハヽ、右跡用人被仰付、御定高之通り被下候様被致度、被相願候。

用人御定高
四百俵　公儀より
弐百俵　一橋より

【解説】治済はかねがね一橋邸として抱入れた者を要職に登用したいと念願していたが、しばしば公儀附人である重臣達に妨げられてきた。その念願実現の途が漸く開けてきた事を示すといえるのが、上掲の八五乃至八七号文書である。

それを可能にしたのは、この前年、嫡男治国が元服し、この年三月従三位中将に任官し、表向きの生活に入ったのに伴い、用人等治国付きの邸臣を任命する必要が生じ、手不足となったからであろう。

さすがに抱入の身分のままで用人を勤めさせる事は出来なかったようで、八七号文書のように、中川源兵衛はこの年四月、抱入から附切の身分、つまり公儀直参の身分に昇格し、用人見習となり、その三月後には正規の用人となっている。源兵衛が昇格した跡役の勘定奉行には、抱入の田中善三郎が目付から昇任している。

抱入の登用は、ただ彼等の励みとなるばかりではなく、公儀附人はやがて公儀の他の役職へ転任してゆくのが原則であったから、一橋邸の固有の問題に身を入れて取組むことが期待出来ないのが、治済の不満であったのである。

八八、小石川屋敷関係文書（天明七年乃至明治三年）

◎L一―三四八

（書類挟み表書き）

「一、天明七未年七月六日、肥後守殿田中勝之助を以御渡候一通写

一、天明七未年八月廿一日、此書面、絵図面ニ添、名主小兵衛え差出候扣一通写

一、寛政七申年定、小石川書付一通写
一、播磨守殿・大学頭殿邸内取調候処、左之通一通写
一、小石川小原町御屋敷住居之者心得方左之通奉伺候一通写
一、貫属御用御取扱中　大久保一橋御抱邸拝借御地面云々　一通写」

（二）

（端裏書）
「天明七未年七月六日
肥後守殿、田中勝之助を以被成御渡候。
御目付え」

御徒目付
（八木岡　政七
（生駒　藤次郎

金弐百疋充

御小人目付
和田　丈八」鈴木　半助
嶋田　与市」安原　助次郎
内田　源次郎
同　百疋充

右、小石川御屋敷御囲込地引渡之節、辻番所引払等之儀ニ付、彼是取扱有之候間、被下之。

右之通可被申渡候。

（二）

（端裏書）

「天明七未年八月廿一日
此書面、絵図面ニ添、小兵衛殿え善三郎・平三郎両人ニ而差上候扣　」

小石川御屋敷御囲込ニ相成候、御屋敷外御持場堺之儀、御目付中え御掛合御座候処、辻番組合無之場所故、御目付方ニ而差図難被致旨ニ付、私共評議仕、可申上段被仰渡候ニ付、左ニ申上候。

一、御囲込ニ相成候御屋敷外、小役人屋敷堺之方、一躰場末之儀故、道幅等も至而狭ク、漸四五尺或は三四尺位之道幅ニ御座候。併右道幅半分之積相心得可申哉。尤所之名主呼出、相糺申候処、万一病人或は行倒・変死人等有之候節、御屋敷之方え道半分御座候節は、御屋形より御目付中え御届有之、取扱等之儀は、名主小兵衛取扱候様可仕旨申聞候。

但、右之通名主え取扱候様被仰渡候ハヽ、以来之儀、名主小兵衛え被仰渡御座候様仕度旨申聞候。

一、御抱屋敷之方ニも武家又は町家も入交り有之候。右之場所も前条之通相心得可申候哉。右之通奉伺候。伺之通被仰渡候ハヽ、御屋敷堺小役人并町家之方は名主小兵衛え持場之儀、御屋敷奉行より兼而申談候置様、且又御屋敷堺日々見廻り等之義、御屋敷奉行え被仰渡御□法候様仕度奉存候。則別紙絵図面相添、奉伺候。以上。

八月　　田中善三郎

御目付

【解説】(一)(二)文書は、天明七年三月、小石川屋敷に隣接する旗本屋敷二千二百八十六坪を囲込む事を許可された事に伴う、近隣の町屋等との関係処理についての伺書である。

（三）

五月十三日河内守殿、御右筆組頭海老原十郎右衛門ヲ以御渡

小石川御屋敷御長屋拝借願并差上候儀、唯今迄頭支配より願書差出候得共、右願書住居御目付、御屋敷奉行え下ケ、存寄書下ケ札取之、頭支配え願之通申渡、亦候御普請掛え書付下ケ、御目付、御屋敷奉行より奉附（マヽ）ニ而差出候所、向後は最初歩（マヽ）ニ而願之通申渡候ハヽ、直ニ其向々より御目付、御屋敷奉行え掛合候迄ニ而、御普請掛りより書付は下ケ申間敷候。

但、御長屋差上候節は、有形之通取繕候得共、立継又は内造作取付候侭ニ而、入替候者差置度と申儀も候ハヽ、其義は相対次第ニ而不苦候事。

卯五月

註・河内守――一橋家老伊藤忠移（在職寛政三年〈一七九一〉五月～同九年十月）、従って卯五月は寛政七年五月である。

（四）

播磨守殿・大学頭殿、邸内取調候処、左之通、

播磨守殿

一、御殿大サ凡永田町之御殿位有之、尤中之様子は不相分候得共、外構之様子ニ而は格別大破にも相成居不申候。

一、長屋は三百坂下通りより極楽水え折曲り之表通而已ニ而、其外は都而取壊ニ相成居申候。

一、右表通之長屋ニ五六軒住居有之、其外明キ長屋は孰も下屋取壊、間内は鴨居・敷居迄も取放し有之、至而大破ニ相成居申候。

一、邸内御殿之外は、中長屋不残取壊、稲荷社壱所有之斗りニ而、至而草深之由。

一、坪数凡三万五千坪位も可有之と見請申候。

大学頭殿

一、御殿は玄関而已ニ而、其外は取壊ニ相成居、尤奥座敷とも見請候二階家少し残り居申候。

一、中長屋四棟は孰も格別損無之、殊ニ三棟は当時家中住居いたし居候。

一、其外長屋五六棟有之候得共、孰も明キ長屋ニ而、邸内奥深之場所故、夫迄は参り不申候得共、至而大破ニ相成居候由。

一、坪数は凡四万坪位も可有之と奉存候。
右之通見請申候。

八月

【解説】この文書は、三百坂・極楽水という字名から推して、小石川薬園・伝通院に接近した地域であることが判るから、一橋小石川下屋敷についての検分報告書と認められる。年代は記してないが、屋敷がかなり破損していたようであることと、検分者が播磨守と大学頭を称していることが手掛かりとなる。

屋敷の検分には「屋敷改」という役人があるが、これは書院番・小姓組両番士の兼職するところであるが（『吏徴附録』）、この時の検分担当者は二人共に叙爵しているので、番士よりは二段階高い格の旗本であったと認められる。そういう高位の旗本である播磨守と大学頭が同じ時期にいて、しかも御三卿の屋敷の検分を命ぜらても然るべき役職にあったという条件から推すと、該当者は次の二人に限定できる（『柳営補任』に拠る）。

太田資芳（下総守資深総領）

文化六年（一八〇九）正月　西丸小姓。

天保三年（一八三二）西丸小姓頭取助。この年、通称乙之丞を改め、遠江守に叙爵、ついで播磨守に改める。

同　四年　八月　西丸小姓頭取。

同　八年　　　　四月　本丸小姓頭取。
弘化三年（一八四六）十二月側衆に昇任。
岡野知道（備中守知英総領）
天保五年　　　　十一月小納戸。
同　八年　　　　四月　大御所家斉付き西丸小納戸。
同　十年　　　　八月　西丸小姓。
同　十二年　　　三月　本丸小姓、この年通称録太郎を改め、日向守に叙爵、ついで大学頭
　　　　　　　　に改める。
同　十三年　　　三月　辞任、寄合となる。
同　十四年　　　十二月中奥小姓。

この二人の経歴を見ると、播磨守及び大学頭として、天保十二年以降本丸に於いて、将軍家慶の小姓（太田資芳は頭取）を勤めている。恐らくこの二人は、「屋敷改」のような表向きの職務としてではなく、将軍の奥向きの命を受けて、一橋下屋敷の検分に赴いたのであろうと推測したい。

その目的はこの報告書にもあるように、一橋小石川邸の破損状態の検分と考えられる。この時、小石川邸は御殿を始め、かなり大破していたようである。それは後掲する『日本災異志』に、天保十三年三月七日朝、牛込赤城下から出火、小石川・大塚など江戸西北部が大損害を受けたと記載してあることと結び付くと思える。一橋徳川家史料『番頭・御用人日記』にも、この火事によって小石川邸の一部も類焼したと

記載している。恐らく将軍家慶は、その損害の模様を側近の者に検分させたのであろう。

そういう推定に基づけば、この報告書の八月とは、天保十三年八月ということになる。但、岡野知道はこの火災の後、同じ三月末に小姓を退職し、無役となっている。しかし小姓をやめたといっても、父祖代々小姓・小納戸など将軍奥向きに仕えている家であり、彼自身翌年末には中奥小姓に復している。従って無役となってはいても、臨時に将軍から検分役を命ぜられたものと考えてよいであろう。

なお太田資芳も岡野知道も、一橋小石川邸の面積について予め知識を持っていなかったことが知られるが、これもこの検分が内々のものであったことを示している。

〔参考〕

『御府内備考』巻四一　小石川　三百坂

三百坂は伝通院の脇日陰町のさきなり。〔改選江戸志〕三百坂の名、俗に松平大学頭殿正保、享保頃の火消の時の定めより起るとなり。〔江戸志〕今里人の伝に、此坂は松平播磨守（大学頭の子孫なり）屋鋪より二丁程隔りたり。右屋敷の家例にて、徒の者抱入の始め、登城がけ、玄関前にて目見申付、其時麻上下着用いたさば、目見へ終にて衣服を改め、跡より追つき、供の前にかわるべきを、もしかの坂を過るまで追付及ばざれば、遅滞の過料として、銭三百文を出させ候故、かの家人とも三百坂と唱へしより、後里人も皆その名を称すと云り。

『御府内備考』巻四四　小石川　極楽水

（文政九年十一月　名主茂吉郎由緒書）
一、応永年中、浄土宗西蓮社了誉上人武州行脚の砌、招戴仕、居屋鋪内え草庵補理、逗留有之、加持被遊候て、庭に有之石より清水涌出候。右水を加持水と被成、是を極楽水と相唱申候。右草庵を一寺に取建、居屋鋪の内、表五拾三間、裏え六十一間寺地に寄附致し、願済の上、年貢免許にて除地に相成、宗慶寺と相唱申候。古来より村方年寄役相勤、其後宝永年中より名主役に相成、引続当時迄相勤罷在候。宗慶寺地所の儀は、寛文二壬寅年四月廿九日御用地に被召上、松平播磨守様え同様御拝領地に被下置、宗慶寺は同所吹上下の方え引移、当時字極楽水と相唱候処に罷在候。

『日本災異志』火災之部
天保十三年三月七日　江戸小石川大火（池魚録）
三月七日、卯ノ下刻、牛込赤城下通り寺町ノ横丁油店ノ裏町家ヨリ失火シ、南風ハゲシク、小日向・小石川ノコラス延焼シテ、大塚ニヲヨビ、コレヨリ飛火ニテ白山ヨリ巣鴨・駒込・染井マテ焼ケ行キテ、中里用屋敷ノ寺院ニヲヨビ、申ノ下刻鎮火、マタ一方ノ飛火ニテ、尾久村焼亡セリ。

（五）

（端裏書）「此度御屋敷奉行より問合有之書付」
小石川小原町御屋敷住居之者心得方、左之通奉伺候。

一、小原町御屋敷住居之面々［木戸］通用之儀、夜五半時迄之事。
右刻限過候ハヽ、木戸番之者（抹消）出入は番人小遣並之者え断、性名申聞、出入可致候事。

但、御用ニ而早出致候者も同断。
一、御目見以上以下共、御役替又は改名等之節は、御屋敷奉行え相届可申候事。
一、歩行難成病人駕籠ニ而出入為致候ハヽ、其趣ヲ木戸番（抹消）出入は番人小遣並之者え申断、通用可致候。御屋敷奉行えは木戸番（抹消）小遣並之者より相届可申事。
一、御屋敷内被り物致間敷候事。
但、御屋敷奉行并支配向もの、御菜薗え懸り候者は、其場所ニ而暑中笠等相用可申事。
一、相互ニ一通り之出会は格別、大勢相集り、深夜迄物さわかしき儀有之間敷事。
一、住居之面々、身分不相応之風俗ニ而徘徊仕間敷事。
一、火之元大切ニいたし、風烈之節は、近所申合、昼夜共別而心附可申候事。
一、喧嘩口論有之候共、猥りニ不駈集、隣家之もの斗り罷越（抹消）穏便取扱可申候事。但、品ニ寄、御屋敷奉行え相届可申事。
一、御地面拝借ケ条。
一、万一御近火之節は、御屋敷奉行差引致罷越、消防可致候。火消役・町火消等立入候程ニ候ハヽ、縦消口有之候共、早々引取、混雑無之様可致候。御目付方駈付有之候ハヽ、差図を請可申候。
「右之趣、小石川御屋敷住居之面々相心得候様可被仰渡哉、奉伺候。以上」（抹消）右之様ニ相定可然哉ニ奉存候。以上。

未九月

（六）

大久保一橋御抱邸拝借御地面ニ、是迄旧来安住仕、難有仕合奉存候。右御同所之儀ニ付、都而御入用之儀は、上之御厄介ニ不相成様取斗可申旨、去ル巳年三月中奉伺候処、伺之通相済、是迄無御差支取扱申候。然ル処、先般東京府貫属被仰付候上は、唯今迄之通拝借御地面ニ住居仕候儀は、難相成候儀ニも御座候哉と、一統深心配仕候。何卒可相成御儀御座候ハヽ、御慈悲之御沙汰ヲ以、唯今迄之通御地面ニ被差置候様仕度、左候上は、私共儀、是迄之通御同所取締方相心得可申哉、右之段、小石川御邸え御内慮之程御伺被成下候様、此段偏奉願候。以上。

元一橋大久保御抱屋敷御用向取扱下役兼

庚午　九月　東京府貫属

溝口清兵衛
元一橋大久保御抱屋敷御用向取扱
東京府貫属
山本忠次郎
貫属御用御取扱中様
（附札）
「右之通願出候間、可然御取斗可被下候。以上。
庚午九月
貫属御用取扱。」

八九、天明八年（一七八八）四月八日、民部卿（一橋治済）殿家老衆宛老中松平定信書状「御勝手向の儀ニ付」

◎L一―三六七
（包み紙）
「四月八日
御勝手向之儀ニ付、越中守殿より御渡有之候御書付、縫殿助を以入御聴之。」

（端裏書）「民部卿殿家老衆え　」

御勝手向年来御不如意之由、段々御繁栄ニ付而は、臨時御物入等も可有之事ニ候。右ニ付、先達而より格別之御沙汰を以、従　公儀厚き御手当被遣、且年々御取替米金并一万両之被遣も有之候。然処、右御手当いつ迄と申事も無之様ニ被相心得候而は、心得違之事ニ候。尤御格合之儀は格別之御事ニハ候得共、諸家ニも御高ニ准し候者も有之処、参勤交代も有之、其上城地修理、城米取調候儀、其外御手伝御用并御番所火之御番等も相勤、旧家之分ハ家中人高も多く有之候得共、相応ニ相暮し、公務万端無滞相勤候儀ニ有之候。右之処能々相弁、前々より之仕法不宜分ハ早々被相改、強而御格合ニ不拘事ハ、諸家之風義見合被取斗、何も切りニ而決着難成品ハ、可被申聞候。いつれニも只今迄之御様子ニ而ハ、甚以不御為義、毎々　公儀御苦労ニ被為成候も、御筋合如何ニ存候儀ニ候条、能々被遂勘弁、早々取調可被申事。

【解説】一橋邸宛文書と同時に、田安・清水両邸へも、文言はやや相違はあるが、同趣旨の勝手向き節減の指示が、老中松平定信名で出された。その写が一橋治済に提示された（「慶之丞殿家老衆え」「宮内卿殿家老衆え」〈L一—三六八〉)。

註・慶之丞——一橋治済五男、天明七年六月田安邸相続。寛政二年十月十五日元服、将軍家斉の偏諱を貰い、右衛門督斉匡と名乗る。従ってこの文書の当時は幼名であった。

宮内卿——清水重好。

九〇、天明八年(一七八八)八月十八日、治済病気につき、公務を刑部卿治国へ譲らんとの内願、松平定信これを受け入れず

◎L一—三七一

(上包み紙)

「天明八申年八月十八日御渡被遊御書付、同廿日松平越中守殿登城前え肥後守持参、直ニ御渡申候処、追而御請可被申上候由、

右ハ御登城筋之儀ニ付而之御書付也。

申八月廿日　　林　肥後守

山川下総守　」

（中包み紙）
「御登城筋之儀ニ付御内願之趣、越中守殿え御内談被遊候御書付
并越中守殿御請之趣書付入。」

（一）

（包み紙）「書付」（治済筆）

拙者儀、去ル巳年四月下旬より気分差塞、登城御断申候処、少々快、同六月中登城、同月廿日上野参詣之節より又差塞、夫より引続不快ニ而、翌午年八月中漸登城、其後差塞、未年二月登城、三月中より兎角不快ニ而、又々登城御断申候処、同年八月差定候登城御容救（マヽ）ニ而、快キ節斗罷出候様、小笠原若狭守を以被仰出、追日致保養、少々充快、乍去永キ乗輿相成兼候得共、同年九月中より登城、今以折々出来・不出来は有之候得共、快キ節は罷出候か、前書之通永キ乗輿等相成兼、其上事改り候節は、別而気分差滞、旁ニ付、午年よりは上野・増上寺等参詣も心外ニ不仕、本意ヲ背キ候事共、甚恐入、心痛致罷在候。
右ニ付、刑部卿儀、未年来は無甲斐候へ共、押張り相勤候間、何卒勤向之儀は同人え相譲

候而、伺御機嫌等之登城等は、是迄之通致す度心願ニ候。不苦候ハヽ、相願度、先御内々及御相談申候事。

八月

註・小笠原若狭守――側衆小笠原信喜、在任安永四年十二月～寛政三年三月、天明六年閏十月より将軍家斉御用取次。

刑部卿――治済嫡子治国、当時十三歳。

【解説】一橋治済は天明六年九月、十代将軍家治の遺命を受けた当初は、幕政刷新に大いに意気込んだが、早くも健康状態を理由に、隠居を願出て、松平定信の手をやかせた。定信を老中に推挙するのに、治済は重要な役割を演じたが、次第に両者の中に隙が生じていった事が、背後にあったと考えられる。その発端は、治済が天明七年正月に五男慶之丞を田安邸の当主に送り込んだ事にあると思える。その事情は松平定信と尾張宗睦・水戸治保との往復書簡に詳しい（『文公御筆類』一二六〇）。

治済の隠居願いはこの後しばしば伺い出された。

（二）

（端裏書）
「越中守殿御口達ニ而御請、又
御前より御挨拶之趣書留
林　肥後守　」

申八月廿二日、肥後守御用有之、御城罷出居候処、越中守殿被成御逢被仰聞候ハ、民部卿様御願之趣、伊豆守殿・弾正大弼殿并若狭守殿、何レも評義有之候処、御願之趣御尤ニハ被奉存候得共、外々ニ候得ハ御動盛りと申候御年来ニ被為入候御儀候得ハ、右御願之趣、上え達御聴候ハヽ、定而御案事可被遊と奉存、御願之趣不被入　御聴候由。依之、右御願御止メニ相成候様ニ可申上旨。且、御登城等之御振合も、当時之御振合ニ而、御勝手次第ニ不時ニ折々御登城被遊候而可然旨、将又上野・増上寺え御参詣之儀ハ、御名代ニ而、是以当時之御振合ニ而可然旨、御不快ニ被為入候節ハ、御名代被差立候得ハ、御不敬之儀も有御座間鋪旨、此等之趣宜申上候様ニ、越中守殿被仰聞事。

右之趣、御屋形ニ而御直ニ申上候之処、委細ニ御承知被遊、明日右御挨拶、越中守殿え申上候様ニ被仰含趣、

委細ニ被仰聞候趣、御承知被遊候。左候ハヽ、先此度ハ御願御止メニ可被遊、暫御保養

も被遊、追而御様子次第ニ而、亦々御願も可被遊旨、御挨拶。

左(マヽ)之趣、廿三日於御城、越中守殿え御直申達候。

一、右御挨拶、越中守殿え申達候段、縫殿助を以申上ル。

申八月廿三日

註. 伊豆守――松平信明、天明八年四月より老中。
弾正大弼――本多忠籌、天明八年五月より側用人。
縫殿助――一橋邸用人久田長考。

九一、寛政四年（一七九二）正月十九日、一橋家老宛治済筆「刑部卿え家事相譲、隠居保養致度儀」

◎L一―四二四

(包み紙)

「寛政四子年正月十九日、於御休息両人え御直御渡　御筆

飯田能登守
伊藤河内守　」

（端裏書）「一　　　　　家老共え　」

一、先達も相咄候通、此方近年は別而病身ニ相成、刑部卿儀も比立候ニ付、隠居相願、心楽ニ保養致度段、白川えも申談候処、願之趣は御差留メ被仰出、心楽ニ保養候様、品々厚キ被仰出も有之候ニ付而ハ、内々之所は刑部卿え家事相譲可申含ニ而、孰もえ度々申談候得共、段々申出候儀も無拠主意ニ付、別紙之通りニ取極メ候。併前書被仰出之御趣意之所は、孰も相心得、御沙汰等之節、齟齬不致候様ニ可仕候。追年此方も年も積ミ、刑部卿儀も万端手ニ入可申ニ付、孰近年ニは兼而存知之通りニ取計候積、心得可罷在候事。

正月

註・刑部卿儀も比立候ニ付――治済嫡子刑部卿治国、この年十七歳。
白川――老中松平定信。

（端裏書）「二　　　　　家老共え　」

一、飯田町屋鋪え逗留中、都而之儀、軽き品は刑部卿え伺、取計可申ニ付而は、別而入念取調之上、取計可申事。
一、未若年之儀ニも候間、生立之儀及心之候丈ケ精入、側掛等申合候而、可取扱事。
一、刑部卿諸勤向無懈怠様心附ケ、且心得違等、其外何ニ而も不宜儀は、無遠慮可申上事。
一、諸役人初末々迄進退之儀、調方等仕法不崩様、規定掛申談、依怙贔屓無之様取調、飯田町え致持参、何刑部卿えも可入聴筋ハ入聴取計可申事。
但、女中向も右ニ准し可申候。
一、諸向役明キ并入人等之節々、用人え申渡、書上ケ次第取調、伺可申案、

何役か
何役」誰組か
何之誰
高何程」元高何程
何年何月より当役何年
何人とも如此認。

右之趣ニ書上之分、一二附致、差出可申候。其上ニ存寄有之か、又ハ不審有之候ハヽ、

相尋可申候間、兼而心得置可申候。

但、取調方用人ト取計方とも、天明四年定之通。

一、抱席之分、定式之年数ニ而、頭支配より届出ニ而相済候分は、一ケ月限ニ取集メ、飯田町え規定掛り之者致持参、為見可申候。年数未満之者は、評議も有之歟、又ハ定メニ相当之分ハ、夫々抱場所相認メ、差出可申候。末々ニ而人数不足之節、過人之分新規抱ニ可成節、惣領之内ニ相応之者無之時は、厄介之者出シ可申候。其節は雇之名目ニ而、縦抱ニ申渡、跡抱は不相成、明キ候時は、何ケ度も右之振合ニ余人之厄介より出シ可申候。

一、領知・勝手方共ニ入念、末々迄私曲無之様心附ケ可取計事。

右之条々相守取計可申事。

正月

註．飯田町へ逗留――治済一橋邸手狭を理由に、城内二の丸・三の丸辺りへ屋敷拝領を願うも、老中松平定信これを不適当とし、尾張宗睦・水戸治保も定信に同意して、治済の希望は実現せず（「文公御筆類一三一一・七九一・七九二」）、田安門外飯田町に屋敷を拝領（寛政三年二月）、寛政四年正月より飯田町邸に逗留、同年七月二十一日類焼にあい、一橋邸に戻る。同年九月、一橋邸隣接の神田橋邸を拝領する。

（端裏書）「三　　家老共ぇ　」

飯田町ぇ逗留ニ付而は、調所之儀も隔り居り候間、諸向ぇ掛合等不弁利ニ候故、改而議定掛り右筆ぇ申渡為調、題帳并例書等調出来之分は、追而飯田町ニ而場所取、補理之上、是迄掛り合之奥向ぇ清書可申付心得ニ而候。且議定掛り之右筆所手狭ニ付、小姓部屋明キぇ、是迄新部屋ぇ相詰候日勤之番頭・用人相詰、同所次之間歟二階之間ぇ、右筆差置候ハヽ、可然候。

但、議定掛右筆、別段誓詞可申付候。

一、大八郎儀も、用談之節は立入可申候。

一、掛り無之者は不可入、対談事之節は、新部屋新溜之内ニ而相弁シ可申候。

一、縫殿助・源兵衛・藤九郎三人は三番ニ飯田町ぇ昼詰可致候。且、藤九郎は明ケ之日詰番ニ繰合セ可申候。小兵衛儀は日々一橋ぇ罷出、廉立候伺筋之節は飯田町ぇ可罷出候。

右之趣相心得、可申達筋ぇは相達可申候。

正月

附札

（四、家老存寄書）

此御ヶ条之趣奉畏候得共、都而御役替等之儀は、御当職様え相伺候上ニ而取斗被仰付、一段罷成候而、刑部卿様え伺済之趣入　御聴候而取斗申度儀ニ御座候。左候得者、飯田町ニも御調所被遊御取鋪理、唯今迄之御用所之内、御政務之御一件は勿論、御役替之御一件も飯田町え其向より書上候ハヽ、不差急儀は一口も二口も溜メ候而申上候様ニ仕候而は如何可有御座哉之事。

無左而は、御内々は　刑部卿様え御譲りと申事、自然と表向えも相知候而は、御屋形御役人之気請も都合仕間敷哉と、乍恐奉存候ニ付、何卒右之通、此御ヶ条之趣ハ唯今迄之通御居置被遊候様仕度奉存候。

正月

能登守

河内守

（治済筆附札）

「書面之趣、無余儀主意ニ被存候。委細別紙ニ相達候。」

◎L一―四四八

（包み紙）

「寛政五丑年九月廿四日、遠江守殿より御下被成候御筆并遠江守殿書取も壱所ニ封置申候。」

（一、治済筆）

（包み紙）　「書付」

此方事、近来痛身ニ成候ニ付而は、隠居願度内存之趣、越中守方まて申入候処、達　上聞、寛政二戌年十一月廿日厚キ御沙汰之趣被仰出、夫より心楽ニ致保養候得共、当春已来持病之塞ニ而、登城不致候。是以前書之御沙汰之上は、無貪着可罷有候処、余り久々ニ成候へは、不相済心持第一ニ相成、何卒少も快候ハヽ、登城可致と心掛り候程、猶々開兼候而、自分ニ而も詮方尽候事ニ存候。然ル上は、何卒兼々願之通隠居被仰出候様ニ致度候。左候へは、持痛気之節は、半年ニ而も乃至一年ニ而も登城不致、年始・五節句・御祝儀事等之節も御断も不申立、快節は度々罷出候事、誠ニ勝手次第と申事ニ而、致安堵候ハヽ、却而塞候事も軽ク可成と存候。尤願之通隠居被仰出候ハヽ、当時民部卿え之御手当、其侭御振替被下、外ニは少シニ而も振合違不申様ニ相願ひ、若隠居ニ付候而格別之御沙汰等有之候而は、此方内存とは

行違、却而甚迷惑之事ニ候間、此段心得候而能々可申述候事。

註・寛政二戌年十一月廿日厚き御沙汰――「御登城筋并御隠居之儀御無用ニ被遊候様被仰出候趣ニ付」という老中松平定信から一橋家老宛書状をさす（『一橋徳川家文書』L一―四〇三）。但、『一橋徳川家文書目録』に寛政二年十二月二十日付と記す。

民部卿――治済六男斉敦、寛政五年四月八日、兄治国死去により、同年六月六日治済の嫡子となり、この日元服、民部卿斉敦と称す。この時十四歳。

（二、加納久周書取）

先ツ是迄之通り被遊御心得候様ニと、御年寄とも一統評議仕候事。

猶、遠江罷出候節、委細可申上候。

註・遠江――御側御用取次加納遠江守久周、在任天明七年六月～寛政九年閏七月。

九二、寛政七年（一七九五）七月十一日、清水邸廃絶ニ付、老中松平信明・戸田氏教宛一橋治済

書状扣

◎L一―四五五

（上包み紙）

「寛政七卯年七月十一日御登城之節、松平伊豆守殿・戸田釆女正殿え被仰含候御書取扣

御隠密物

俊徳院様御逝去後、清水御跡之義ニ而御座候。」

（一）

今般、清水殿逝去ニ付被仰出筋之儀ニ付、遠江守を以、御同列中え御歎キ申候儀は、何分御評義之上、達　上聞、是非今般被仰出之通と被決候御儀ニ候ハ、、又存寄候趣も御座候間、可申上候。

全躰、先年田安之例有之候へは、一流其節之通りと見込、安心仕候処え、不奉存寄御儀被仰出、清水之者一同嘸当惑仕候儀と存候。先御代之御取極メ之内、少々は品替り候とも、一躰之処は御居置候へは可宜御儀ニ奉存候へ共、此度被仰出候趣ニては不穏御取扱、世上人気ニも拘り、何とか手前勝手而已申出候様ニ御気請可有之候へ共、左様之筋斗ニも無之、何無構

筋迄も驚入、如何成儀哉と申し、宜被仰出とは不申唱由ニ及承申候。先風聞等御尋被成候ハヽ、可然候。仮令百人之内、善悪半分ツヽニ候へは、宜被存候。万一悪敷と申者多キ時は、此方共申候よりハ御大切之御儀と奉存候。何分昨日申候通り、親王方無主之振合御引当ニて御取扱有之候へは、退転之趣ニ無之、可然と存候。領知被召返、追而　公辺御二男様御誕生ニて御立被遊候へは、全ク親規(マヽ)ニ罷成、是迄之清水殿元祖とは難申、一ト度は断絶之振合ニて、何共歎ヶ敷儀ニ奉存候。併矢張元祖之御評議ニ候ハヽ、縦領知は一旦公儀御代官支配ニ相成候而も、無主之内、公辺ニ而御支配之姿ニて有之候へハ、可然奉存候得共、被召返と申候文言有之候而は、孰も改役(マヽ)之姿ニ御座候。尤重キ御政事筋之儀被仰出之趣ヲ違背致候ニ相当り、何共恐入候御儀ニ御座候へ共、筋合之処難捨置、御歎キ申上候儀ニ御座候。

清水家老共初、此度之被仰出、御無理成ル御儀と奉存候而も、表向之処は奉畏候様子ニ候へ共、定メ而内々は一同帰服仕間敷儀と被存候。御簾中抔は女儀之事、別而之儀と被存候。此方より申立候儀も小事之分は御評儀ニは不相成と申儀、又押返し申度儀ニ而も、先差扣罷在候得共、此度之事ハ永々之形ニも相成候儀故、誠ニ身ヲ捨、相願候儀ニ御座候。被仰出之御儀ヲ推テ相願、不埒之筋ニ候ハヽ、如何様とも蒙御咎メヲ候覚悟ニ御座候間、此段も兼而御心得可被下候。失敬之儀共相認、恐入候。已上。

七月十一日

註・俊徳院——清水重好、寛政七年七月八日没。
松平伊豆守——老中松平信明、在任天明八年四月～享和三年十二月。
戸田采女正——老中戸田氏教、在任寛政二年十月～文化三年四月。

（二）

亀之助儀、筑前守仮養子ニ相成居申候処、此間中申候通、相断、弐百里内之在所之諸候(マヽ)え差遣度存念ニ御座候。然ル処、折悪敷清水殿逝去ニ付、夫故相断候様ニ御察有之候而は、何共迷惑至極之儀ニ御座候。毛頭左様之訳ニ而は無之候。昨日も遠江守え申談候儀、何分厚御評議之上、達　上聞候様致度候。仮令亀之助儀　上より清水え之御沙汰有之候而も、何ケ度も御断可申上心底ニ御座候。万一各方其所御疑も候ハヽ、誓詞ニても差出可申心得ニ御座候間、何卒清水之儀、領知之所は被仰出も相済、無是非儀ニ候間、上下屋敷并御附人・抱入之者共ニ、清水附之名目相立て、其侭ニ被居置候様仕度儀ニ御座候。何か不案内之事ニて候へ共、唐ニ而は皆一代切之趣ニ承候へ共、是は一統之儀、日本え其御引当ニ而

は是而已之儀、其外大小共、家督相続等被仰付候へハ、何共無御情御取扱と奉存候。何分御勘弁之程御頼申候。

七月十一日

註・亀之助――一橋治済七男、寛政八年二月二十九日、美濃高須領主松平弾正大弼勝当の養子となり、松平義居と名乗る。

筑前守――黒田斉隆、治済三男。天明二年筑前福岡城主黒田治高の養子となる。寛政七年八月二十四日没。

【解説】御三卿の相続については、当主が嫡男のないまま死没した時には、養子を認めず、無主空邸とする措置は、すでに安永三年(一七七四)九月、田安治察が無嗣のまま死去した後、八代将軍吉宗の議定という理由で施行されている(その経緯については、前掲追補2〈二一号文書の後〉参照)。しかし十三年後、天明七年(一七八七)六月十三日、治済五男慶之丞に田安邸相続が認められた。これは松平定信が老中に任ぜられる六日前のことであったが、定信は全く事情を知らなかったようである。この件について、定信は尾張宗睦・水戸治保と相談を繰返して、今後の御三卿相続の規定を次の様に定めた(『文公御筆類』一二六〇)。

天明八年戊申正月八日、松平越中守宅え、竹腰山城守罷出候処、相渡シ候

封物書付之写

御三卿御議定、如此記し置可申哉、御相談申上候。

御三卿方之義ハ、御相続と申義無之御議定ニ而候ニ付、民部卿殿・大蔵卿殿御領地御拝領之節も、御相続とハ不被仰出候義ニ候。大蔵卿殿御逝去後、十四年之間御明キ御殿ニ而田安領と被成置候義ハ、逐而御二男様御出生被為成候節、右御領地・御殿可被進義之御含ニ付、已ニ大蔵卿殿御逝去之砌、松平右京大夫為上使、逐而思召可被成御坐旨被申述候ハ、右之御含ニて候事。

然ル処、宝蓮院殿御存在之節より、御相続之義厚く御心願有之、御末期ニも御遺願候事、是又無余義御義ニ有之候。乍併、有徳院様御議定被為改候御義ハ不被為成義ニ付、御遺願をも御黙止可被成処、当時公方様御年も不被為積御事故、御舎弟様え田安領被為進候ハヽ、格別御盤石之御基、別而恐悦之義ニ付、天下之御為を被為思召候御趣意ニて、慶之丞殿田安領被為進候。全く宝蓮院殿御遺願ニ被為寄候事ニハ無之候ニ付、已後格例ニハ不相成候事。

但シ、御相続とハ不被仰出義ニ可有之処、御相続と被仰出候ハヽ、此処ニ宝蓮院殿御遺願之御趣意を被為籠候御旨ニも可有之事。

一躰之処、宝蓮院殿御遺願ニ而御成就被成候御訳ニは無之趣ハ、已ニ大蔵卿殿御逝去之砌より、御相続之処甚御心願被成候へとも、十四年之間田安領ニて被差置候事ニ候。

田安之義ハ、大蔵卿殿御舎弟も有之候処、皆々他所え養子ニ被遣候義ニて、全く御男子無之と申ニも無之事故、是亦此度御相続有之候御評義之一ツにも可有之哉。

右躰之御趣意ニ付、公方様御二男様方之外ハ、右御明キ領地被為進候事ハ不相成事。万一、已来御三卿方より御養子等有之、その上御二男様方幾御方も被為成候節、十万石之御分知可被為進も、無涯御事ニ付、御三卿方ハ御実子有之候ても、御相続は不相成、深き御旨有之候御議定ニ候事。

昨日ハ縷々愚意之趣奉申上候処、御承知被下置、忝奉存候。

一、御三卿御議定之義ニ付、ケ様ニも認置候ハヽ、此度田安御相続ハ類例ニも相成かたく候て可然哉と心付き候間、極御内々にて奉入御覧候。（此義は一橋えハ一向ニ未タ申上置不申候。）

この議定については、定信書状の末尾にあるように、一橋治済へは全く知らせなかったものと思われ、治済はそういう事情を関知せぬまま、寛政七年の清水邸への措置に対する強い不満を述べているのであろう。天明八年正月頃、すでに定信と治済の間に隙が生じて来たことを窺わせる。

九三、寛政九年（一七九七）十月、越前守家格貞享三年以前之振合について、治済書抜き

◎L一―四六七

（包み紙）

「丁巳冬、常磐橋より出候帳面并御添被遊、伊豆守殿御直ニ御渡被遊候御筆、翌午年二月

四日伊豆守書取弐通、美濃守殿より被相渡候節、被戻候。則写を以帳面・書抜共ニ狛帯刀え。」

越前守家格、貞享三以前之振合相尋置候内より書抜。

一、宰相昇進之事。

一、御城内外御門々々惣下座之事。

一、御鷹之鶴拝領之事。

右之三ヶ条相叶候へは、貞享三已前ニ凡相復し、誠ニ難有儀ニ御座候。

貞享三、綱昌乱心之段申上候砌、嫡子無之、別帋之通被仰付候は、誠ニ無拠儀ニ而、対　公辺え不調法筋ニ無之、国政等不行届品ニも無之、病躰之趣而已ニ而半知ニ罷成、隠居、兵部大輔再勤被仰付、家格も引下り居申候。然ル処、延享之度、刑部卿嫡子より養子被仰出、初而御目見之節より御黒書院ニ而御礼、其外、挟箱長革相止、大廊下部屋え罷出候儀、追々結構ニ罷成候段は、難有儀ニ御座候。乍去、拙者は嫡子之身分より養子ニ相続等被仰出候儀ニ候へは、何卒貞享三已前え相復シ候へは、規模も相立候儀ニ御座候。万一代々之処御差支ニ候ハヽ、当　越前守元之身柄ヲ以、其身一代切ニ被仰付而も難有儀ニ御座候。此段厚ク御評議被下候様御頼申候。

右之外は、猶口演之趣、御聞可被下候。以上。

十月

註・挟箱長革相止――大名は家格によって行列に金紋先箱（挟箱）を許されたが、三家以外は金紋を長い革の油単で覆うのが通例であった。越前松平家も初代秀康・二代忠直は三家同様、覆いのない金紋先箱であったが、元和九年忠直が廃せられて、弟の忠昌が秀康の遺跡相続という形で越前家を継いでからは、長革の油単で金紋を覆うようになっていた。しかし一橋宗尹の嫡子重昌が越前家の養子となったことによって、金紋先箱は三家並に覆いをつけぬことを認められたのであろう（『落穂集』）。

【解説】一橋邸の嫡男から幕命によって越前松平家の養子となった松平重富は、従四位上左少将の官位を不満とし、かねてから昇進の斡旋を弟一橋治済に求めていた。しかしこれは公儀から強く拒否されていたが（前掲五七号〈L一―一九四〉・五八号〈一九五〉・五九号〈二二八〉・六〇号〈二二九〉・六一号〈二三六〉参照）、ようやく天明七年末に至って少将より中将に昇進した。更に寛政九年（一七九七）十月、越前家が貞享三年（一六八六）、六代目綱昌が乱心を理由に蟄居を命ぜられ、その養父吉品が再襲封した際、減封と共に家格も下げられていたが、それを貞享三年以前の家格に復してほしいと願い出たものである。結局翌十年二月、重富は正四位下に昇進したが、昔の家格へ復す事については、承認されなかった（後掲L一―四七三参照）。

◎L一―四七三

（上包み紙）

「明日御礼御使并伊豆守殿え御口上之事

中将成之節、別段御礼、奥より御上ケ物等之儀相調候而可申事。

是ハ伝左右衛門・藤九郎」（治済筆）

（中包み紙）

「伊豆守殿書取弐通、二月五日源兵衛ヲ以差上、右写弐通」

（一）

寛永三年八月十九日　御上洛之時昇進之面々之内、

従四位下侍従より正四位下宰相ニ転候は、池田忠雄・越前忠昌、

従五位下より従四位上宰相ニ転候ハ蒲生忠郷にて、宰相之昇進以上三人と相見候。

右之面々三家にて、其後中将ニ転候も無御座、都而右之節、中将より以上昇進之人々、松平陸奥守・松平薩摩守三位中納言ニ至り、森美作守・佐竹右京太夫中将ニ成候得共、其後右之通ニ昇進之儀ハ不相見候。右之節、高官之向、惣而寛永之例、其家之格ニハ御取用無之候事。

貞享以前、御門下座之事、諸向心得規定等、或ハ書留之類之内ニも、一向ニ沙汰も不相見趣ニ候事。

（二）

一、御手伝・火之番等、惣而並之通之勤向、是迄御沙汰無之事。

一、年始御相伴之儀、嘉定にも出仕ニ不及、御礼席等之儀、御祝儀事、御料理被下、御能見物之席、御部屋休息之事、御法事等之時、加賀守同様之振合ニ上物等有之、万端並とハ違、金紋箱等之儀迄、格別之儀ニ候事。

一、初官位、従四位上と被仰出候事。

（三、治済筆）

別紙弐通、伊豆守殿御自筆ニ而、美濃守殿ヲ以被差出候。依之、其御許様えも入御覧候様被仰出候。各方ニも得と拝見被致候而、此方え御返可被成候事。

註．伊豆守――老中松平信明。
美濃守――御側御用取次平岡頼長。
中将成――越前松平重富、天明七年十二月十八日、左少将より左近衛権中将に昇進。

【解説】この前年十月、越前家格を貞享三年以前に復されたき旨、松平重富の要望があり（前出Ｌ一―四六七参照）、閣老からそれは承認不可の旨、治済に説明した文書である。但、位階は従四位上から正四位下へ昇進しているのは、恐らく治済の強い要望もそこに働いていたのであろう（なおＬ一―四六八・四七二に関係文書が載っている）。

九四、天明二年（一七八二）、治済筆「年中行事改正可有之分」

◎Ｌ一―五三三

（上包み紙）

「年中行事可調旨御書取御筆」

（中包み紙）

「年中行事改正可有之分　御筆」

一、御上ケ物并被進・被遣・被下之部、相違可有之事。

一、上野・増上寺其外寺院御参詣、御名代可糺事。

正月朔日

一、御小性・御先番役、布衣已下人数之事。

一、御用人見習着服之事。

一、常盤橋取替可糺事。

一、有馬兵部大輔入来席之事。

元堀川

一、年始、所司代・大坂御城代書状之事。

一、同、一条殿家司用人書状之事。

一、松梅院之事。

△正月廿六日

一、西丸より　上野御成之事。
一、西丸御登城、御先立之事。
一、同　謁席之事。
壬正月之節
一、同朔日　御鏡之事。
一、御馬御召初之節被下之事。
一、於義丸殿家老目付役毎月出事。
一、御子様方年始御本丸御広敷被為入候一件之事。
但、御下乗差別之事。
△
一、御子様方御登城被仰出之節、御礼之。
一、同断相済、御登城之御序ニ御礼之事、且亦始而之御方有之節、尋之事。
一、紅葉山御宮御参詣之部之内、御土器御渡之事。
一、都而御装束、御直垂之節、勅額御門より御先立之事。
一、紅葉山御宮御括り之事。
一、同　雨天、御傘之事。

一、同　御橋より御先立之事。
一、同　御先番御小性役、布衣并人数之事。
一、上野・増上寺　同断之事。
一、同　二月え入、御参詣之節、御先番御用人着服之事。
二月朔日
一、御名代帰り相済、御案内之事。
同、一、再御左右之事。
同、一、御鏡御頂戴之節、申上之事。
但、御礼之義、当人始而之節、可然事。
同十五日
一、御本丸御登城之事。
一、西丸御盃事前寄り帰之事。
一、御料理之節、年寄共出并□之事。
一、至心院様御別当　福聚院
一、天英院様御取扱之事。　薨去歟。

三月
一、公家衆御能済、御礼謁席之事。
一、同　御家老御料理席之事。
一、摂家方使者之節、取扱評義之事。
一、同　被下物持出之事。
○八月
一、八朔御名代之次第可記事。
一、同断　御家老殿中御礼席之事。
同十一日
一、御膳上ケ之節、御家老吸物・御酒頂戴席之事。
同十五日
一、築地下屋敷、樹木・草之事。
同十六日
一、御誕生日被下、表向役名之事。
九月

一、猿楽配当米納方之事。
秋之内
一、御読聞セ之事。
同月十七日
一、紅葉山御太刀・御刀居所差別之事。
一、御先番小性役布衣之事。
一、御橋より御先立。
五月六日
一、涼池院様御名代之事。
十一月十二日」十三日歟。
十五日
一、山王祭礼年、御登城御差留、御礼使無之事。
六月十六日
一、七色御菓子御替（カ）立之事。
同　十七日

一、随性院様御名代之事。
土用入
一、小豆三方ゑ載、御茶碗ニ水入、御茶屋ゑ上ル事、其外宜（カ）。
同一、御上ケ物、同銀（カ）事、但老女向。
同一、清水へ御使物之事。
十月
一、玄猪被下之餅、薄盤之事。
同一、御屋形火之元之事。
一、寒入、田安・清水御取替之事。
一、寒中、老中・若年寄入来事。
一、節分御次第之事。
一、初鴬（カ）之節、御上ケ之事。
一、同御機嫌伺之事。
一、暑雪地震風雨之節之事。

【解説】この文書には年月の記載がないが、年代を考証すべき手掛かりとしては、先ず正月朔日の条に「有馬兵部大輔入来席之事　元堀川」という記事が挙げられる。これに該当するのは有馬広之である。この有馬家は公家の久我家（村上源氏）の分かれで、広之の父広益は内大臣久我通誠の弟であるが、宝永七年（一七一〇）十二月幕府の高家に召出され、五百石を受けた。この時、久我家の分家である堀川家を称した。広之の時、安永七年（一七七八）四月、久留米藩主有馬家と同祖であるという理由で、堀川を改めて有馬を称することになった。従って右の記載がある事で、この文書が安永七年以降のものであることが知られる（『寛政重修諸家譜』巻一三二〇）。

次の手掛かりは、閏正月の条にある「於義丸殿家老目付役毎月出事」という記載である。於義丸は越前松平の嫡子の幼名であるが、安永七年以降で一橋と関係深い於義丸としては、松平治好（明和五年〈一七六八〉生れ）が挙げられる。治好は一橋邸から越前松平へ養子となった松平重富、つまり一橋治済の兄の嫡子である。しかし治好は天明三年（一七八三）九月に元服しているので、於義丸と称していたのはこの時迄である。

従ってこの文書の年代は安永七年から天明三年の間に限定出来る。私はこれを天明二年暮のものと認定する。即ち、天明二年四月三日、将軍家斉元服の儀が挙げられ、この時有馬広之は家斉従二位権大納言叙任の宣旨を勅使から受け取る役目を果たした。その関係で彼は翌年正月朔日に一橋邸へ挨拶に赴いたものと考える。なおこの頃越前家当主松平重富は健在であるから、「於義丸殿家老」というのはややおかしいが、天明二年夏から翌三年春にかけては、重富は在国中なので、江戸の留守家老を意味するのであろう。一橋よかろう。

治済はこの頃から一橋邸の制度の整備など改革に努めている。この年中行事の調べもその一環と見做して

『一橋徳川家文書目録』はこの文書を享和二年（一八〇二）としているが、それは治済九男本之丞が、この年三月越前松平治好の養子たるべしとの幕命を受けていることに拠ったものかと思われる。しかし本之丞は改名することなく、翌三年六月二十日一橋邸で没している。

註・至心院様御別当　福聚院――至心院は十代家治生母、梅渓氏、宝暦元年二月二十六日没。
天英院様――六代将軍家宣御台所、近衛氏、寛保元年二月二十八日没。
涼池院様御名代之事――八代将軍吉宗子、源三、享保四年五月六日没。
随性院様御名代之事――鷹司兼煕女、五代将軍綱吉養女、水戸吉孚夫人、延享三年六月十七日没、

九五、文化五年（一八〇八）十一月十三日、「異国船長崎表え渡来之儀ニ付」一橋治済書付

◎L一―五六七

（上包み紙）

「文化五戊辰年十一月十三日、岩本市太郎を以御下ケ、仕廻置候様被仰付

御書并御書付入
岡野淡路守
仙石次兵衛　」

（中包み紙）「　書付
淡路守
次兵衛　え　」

此書面、用部屋え封し、仕舞置候方被存候。

（中包み紙）「　書付　弐通　」

文化五年辰八月十五日、長崎表えヱケレス船渡来之処、湊内え端船弐艘漕寄乗入候節、当番松平肥前守家来差留メ不申、番手之人数少ナク、彼是ニ而、同年十月十日肥前守逼塞被仰付候。無益之様ニ候へ共、別帋斗ニては難分リ、依之認添置候。

（端裏書）
「文化五年十一月十三日、備前守へ対面之節、書取ヲ以相達ス　下書」

近年異国船長崎表え度々渡来之由、来巳年は黒田家当番ニ付而は、万端別而厳重ニ被申付、諸事手抜ケ無之様、家臣之輩え篤被申付候儀専一ニ候。此段申演候事。

註・備前守――黒田斉清、治済三男斉隆（黒田家養子）嫡子。即ち治済の孫。この年八月、イギリス船フェートン号長崎に入港、薪水を強要する事件あり、その時長崎港警備の当番であつた佐賀藩主鍋島斉直が、その責任を咎められ、逼塞を命ぜられた。来年は福岡藩の当番なので、諸事手抜かりのない様、孫へ江戸城中で訓諭したものである。

松平肥前守――佐賀藩主鍋島斉直。

岡野淡路守――一橋家老岡野和隣、在職文化三年正月～同八年五月。

仙石次兵衛――一橋家老仙石久散、在職文化五年二月～文政元年十一月。

一橋家老は通例従五位下の位と、それに相当する律令の官職に叙せられるのであるが、久散はこの文書の当時、公儀目付から昇進して程なかったので、次兵衛の通称のままであった。十二月に従五位下丹波守に叙任されている。なお『柳営補任』には「治兵衛」と記すが、『文恭院実紀』にも「次兵衛」と記してある。

九六、文化六年（一八〇九）乃至文政四年（一八二一）、公儀御金拝借による貸付金について

◎L一―五七二

（包み紙）

「午二月七日相下り候。

御書付　弐通

火中（朱書）」

民部卿殿勝手向之儀、一躰領知向、追々荒地・川欠等ニ而、最初よりハ収納方相減候処、繁栄ニ随イ、吉凶等之入用相嵩、随分省略仕候而も相増、且又覚了院殿延享三寅年領知被致拝領、翌年正月朔日一橋屋形より出火仕、諸道具等迄悉焼失仕、無拠品斗追々被申付、其砌下屋敷へ当分被住居候処、至テ手狭ニ付、住成ニは御座候へ共、住居向新規ニ取補理、引続一橋屋形普請被申付、尤従　公儀御手当は御座候へ共、過分之足金迄相仕候而、漸く出来仕候事故、段々跡引之勝手向ニ罷成候而、年々其年之収納時節迄ニは手明キニ罷成候故、用金等立入候町人共へ申付、相凌キ候へ共、利分御座候故、年々ニ而手之明キ候儀も早ク罷成候而、

必至と差支、甚難渋致候故、拝借等被相願、右相済、漸々ニ返済有之候へ共、又々右同様ニ成行、度々拝借等被致、取続出来仕、其後御手当金も拝領有之、且又御取替米金等有之、是ハ其年之収納ヲ以上納之儀ニ而相済申候。当時ハ一橋館へ御手当も御座候故、種々勘弁仕候而、民部卿殿収納より収納迄之間、手之明キ候処へ、一橋館へ御手当之内より繰合セ、翌春迄ニは返済有之候而、漸く間ヲ合セ候儀ニ御坐候。尤利分無御座候故、繰合ニ罷成候而も跡々差支無御座候へ共、後年ニ至り候而ハ、必至と差支可申儀は歴然之儀ニ付、御両卿共ニ甚心痛被致、何そ手段も可有之哉と、毎次被申候へ共、折り合候者共一同評儀仕候へ共、外ニ手段も無御座、関東筋領知之内、不宜場所等と相応之場所と御引替ニも相成候ハヽ、又手段も少シは可有御座哉ニ御座候へ共、是又不容易儀ニ御座候間、難被申上、公儀御定用之外御金又は何レへ成共御用金三万両程被仰付、民部卿殿へ拝借被仰付、従　公儀年一割之利足ヲ取、御貸附ニ罷成、右利金ヲ以、元金丈ケ御引取ニ而上納、皆済之上ハ、元金御居置キニ而、年々之利金一橋へ相廻り候へは、少シハ勝手向不足ヲ補イ候様ニも罷成申候間、此儀相成候ハヽ、被相願候而も可然候哉。尤元金余慶ニ候へは、別而都合ニは可然と奉存候。此段御内々相伺候様被申付候。依之申上候。以上。

月

是ハ備前守へ差出候積り之下書、認直し、家老共へ為見可申候。

註．備前守——老中牧野忠精（在任享和元年七月～文化十三年十月、文化三年四月より勝手掛）。

尚、後掲六三九・六九八・六九九号及びL四―三〇号文書はこれと関連する。それらの文書と、牧野忠精の老中在任期間とを併せ考えると、午二月七日は文化七年（一八一〇）二月七日である。

◎L—六三九

絵図面仕様帳及一覧ニ候処、余程之目論見ニ而、凡三千金ニも可及申哉。一躰当年之儀は、旧臘御小納戸頭取・御勘定奉行取斗之御貸附金之利金、初而不残請取候而、領知収納米金等打込取斗候初年之事ニ候へは、無拠儀は格別、当時之侭ニ而差置候而も、両三年は可成ニ保チ可申事と存候間、張附并天井等、唐紙張替候ハヽ、至而手軽ニ而可相済哉と存候。夫共難捨置候ハヽ、△有形之侭ニ而、座之間・大溜・小溜・膳建・新溜・張番所・薬部屋土台朽候分取替、柱朽之分根継、敷盤等致し、塗框之分塗直し、張附天井共ニ唐紙張替、柱取替ハ無之積。

一、元敷舞台、台子抔其侭ニ而可宜候。湯殿も近年手入有之、客用場も一昨年土台替り候様ニ覚申候。

前書之△印之方、并絵図面仕様帳通り、二タ通りニ、先ツ凡之処、棟梁積り申付候上ニ而、猶又評議可有之候。以上。

【解説】この文書は一橋治済が、用人野田吉五郎に対し、一橋邸改築を細々と指図した一連の文書であるが、「当年之儀は、旧臘御小納戸頭取・御勘定奉行取斗之御貸附金之利金、初而不残請取候而、領知収納米金等打込取斗候初年之事ニ候へは」という文言から推して、文政四年と認められる（後掲L一―六九九文書解説参照）。

◎L一―六九八

（端裏書）

「上　　外山源吾左衛門　」

（治済筆袖書）

「一覧、少々加筆誌置候。猶明日ニも考之書面下ケ可申候。」

別紙書面、先日奉伺候御趣意ニ而相認候へ共、三万両之利金三千両之内、失脚入用壱分通り引候へは二千九百七拾両ニ御座候間、右利金ニ而、年々御用金差出候者へ御返シニ相成候得は、凡拾壱年程ニ而相済候ニ付、拾二年目より御屋形へ、右利足相廻り候様ニ相成候ニ付、別紙之仕方ニ而御拝借相済候而も、年数早く御屋形へ利金之相廻り候様成ル仕方ニハ相成兼候ニ付、淡路守・嘉太夫へも、別紙之書面未見セ不申、猶又奉伺候。併、別紙之通相済候へハ、一昨年御預ニ相成候壱万五千両之利足、寅年より四千九百両余も御屋形へ相廻り候上、別紙三万両之利金、当年より拾二ケ（年脱カ）目二千九百両余ツ、、御屋形へ相廻り候ニ付、都合ニ而ハ八千両近くも、年々御屋形へ相廻り候事ニ相成候間、何卒成就仕候用仕度奉存候。

註・「一昨年御預ニ相成候壱万五千両之利足」が四千九百両というのは、あまりにも高利である。その前文にある三万両の利金三千両、失費を差引いて二千九百両という利率を適用すれば、四千九百両の利金を得る元金は五万五千両となる。「壱万」は「五万」の誤記ではあるまいか。

「一昨年御預ニ相成候壱万五千両之利足、寅年より四千九百両余も御屋形へ相廻り候上、別紙三万両之利金、当年より拾二ケ目（年脱カ）二千九百両余ツ、御屋形へ相廻り候ニ付、都合ニ而ハ八千両近くも、年々御屋形へ相廻り候事ニ相成候」と勝手掛用人外山源吾左衛門が述べているが、この金額は、一橋領泉州一万八千石余、或は播州二万一千石余の年貢額とほぼ匹敵する金額である。一橋邸財政収入に於ける農民貸付金利息の重さが著しく大きくなってきた事に注目せねばならない。しかもこれは一橋領農民への貸付ではなく、公儀の勘定奉行の手を煩わせて、幕領農民への貸付である。幕府財政に於いても、公金貸付による利息収入の比重が次第に大きくなって来た事を推測させる（前掲L一―六九文書参照）。

因みに、現存する一橋邸の「米金納払御勘定目録下札帳」によると、

寛政十年（一七九八）　金三二、七二〇両

同十二年（一八〇〇）　金三二、七五八両

（銀は金一両銀六〇匁の公定相場で換算、金と合計）

（『一橋徳川家文書目録』G一―一、二・三）

尚、次の文書もこれと一連の文書である。

◎L一―六九九

（端裏書）

「上　　　　　　　外山源吾左衛門」

（治済筆袖書）

「五六万両之積りニ申上置候へ共、拶取不申、其上領知向凶作又ハ吉凶臨時御入相嵩候節、不足ヲ補ひ候。若[虫喰]元金七八万両迄相成候へハ、往々丈夫ニ取計可相成儀と奉存候と申儀認入、内記へ及内談可然候。乍去金主共内談、凡も調へ候迄、御取次へ差出可然存候。」

一昨年御小納戸頭取へ御頼ニ而、御貸附ニ相成候御金之儀取扱方、御用部屋えも相達シ候儀ニ御座候哉、又は御取次御側手限之取扱ニ御座候哉之段、岡村丹後守へ淡路守承合候処、其儀は聢と相弁へ不申、御取次共へも風とハ承合も難仕候へ共、決而御取次共手限ニ而ハ無之、御用部やへ、一昨年御取次より伺候上、取扱候様子ニ存（出候カ）ラレ候旨申聞候由ニ御座候。且又淡路守覚へ候ニも、一昨年右御預金御伺[虫喰]節、御右筆組頭共も随分承知仕罷在、取調候様子ニ而、御家老共へ咄合等も仕候間、是悲（マヽ）御用部屋え出候儀と存候[虫喰]尤其節御取次斗之取扱ニてハ丈ふニ無御座候ニ付、御用部屋えも出候哉之儀、さくり候処、出候様子ニ相違無御座候由、淡路守申聞候。右ニ付、別紙御内伺書、此間淡路守申聞候通り、先ツ秋山内記へ見セ候而、内談懸ケさせ候様可仕哉、又は直ニ御取次共へ差出サセ候様可仕哉。尤直ニ御取次共へ差出候儀ニ御座候ハヽ、御用金可差出者共、凡ニ嘉太夫より入御聴ニ置キ候得共、今少し聢と取調仕候上、御取次共へ差出シ候様ニも可仕哉、奉伺候。

註．岡村丹後守――岡村直賢、小納戸頭取在職寛政九年正月~文化七年十一月。
　清水邸家老在職文化七年十一月~同十四年七月。
淡路守――岡野知隣、一橋家老在職文化三年正月~同八年五月。
秋山内記――秋山惟祺、奥右筆組頭在職文化四年十月~同十五年正月。

【解説】この文書は既出L一―五七二・六三九及び後掲L四―三〇と関連するものである。一橋邸の公金を、公儀小納戸頭取に頼んで、勘定奉行から在方へ貸付けてもらい、年利一割の利金を取り、それを一橋邸の財源の一部にしようという計画である。但、一橋邸にはそのような貯金はないので、第一回は領民に御用金を出させ、先ずは年賦でそれを償還し、返済終了後、財源とする計画であった。

前掲六九八号文書によると、利金一割の中、経費を差引き、九分ほどを返済してゆくと、十二年目から全額屋形の収入となる。右文書に「一昨年御預ニ相成候壱万五千両（但、これは五万五千両の誤記か）」の利息が寅年から屋形の収入となるとある。これを家老岡野知隣の在職期間（文化三年乃至同八年）と合わせて考えると、来る寅年は文政元年で、その十一年前文化四卯年に公儀小納戸頭取に頼んで、勘定奉行に在方貸付を始めたものと推定出来る。

この文書は、その二年後、即ち文化六年に、公儀拝借金を願って、それを同様の方法で運用しようと目論んだものである。一橋側は、この件が御用部屋つまり老中の評議に廻るのを懸念し、御側御用取次の手限りにしたいと画策している事が、六九九号文書に窺われる。この計画は実現したようで、文政四年と推定する六三九号文書に「旧臘御小納戸頭取・御勘定奉行取斗之御貸附金之利金、初而不残請取候」とある事とも符合する。恐らく希望よりやや遅れ、文化八年頃（既出五七二号文書によると、文化八年五月家老岡野知隣が西丸側衆へ転任後）公儀拝借金二万五千両が認められ、これに領知からの御用金五千両を加え、三万両を勘定奉行の手で運用して貰い、返済が終わって、文政三年暮から、利金全額が屋形の収入となったのである（文化八年貸付開始として、文政三年全額屋形収入とすると、十年目であるから、返済が当初の目論見より早く進んだことになる）。

◎L四―三〇

（端裏書）

「御下書之写、淡路守申聞候趣、下ケ札仕候。」

然は此度拝借金弐万五千両へ、手前より五千両差加、御小納戸頭取へ相渡、公儀御貸附金之御振合ニ而、御勘定奉行取扱ニ相成候積リニ、先達而家老共より申立候へ共、先年之方追々増長、金高ニも相成、猶此上追々金高も相嵩ミ候間、先代之節町奉行へ相頼、貸附金取斗候儀も有之候間、此度は兼て申立置候通、公儀御金之振合ニ而、家老共より御勘定奉行え相頼候様ニ而ハ、如何可有之哉。一躰年寄衆被取斗候儀ニも候間、御勘定奉行え相頼候方可然哉と存候間、右之趣ニ其許より家老共へ可被仰聞か、又ハ其御許より備前殿へ可被仰談か、何レ共御勘考之上、否御申聞候様致度候。以上。

下げ札

(下げ札)

「先年之儀、御勘定奉行え御頼ニ而、在方え御貸附ニ相成候振合と相見へ候間、御勘定奉行へ相頼ミ被遊候て可然哉と、淡路守申聞候。」

「公儀御金と申名目ニ相成候而ハ、御家老共携り候儀相成兼可申哉ニ付、矢張御屋形御金と申名目ニ而、御勘定奉行え御頼、御貸附ニ相成候処ハ、公儀御金之積ニ而取斗候様被仰遣候て可然哉と、淡路守申聞候。」

註・淡路守――岡野知隣、文化三年正月より同八年五月迄、一橋邸家老を勤めたが、この状の内容から推すと、その後西丸側衆へ移ってから、治済が以前の縁故で相談したものと考えられる。
備前殿――老中牧野忠精、文化三年四月より同十三年九月迄、御勝手掛を勤める。

【解説】既出L一―五七二は文化七年（午）二月、治済が牧野忠精宛に、公儀の金三万両を拝借し、それを貸付金としたいという依頼の下書きであるが、この文書と関連があろう。恐らくこれが実現しない間に、岡野知隣が転任したので、改めて相談したのであろう。

なおL一―六三九に「一躰当年之儀は、旧臘御小納戸頭取・御勘定奉行取斗之御貸附金之利金、初而不残請取候而、領知収納米金等打込取斗候初年之事ニ候」という治済の文言がある。これは一橋邸の修築についてで、治済が掛りの用人野田吉五郎に経費節約を命じたもので、年代は文政四年と推定している。恐らく治済の希望が文化十年前後に叶えられ、公儀拝借金二万五千両と一橋の金五千両を公儀勘定奉行に頼んで貸付け、その利金で拝借金を返済し、漸く文政三年頃から利金全額が一橋邸会計の収入となった事を示しているのであろう。

一橋家老岡野知隣在職期間と老中牧野忠精勝手掛在任期間及び貸付利金全額一橋邸収入となった年とを併せて考えると、この文書は恐らく岡野知隣転任程なく、文化八年中のものと認めてよかろう（参照二一号文書〈L一―四〇〉）。

九七、文化十年（一八一三）三月二十五日、御側御用取次平岡頼長宛一橋治済状「御三家・御三

卿席次について」

◎L一—五九一

（治済筆）

（一）

一、来戌年於　日光山　御神忌ニ付、拙者共名代差立可申儀と奉存候。右ニ付而は、明和二年酉四月例之通、御三家打込、官位順之御取扱ニ相成候様致度儀ニ候。四品以上之分は、無禄并部屋住ニ而も官位順之由ニ、兼而及承罷在候得は、旁旧例之通りニ致度心願ニ御座候間、何分宜鋪御頼申候。且亦釈奠之節も、御三家名代相済候迄待逢セ不申、是又官位順ニ致度候。済来り候事ニ候得共、何れも同様之義ニ候得は、不同無之様ニ致度事ニ存候。以上。

三月廿五日

註・後掲五九四号文書によると、本状は御側御用取次平岡頼長（在職寛政三年二月〜文化十三年八月）宛の文書と認められる。

（包み紙）「　二　」

明和二年酉四月十七日

一、於日光山御宮

公方様」若君様　御名代相済

御目付新庄織部壱人ツヽ、呼出、左之順ニ相勤。

御台様　　　御名代　建部山城守

万寿姫君様　御名代　石渡四郎三郎

浄岸院様　　御名代　石川伝太郎

法心院殿　　　名代　小川喜内

蓮浄院殿　　　名代　二見幸助

安祥院殿　　　名代　近藤助八郎

尾張中納言殿　名代　竹腰山城守

水戸宰相殿　　名代　中山備前守

右衛門督殿　名代　山木筑前守
宮内卿殿　名代　永井主膳正
水戸少将殿　名代　雑賀孫市郎
大蔵卿殿　名代　常見文左衛門
徳川右兵衛督殿　名代　岩田八郎右衛門
尾張殿簾中好君殿名代　岩田八郎右衛門
水戸殿簾中絢君殿名代　雑賀孫市郎
田安簾中　名代　常見文左衛門
清水簾中　名代　近藤助八郎

右は田安書留之写ニ御座候。
紀伊殿并拙者、亡父服中ニ付、名代差不申候。

元文五年任官　水戸宰相殿
延享二年宰相　徳川右衛門督殿

中将　　　　　徳川宮内卿殿
明和元年元服
同　二年十二月中将　徳川大蔵卿殿
明和二年二月元服
同　　年十二月中将　徳川右兵衛督殿

右之通官位順、無官は元服之順ニ御座候。以上。

三月廿五日

（包み紙）「　三　」

寛政十年午二月廿二日、聖堂釈奠、初而名代有之候所、御三家之名代相済、拙者名代用人村山藤九郎相勤申候。此節之官位順、左之通。

大納言　　　尾張殿
中納言　　　紀伊殿
寛政三年七月朔日

寛政七年　中納言　水戸殿
寛政三年三月五日　中納言　治済

右之通ニ候。明和二年之例ニ候得は、尾張殿次ニ治済付キ可申候処、水戸殿次ニ付申候。一躰、寛政三年三月七日伺済之趣は、明和五年田安中納言ニ相成候節之例通被仰出、丹波守殿被相渡候書面、左之通。

向後急度致候義は、
尾張大納言殿
一橋中納言殿
水戸　宰相殿
紀伊　宰相殿
一ト通り之義は、
尾張殿
一橋殿
水戸殿

紀伊殿

右之通　相心得可申候。

右之御書付之趣御座候処、打込順之節、御書付之趣ニ齟齬仕、甚迷惑仕候。拙者共儀は小高之事ニ而、百官位順ニ而御取扱ニ御座候得は、格別引立、安心仕候儀ニ御座候。諸候《マヽ》四品以上は、本紙ニ認候通り、大家・小家・無禄・部屋住等之無差別御取扱ニ御座候得は、何分明和二年之旧例ニ相復シ候様仕度儀ニ御座候。

寛政十二年四月於日光山、大猷院様百五拾回御忌御法事之節、日光え名代差立候節、明和二年御神忌之例ニ可有之と安心仕罷在候処、矢張聖堂釈奠之通りニ御座候而、甚迷惑仕候間、何分此度は明和二年之例ニ復シ候様、心願仕候儀ニ御座候。以上。

三月廿五日

註・丹波守――老中鳥居忠孝、在任天明六年閏十月～寛政五年二月。

L一―四七四（聖堂名代初りの筋）・四七五（大樹寺名代の節の順の儀）と関連。

丹波守
信濃守え　」

◎L一―五九四

（端裏書）「

来戌年、　東照宮弐百回御忌御法会、於日光山御修行有之候ニ付、先例書三通并聖堂釈奠名代共、以来先規之例ニ相復シ候様致度段、御用於取次平岡美濃守え及直談候処、四月廿三日同人神田橋え相越、先日請取置候書付、牧野備前守え申談候得は、至極御尤之御儀、取調、伺ニ相成候処、以来聖堂釈奠等迄も、先例之通、名代之儀、御三家打込ニ而、官位順ニ取斗候儀、伺之通りニ被仰出候旨、申聞候。此段申達候間、両人共罷出、民部卿え別紙共ニ内々見置有之様申述、相済候ハ、封シ、両人調印致、用部屋え仕舞置可申候。且又右之趣、大意之処、右衛門督えも入聴候様、田安同列えも内々咄置候様存候。以上。

四月廿五日

註・牧野備前守――老中牧野忠精、在任享和元年七月～文化十三年十月。
東照宮弐百回忌――徳川家康は元和二年（一六一六）に死去しているから、二百回忌は文化十二年（一八一五）乙亥である。然るにこの状には「来戌年」とある。実際には十二年に営まれている。治済は一年間違えている。或は前年甲戌年に東照宮の修理完了の正遷宮が行われているので、その式典と混同したのであろうか。

【解説】御三卿の幕府儀式に於ける席次は、御三家の下、御三家嫡子の上となっていた。しかし御三家は尾張・紀伊・水戸の席順が固定しているのに対し、御三卿の場合は任官順であった。これは御三卿が定まった家ではなく、将軍家の部屋住扱いなので、その時々のそれぞれの邸の当主の年齢の差などによって、席次が変化したのである。治済はこれを不満とした。殊に寛政三年（一七九一）三月、参議から中納言に昇進した。これは従兄清水重好よりも一年早く、紀伊治宝よりも四ケ月早いものであった。そこで寛政十年（一七九八）の聖堂の釈奠に際し、その席次の改訂を求めた。更にその翌年には従二位大納言に昇進したので、その要求は増大したと思われる。しかし将軍の父という立場からの要求も容易に実現しなかったようである。

九八、文政二年（一八一九）、伊勢町米会所廃止について

◎L一―六二六

（包み紙）「書付

吉五郎え　」

先達而中、伊勢町ニ而、杉本茂十郎取扱候米会所之義、町人共之内、金子等差出候者多分損毛致候由、兼而及承申候。

一、米会所相止、米商売之者難儀致候儀、如何様之始末ニ而差支候哉。一躰会所相止ニて実は宜敷筋合有之候哉。

一、尾殄・水戸之取斗方、此（カ）之主法之事

右等之趣、米取扱候者又ハ札差抔手寄之者え、内々相尋、否（カ）可申聞候。

但、吉五郎手ニ而出来致候ハヽ、取斗可申候。若手寄無之候ハヽ、慥成ル者、虚言無之者ニ致度候。

九日

〔参考〕『藤岡屋日記』文政二年六月廿五日

（榊原）主計頭殿被仰渡

町奉行附御用達　十組頭取
杉本茂十郎
煩ニ付名代　堤　弥三郎

其方儀、十組諸問屋より相納候冥加上金壱万弐百両、五ヶ年間年延、行事共より申立候ニ付、倶々相願候処、去寅歳よりは年延被成下候ニ付、早速組々え可割戻ス処、三橋会所借用金相嵩、済方差支候迚、其方并行事共其外相談之上、右之方え致返済、元々えは不割返段、不正之取計ニ而、其上室町十組拝領屋敷地代金も、其節之行事共組々えは不割渡、惣持之会所ニ候迚、会所入用ニ年々遣払候をも不差止、行事共取計ニ任せ置候段、頭取之詮も無之、旁以吟味之上、急度可申付所、宥免を以、町奉行御用達・十組頭取取放。

右、於榊原主計頭宅、岩瀬伊予守列座、主計頭申渡之。

（菱垣廻船積仲間十組問屋大行事・惣行事）

一、打続キ米価下直ニ付、相場引立之為、於伊勢町、米会所取立、三十日又ハ六十日限、延売買致度旨、去ル申年七月中、大行事・惣行事共より願出、五ヶ年之間、願之通申付候旨、翌酉年四月中申渡、去々丑年迄ニ而年限相立候ニ付、永々御免之儀、同年七月中願出、去寅年よ

り来辰年迄三ケ年之間年延申付、未年間中ニは候得共、此節右会所・年延売買共、早々相止、右場所取払次第可申。（下略）

『東京市史稿』市街篇三十五も、ほぼ同文の申渡書を載せる。

【解説】『一橋徳川家文書目録』はこの状を（文政二年六月十六日以前）としているが、杉本茂十郎への町奉行申渡が文政二年六月二十五日であり、治済の文言にも「先達而中伊勢町ニ而杉本茂十郎取扱候米会所」或いは「米会所相止、米商売之者難儀致候儀」などとあり、米会所廃止後程無い頃の文書、文政二年七～八月頃のものと考えるのが妥当であろう。

◎L一―六四九

（端裏書）「上」

（治済筆袖書）

「一説、是迄之米会所同様之仕法と相聞候間、尚沙汰明申、差返し可然と存候。」

伊勢町米仲買共、惣代を以願書差出候ニ付、其筋々内糺等も仕、両奉行えも評議為仕候趣、奉入　御覧候。別紙評議書等之趣ニ而ハ、迚も御取用ニは相成間敷儀ニ奉存候。委細之儀は、明朝可奉申上候得共、先内糺仕候書面類共四通奉入御聴候。以上。

九月廿三日　　野田吉五郎

【解説】『一橋徳川家文書目録』は本状を（文政五年）九月二十三日としているが、野田吉五郎は文政五年五月十日付で、一橋用人から公儀西丸納戸頭へ転出している。前出L一―六二六杉本茂十郎頭取伊勢町米会所廃止の文書と関連あるものと認められるが、右文書の年月は、前掲解説の如く、文政二年七～八月と推定される。本文書は治済袖書にも「是迄之米会所同様之仕法」という文言がある事から推しても、杉本茂十郎の米会所廃止後さほど時日を隔てていないものと思われる。従って本状は文政二年九月二十三日付と認定するのが妥当である。

九九、（天明元年〈一七八一〉推定）一橋治済筆「御広敷御用人え申渡」

◎L四―二一八

（包み紙）
「五十二（朱書）
御広敷御用人え申渡。
御筆
」

御広敷御用人

一、諸御用向ヲ始、女中より申出候儀、申旨ニまかせ、表へ取次致候趣ニて、御広敷御用人存寄ヲ女中へ申談候儀無之哉ニ相聞申候へ共、筋合違イ候儀、又は不相済儀等は、再応も可申談事ニ候条、縦令女中共悪ミ候とも、少しも不苦候。為（若カ）相勤り兼候儀候とも出精（抹消）シ、奉公出精ニ候ハヽ、相応之御役も可被仰付候間、此御主意能々相心得、相勤候ハヽ、可然候。

一、重キ（抹消）表御役人共并御広敷御用人等対し、不慎之取斗致候儀、其人々へ之儀而已ならす、対上へ不敬之儀ニ候条、末々迄心得違無之様、寄々申含置候様ニとの御沙汰ニ候。前々御幼年之節は、御締向等は従只今緩ヤカニ有之候へども、節分・御年分之外、女中共手込メニ致儀決而無之処、近キ比は追々増長シ、重キ御役人共始、表御役人又は御広敷向之男子等迄手込メ致候儀間々有之候。已来は先規之通、節分斗ニて、其外は決而不相成候間、能々可申付候。女中同士之儀は勝手次第之事ニて候。畢竟軽キ女中向、平日御錠口外へ出、御用向相弁へ易相成候より事起り、猥ケ間敷儀ニも相及候間、已来御錠口建置、御用之節々明ケ可申候。自然御用人・御用達・御医師等呼ニ参り候儀は、御錠口より申聞候て、御輿昇・六尺等之内ニて取次、夫々承申通筈ニ候間、其旨向々へ可申渡候。

【解説】本状の年代は不明であるが、「前々御幼年之節は、御締向等は従只今緩ヤカニ有之候へども」という文言から推して、天明元年、治済二男力之助が一橋邸嫡子と認められ、大奥住居から表住居となった事に伴う措置と考えられる。後掲L一—六八〇「御錠口御遊所規定」の制定と関連する通達であろう。この時はじめて表と大奥との境に御錠口を設け、区別を厳格にしたものと認められる。なお「節分・御年分之外、女中共手込メニ致儀決而無之処、近キ比は追々増長シ、重キ御役人共始、表御役人又は御広敷向之男子等迄手込メ致候儀間々有之候。已来は先規之通、節分斗ニて、其外は決而不相成候間、能々可申付候。女中同士之儀は勝手次第之事ニて候」という文言は、当時の大奥をめぐる風俗として、注目すべき事であろう。

〔参考〕

◎L一—六八〇（包み紙）

「御錠口
御遊所規定　　　　八十二子」

御休息御住居之内伺事

一、御手習・御読書は御休息ニ而可被遊候。御巻藁は御広舞台ニ而可被遊哉。
一、御膳、御休息ニ而可被召上候。
一、夕七半時頃よりは、御休息御表御床相延申候。夫よりは何方ニ可被為入候哉。
一、朝御表え被為入候儀は、御表入込触ニ而、右之段、大奥え申込、為御対顔被為入、夫より直ニ御表ニ可被為入候哉。
但、御手水・御嗽等は大奥より相済可然哉。
一、御出殿之節も大奥ニ而一躰御支度御出来被遊候而、御表御目見後、入込ニ而可被為入候。
一、御手習・御読書御道具は、御三ノ間ニも差置可申哉。左候而も夜分御表御小性相休申候事故、如何可有之哉。御見台ハ御棚ニ可差置候。
一、御刀箱は御表御刀箱と、一同御床ニ可差置哉。
一、御平日も御休息斗ニ而も御遊之御差支ニ相成候儀も可有之候間、御座間御二ノ間等ニ而も可被為入候哉。
一、御手道具類は御休息御棚ニ可差置候。
一、御小道具は御遊次第、御手元ニ有之度物ニ御座候。何方ニ可差置候哉。尤是は奥之番并御前詰より相伺可申候得共、先相伺候。
一、御用場之儀如何可有之哉。尤奥番より定メ而可伺儀とは奉存候得共、先相伺候。御表と御一所ニ而は、御匕箱之処如何可仕哉、大奥え可被為入候哉。

御小性共心得伺

一、大奥ニ被為入候節は、御錠口外ニ相詰可申候。
一、夜分御夜詰引ケ申候而、何方ニ相休可申候。
一、朝、御表入込ニ而、御錠口外え両人相詰可申候。

（治済筆指示）

一、伺之通。
二、伺之通、委細内存申達候通り、勘弁可有之候。
三、夜詰引後、床に相廻り候積りニ、此方之奥之番へ申渡置候。

四、伺之通ニ而、掃除相済候ヲ、奥之番え承合、宜段可申込候。
五、前条ニ准シ可申候。表入込之時刻遅ク候ハヽ、大奥ニ而仕度之積り、奥之番へ申談、大奥へ可申込候。
六、物置ニ差置可然候。見台ハ伺之とおり。
七、伺之通。
八、休息敷舞台并装束所、勿論楽屋迄は不苦候。尤慶之丞・好之助住居、是又不苦候。上段・二ノ間ハ遠慮可有之候。
九、伺之通。
十、見斗、取斗可有之候。
十一、内存之趣ニ取斗可然候。

心得之伺

一、伺之通。
二、此間申談候通相心得可申。
三、只今之心得ニて可然候。

註・慶之丞――治済五男、安永八年生。天明七年田安邸相続、寛政二年十月元服、右衛門督斉匡と名乗る。
好之助――治済六男、安永九年生。寛政五年六月嫡子となり、元服、民部卿斉敦と名乗る。

是迄（女中え縁有之――六字抹消）大奥へ罷出候子供、御座所御錠口外えも罷出候得共、自今不罷出筈ニ相成候。（都而は――三字抹消）御表之通ニ可被相心得候。
一、御下屋敷え被為入候節も、右ニ准シ可申事。
右は頭取・奥之番へ可相達事。
右同文言末之処、右之趣、頭取へ、奥之番へ相達候間、為心得相達候段認入、小姓方も相達可然候。
一、右之文言、様子次第引直シ、附老女へも相達可然候。

【解説】天明元年閏五月、治済長男豊千代将軍家治の養子となったため、同年七月二男力之助が一橋邸嫡子となった（六歳）。これから力之助は大奥を出て、表向きの生活を始める事になったので、この規定を設けたものと推定する。なお力之助は天明六年五月十五日元服、刑部卿治国と名乗る。

一〇〇、慶応四年（一八六八）五月、一橋大納言自今藩屏之列ニ被召加候旨

◎L二一二八八

一橋大納言

自今藩屏之列ニ被加候旨　被仰出候事

五月

【解説】一橋茂栄は慶喜への寛大な沙汰を大総督府へ哀訴のため駿府に赴き、四月四日江戸に戻って以来、しばらく本所横川端の寓居に引籠っていたが、閏四月十九日に久々に田安邸を訪い、静寛院宮に対顔した。『海舟日記』によると、この日静寛院宮が御附医師中山摂津守を勝海舟のもとに遣わし、出勤尽力を頼むという思召を伝えさせた。これに対し海舟は次のように言上したと記している。

一橋御歎願として川崎辺まで御出ありし後、一度云々御出城も成されしかども、本所辺へ御移居にて、田安へ御出の事絶えてなく、内々承り試むるに、夫れこれ御嫌忌もありし抔の沙汰なれども、今此御時に立到り、唯引籠あらむには然るべからざるか。御本家の尾張殿はひたすら御勤王というを唱えられ、御宗家の今日に及ぶを御尽力の事なく、御出兵あられ、世の誚をも顧みたまわず、そもそも何等の御事か。定めて深慮の思召の伺い知るべからざるやも分たざれども、如何せむ、御骨肉の御家、斯

の如きは独り尾張家の御事而已にあらず、我徳川家の御恥辱にも及びなむか。小臣のともがら高貴へ向き、とこう評し申上ぐべき筋にはあらざれども、せめては一橋殿御出勤あらせられ、御尽力の御事願わしき旨、憚らず言上申上ぬ。（勁草書房版『勝海舟全集』による。）

茂栄の田安邸往訪がこの言上に促されたものか否かは判らぬが、茂栄は二十七日大総督宮へ嘆願書を呈し、徳川家の処置を一日も早く決定し、家臣等の切迫の情を安んぜられん事を請うた。これに対し翌々二十九日、大総督宮は田安亀之助を江戸城に召した。一橋茂栄が亀之助名代として登城したところ、次の如く申渡しを受けた。

戊辰閏四月廿九日
大総督府ヨリ御沙汰ニ付、一橋大納言為名代罷出、被仰出候御書付
慶喜伏罪之上者、徳川家名相続之義、祖宗以来之功労ヲ被　思召、格別之叡慮ヲ以、田安亀之助え被　仰出候事。
　但、城地・禄高等之義者、追而被　仰出候事。

これによって徳川の家名も存続が認められ、一族・家臣共ひとまず安堵の息をついたが、その翌五月十日一橋茂栄は再び大総督府へ、次の如く歎願書を呈した。

（同年五月十日）

乍恐顚沛流離之孤臣茂栄稽頸百拝、奉哀訴　大営下候。伏惟ニ、今般弊宗慶喜為御征討六師遥ニ御東向相成、上下挙而奉恐惶候処、慶喜恭順謹慎、奉対　朝廷毫無二心之実効、御明鑒被成下、最前御沙汰之通出格寛大之思食ヲ以、田安亀之助ヘ家名相続被仰出、祖先血脈断切ニ至不申、至幸至福、在水戸慶喜踊躍、感恩者不及申、私共初臣庶一統、暗夜ニ灯火ヲ得候如ク、寔ニ以至仁之御処分、感涙罔極之次第ニ奉存候。猶又城地封土之儀モ、追而　御沙汰可被為在旨之御下知、是又難有仕合、奉得其意候。右様厚御仁慮被為尽候折柄、不顧忌憚、再三奉続陳候者深恐入候得共、私共始役人共辺ニ至候迄、爰ニ差向不可奈何之深憂御座候所以者、改而申上候迄ハ無御座候得共、衣食住之三件者、人民生活之至要ニ而、天縦之聖賢者格別、中人以下ニ至候而者、右之三件事足リ候時ハ、兇悪化シテ良善トナリ、事欠ル時ハ良善変シテ兇悪ト相成、是人情之自然、和漢古今之通義ニ御座候得者、在昔　聖主明君之治務専此三者ニ心ヲ被尽、孔子モ庶富之二字ヲ以教学之上ニ被差置、孟軻王道ヲ論シ候ニ者、養生喪死無憾ヲ第一之口実ト仕、管仲如キニ至候而モ、衣食足而後知礼節之語相見ヘ、既ニ万々恐多モ、此程　皇政御維新之御大号令ニモ、首トシテ此義ヲ被為掲候者、実ニ千載之御美事ト、天下億兆不奉感称者モ無之、難有御儀ニ奉存候。方今在江戸数十万之士庶、大旱望霓之如ク、日夜翹足シテ城地封土之御沙汰奉待候者、畢竟前文三件ニ大関係仕候ヨリ之儀者、申上候迄モ無之、抑城地御返与相成候得者、士庶人由テ以其居之寧カラン事ヲ知、封土御一定被成下候得者、由テ以衣食之給シ候ヲ弁ヘ、人々安堵、令セズシテ邑内静謐ニ趣候者、日ヲ剋シテ相待可申、若又彼是御査検等之御都合モ被為在、或ハ此上之御沙汰御緩期ニモ至候節者、乍恐至公至平之御廟算奉拝察候輩ハ、誓而不理之心念等相抱候者一箇モ無御座儀ニ者候得共、士庶末々短識浅慮之者共ニ至候而者、饑渇身ニ逼リ、手足措所無之、終ニ溝壑ニ駢死可仕事ト、眼前之形勢ニ錯愕顛倒仕、不覚天然之良心取失ヒ、強者ハ其力ヲ恃候而、粗暴之挙動ニ及ヒ、弱者ハ甘シテ狗盗鼠竊之所行ヲ営ミ、放僻邪侈至ラサル所ナク、其身ノ刑戮ニ陥候ヲモ相忘候様成行可申、若然者自業自得トハ乍申、上ハ　王政御復古之御美意ニモ相悖リ、次ニハ慶喜恭順之実行モ是等之為ニ水泡相成候而者、臣子之情何共心外千万之儀、若又紛擾一邑一国ニ止リ不申、潰乱四出、駸々然外彊ニ及シ、終ニ皇国御一体之動静ニ相繫リ、毎々議者之相憂候外夷覬覦、釁端相啓ケ候様ニ而者、苟モ王化之下ニ覆育仕候者、何ト申上候而宜候哉、憂念爰ニ及候得者、食不下喉、眠不合軀、九腸寸断、痛苦・髄トモ可申儀、何卒厚　御仁恵之上ニモ、猶一層之御仁恵被為施、城地御返与、封土御一定被成下、数万之士庶衣食住之艱難無之、不良之輩自然削跡仕候様之御沙汰、片時モ速ニ被仰出候様、叩頭流血、哀号奉歎願候。且又近日街説ニ、城地之儀者、他国他邑へ移転可被仰付抔ト喋々申触候者有之、人心大ニ動揺仕候哉ニ及承申候。右者無根之妄説、素ヨリ信用仕候ニ足リ不申候得共、所謂胡馬嘶北風之人情、銘々三百年来祖先墳墓之地ヲ立離レ候様成行候而者、其沸騰中々以前条之比ニ者無之、如何斗之儀ニ可有之哉ト、想像之憂苦、筆紙ニ述尽兼候次第ニ御座候。仰願ワクハ、右辺之御沙汰者万々不被為在候儀ト奉存候得共、何卒江戸城之儀ハ其侭御引渡被成下候様仕度、前以幾重ニモ奉伏願候。先般役人共一同ヨリ奉歎願候慶喜江戸表え還住之儀、是亦人心之向背ニ尤関係仕候儀ニ而、詩経ニモ其新孔嘉其旧如之何ト相見候通、属下之士庶既ニ御仁恵ニ依、新主ヲ奉スル之時ヲ得、猶此上城地封土等安心之場合ニ立到候共、一旦委質沽恩之旧主、現在僻遠ニ

幽居罷在、其楽ヲ共ニ仕候儀出来兼候時者、一心両向、中腸如燬、畢竟安堵之名有テ、安堵之実少ク、就而者私共始痛心之廉モ不少候間、同人儀既ニ伏罪之上、寛大之御沙汰ヲモ奉蒙候程之儀故、今一重之御仁恵ヲ以、同人還住之御沙汰、城地封土、一挙ニ被仰出候得者、士庶之宿望頓ニ相満、天恩至大、永ク心肝ニ徹銘仕、聊忘却之期有御座間敷候。臣 元来 （削） 茂栄 儀慶喜支族ニ相連リ候得者共ニ謹慎中之身分 （削） 敢而陋劣ヲ不顧 敢而 （削） 瞽言ヲ以奉冒大営候者、其罪不少候得共、今也宗家之危急ニ当リ、且皇国御一体動静之端緒ニモ関係仕候儀ト過慮仕候得者、何分傍観坐視仕候ニ不忍、前条之件々、衆情ニ基キ、伏而奉歎願候儀ニ御座候。出格之御海量ヲ以、莪菲之御采択モ被下置候者、難有仕合奉存候。誠恐誠惶頓首謹上。

慶応四年戊辰五月　　一橋茂栄（花押）

これに対し、五月二十四日大総督府は、亀之助名代松平確堂を登営せしめ、次の如く沙汰を申渡した。

徳川亀之助

駿河国府中之城主ニ被仰付、領知高七十万石下賜候旨、被仰出候事。

但、駿河国一円、其余遠江・陸奥両国ニ於テ下賜候事。

五　月

これより前、同月十八日、亀之助は実名を家達と名乗っていたが、これから徳川家達は明治国家の一藩屏として、駿河府中藩（翌明治二年六月から静岡藩と改称）を新たに建設してゆくことになる。これと同日、田安慶頼・一橋茂栄も藩屏の列に加えられ、徳川宗家の部屋住の身分から独立した家となった。その申渡がL二―二八八の文書である。

◎L二―二九四

（附札）

「願書之趣は太政官ぇ御達シニ相成候間、其藩家来之者上京為致、太政官ぇ可願出候事。」

今般、私儀格別之御沙汰を以、自今藩屏之列ニ被加候旨被仰出、誠以重畳難有仕合奉存候。然ル処、領知高拾万石之内、摂泉播州・備中国ニ而八万八千四百六拾五石余有之、大坂川口蔵屋敷・備中国後月郡江原村陣屋御座候間、弐ケ所共、家来共拾人余差遣し置候処、右川口蔵屋敷之儀は、去卯十一月中英人ぇ貸渡候様致し度旨、宗家より申談も有之、無拠相渡、替地として吉川監物屋敷相渡候ニ付、蔵屋敷詰之者共は同所ニ相詰居候処、当正月中、大坂表不容易形勢ニ立至り候ニ付、池田下村ぇ罷越居候内、泉州之儀は薩州・土州兵隊より改有之、主家安危定候迄謹慎可罷在旨、蔵屋敷詰之者ぇ達有之、謹慎罷在候処、其後播州之儀は兵庫司農掛秦鑑一郎・多久謹吾ぇ引渡、摂泉州之儀は最寄領主え御預相成候旨、池田下村ニ罷在候者共より申越、備中国領知之儀は芸州兵隊より掛合有之、陣屋・諸書物等引渡、同所ニ相詰居候家来共は、右最寄寺院え謹慎罷在候旨申越、只今以其侭ニ相成居申候。就而は当今ニ至候而は、家来共扶助ニも必至と差支、当惑仕候。何卒格別之御憐愍を以、右陣屋・領知共早々御戻相成候様仕度、奉歎願候。宜御汲察被成下、御尽力之程、伏而奉懇願候。以上。

辰六月

一橋大納言

茂栄（花押）

◎L二―二九七

（包み紙）

「慶応四年辰七月廿五日、於太政官、千種前少将殿御渡御書付

此方本紙、別紙ハ写

三輪彦之丞

三宅宋五郎　」

一橋大納言

摂・泉・播、備中之諸国ニ於テ、是迄領来候土地八万八千四百六十五石余、願之通被返下候間、倉敷県并芸州・備前、岡部筑前守・桜井遠江守・九鬼長門守・脇坂淡路守・森美作守家来共より可受取候。且備中国陣屋、是亦被返下候ニ付、芸州家来より可受取旨、御沙汰候事。

但、大坂元蔵屋敷替地ハ不被下候事。

七月

（補足）このようにして明治政府の下で徳川宗家から独立した家となった田安・一橋両藩は、明治二年正月諸藩主が版籍奉還を表請したのに追随して、同年三月十九日参内して、諸藩一同の御沙汰を懇願した。その後六月に諸藩は奉還が認められ、旧藩主は藩知事に任ぜられたので、田安・一橋も同様の御沙汰を期待していた。然るに十二月二十七日弁官の通達により参内したところ、版籍奉還聴許と共に、廃藩を申渡されてしまった。恐らく政府は、領知との結付きも薄く、藩としての成立後日も浅い両藩の廃藩をかねて計画していたのであろう。松平慶永はすでに七月末から八月中頃の間に、民部大丞津田正臣から聞き、この両家の処遇をどうするのか、太政官の内々の決議を教えてほしいと、参議広沢真臣に求めている（国会図

書館憲政資料室蔵「広沢真臣関係文書」）。

しかし広沢真臣が伝えなかったのか、或は松平慶永が知っても黙していたのか、一橋茂栄は何も知らぬまま十二月二十七日突如として廃藩を申渡されたのである（田安慶頼の方が若干日早く知っていた模様で、その前日突然一橋茂栄を訪問したが、茂栄不在で対顔出来なかった。或は間近になって兄慶永に教えられたのであろうか）。

廃藩の申渡しを受けた翌日、茂栄は家臣に惣出仕を命じ、次のように告諭している。

今度版籍御返上之儀被聞食候段被仰出之趣相達候ニ付而は、君上　思召之旨、一同え相達置候様ニとの御沙汰、左之通、

兼々御願之通、版籍御返上之儀被思召候段、御満足ニ被思召候。雖然、君上御一己之御私情ニ被為就候而は、是迄一統之力ニ依而、酷暑ニ炎熱を御覚不被遊、厳寒ニ凍餒之御憂も無之、御安居被遊候段、一統之尽力を御忘れ可被遊哉。況哉今貫属と（衍カ）たる者ニ御離れ被遊候儀、御忍ひ難被遊候得共、天下万世之公論ニ御基き、強而私情を御矯被遊、御忍ひ難被遊を御忍ひ被遊候間、一統ニも御心中を奉恐察、是非を弁シ、曲直を（のカ）分をなし、強而一時之私情を矯て、　君上之御為と奉存、力を天朝ニ奉尽候様可心得、万一心（得脱カ）違之挙動有之時は、唯　君上之御恥辱而已ならす、終ニ一身を誤るに至ん。返々も、君父之為ニせんとて其身を殺も、其道理を失候へハ、却而不忠不孝之名を不免の理を了解致し、今分別の際ニ臨ミ、強而私情を御矯被遊、此御一言を御示しニ相成候間、宜敷相守候様との御意ニ候。

（「使役書附留帳」〈C一―一二九〉）

その後一橋家臣は繰返し政府に対し、他家同様茂栄を藩知事に任ぜられ、家中の離散を止められん事を歎願したが、やがて全国的廃藩置県を目指す明治政府の基本的大方針に則った措置であっただけに、認めらるべくもなく、ついに明治三年（一八七〇）六月末をもって、一橋藩は解体した。

あとがき

「はしがき」に記したように、私が三十年近く整理に取組んで来た『一橋徳川家文書』の中、書状類の解読を、一九九七(平成九)年三月専修大学定年退職後の日課の如く行なった。幸い専修大学人文科学研究所は、私に研究参与の資格を与えられ、『年報』への寄稿を認められたので、解読した文書の中の一部を抄出して、それに補注や解説を付け、「一橋徳川家文書摘録考註」と題して、六号にわたり掲載を続けることが出来た。合わせて八七点の文書に、この程一三点を追加して一〇〇点として、本書を刊行するに至った。全く専修大学人文科学研究所の御厚意に基づくもので、感謝に耐えない。

また当時専修大学講師であった大庭邦彦君には、しばしば水戸の茨城県立歴史館へ同行を願い、文書類のマイクロフィルムへの撮影について、多大の協力に与った。同大学院生であった西澤美穂子君には、私の退職後もマイクロフィルムのプリントを依頼し、印画が不鮮明の文字については、マイクロリーダーの画面で読取って貰った。両君の御厚意に心より謝意を表する。加えて、少なからぬ大学院生・ゼミ学生諸君が水戸へ同行して、史料撮影に労を惜しまず協力して貰えたことも、甚だ有難かった。

更に、続群書類従完成会が本書の刊行を承諾され、しかも文字や装幀について前に出版した『新稿一橋徳川家記』に合わせるという配慮を頂いた事は、私にとって思いかけぬ喜びである。御厚意に感謝する次第である。

最後に、本書を謹んで、故徳川宗敬氏の霊に捧げたい。宗敬氏は第十二代当主として一橋家を相続され、一橋徳川家の歴代事跡の顕彰に努力された。『新稿一橋徳川家記』編纂を私に依頼せられたのも、その念願の表われである。また一橋家伝来の記録・文書類を茨城県立歴史館へ寄贈して、永くその保存を計られた。その史料類を、このように僅かながらも解読・注解してゆく事も、故人の霊の慰めになるのではあるまいかと、私は考えている。

二〇〇五年一一月一二日

辻　達也識

一橋徳川家文書摘録考註百選

平成十八年三月十五日　印刷
平成十八年三月二十日　発行

定価　八、〇〇〇円（税別）

編　者　辻　達　也
神奈川県鎌倉市御成町一五-四一

発行者　太　田　史

発行所　株式会社　続群書類従完成会
東京都豊島区北大塚一-一四-六
電話（〇三）三九一五-五六二一
振替口座〇〇一二〇-三-六二六〇七

印刷所　株式会社　平　文　社

ISBN4-7971-0746-4

高柳光寿監修

新訂寛政重修諸家譜

全二十六冊

A5判上製　**完結**

各冊五、二五〇円

江戸幕府は、寛永十八年(一六四一)、諸大名、下士までの系譜を録して『寛永諸家系図伝』を編纂したが、寛政十一年(一七九九)、若年寄堀田正敦に命じて再度諸家より家譜その他の資料を提出させ、林述斎・屋代弘賢ら六十余名を用いて編纂の業を起こさせた。以後十四年の歳月を費して完成したのが本書で〝重修〟と題する所以である。量的に膨大な系譜集であるばかりでなく、質的にも各々の家々より提出された由緒・事蹟を、幕府の日記等、確実な史料に拠って吟味し、改めるものがあればその趣意を註して改め、按文を施すなどしている。記述の対象とするところは、徳川氏一門を除く御目見以上の大名・旗本、及び医師・同朋・茶人等幕府と直接の支配関係にあったものに限り、その本支分脈を明らかにし、家の由緒から、個々人の事蹟を記録している。全千五百二十巻に収める人数約十万名に及ぶ、本邦最大の武家系譜集。内閣文庫所蔵の献上本に基づき、全面的な校訂・補正を施すと同時に、カード約四十万枚を整理した人名索引四冊を完備し、本書の利用価値は増々高まっている。

斎木一馬・岩沢愿彦・戸原純一校訂

徳川諸家系譜

全四冊

A5判上製　**完結**

索引・家系図一覧付

第一　六、三〇〇円
第二　六、三〇〇円
第三　五、二五〇円
第四　七、三五〇円

本書は、徳川家および『寛政重修諸家譜』には収められていない徳川一門の松平諸家の家譜を集め編したものである。すなわち、徳川将軍家については、「徳川幕府家譜」「柳営婦女伝系」「幕府祚胤伝」を、御三卿・松平諸家は「華族系譜」によりこれを収めた。このうち「徳川幕府家譜」は、徳川将軍家歴代の系譜で、十二代家慶までを収める。併載の「幕府祚胤伝」「御三家系譜」「御三卿御家譜」とあわせ見ることにより、徳川将軍家・御三家・御三卿については最も的確に知ることができる。本書によって徳川・松平家の本支流諸家の全貌がはじめて明らかになる。詳細人名索引付。

第一巻(徳川幕府家譜・柳営婦女伝系・梅溪系図・伏見宮家略系図)**第二巻**(幕府祚胤伝・尾張家御家譜・紀州様系譜・水戸様系譜)**第三巻**(田安・一橋・清水・西条松平・鶴田松平・高須松平・高松松平・石岡松平・宍戸松平・守山松平・会津松平)**第四巻**(津山松平・福井松平・清崎松平・明石松平・前橋松平・母里松平・広瀬松平、徳川諸家系図一覧・人名索引)

竹内秀雄校訂
泰平年表
A5判上製
全一冊
八、一五五円

泰平年表五巻は、大野広城の編著で、天保十二年(一八四一)袖珍本一冊として板行された。名称は年表であるが、その内容は、徳川家康から家斉まで約三百年間の史実を年序をおって載録し、主として幕府の諸行事に関する表向な記事を中心に、各地の事件や天変地異・奇事異聞も交え記述している。

竹内秀雄校訂
続泰平年表
A5判上製
全五冊
第一既刊　五、四六〇円

竹舎主人が、泰平年表の後を承けて、天保八年より嘉永五年迄十六年間を書き継いだもの。内容は水野忠邦の天保改革等の政事向きの事、異国船渡来等の対外関係史料、緊迫した幕政の推移にともなう御触書・町触等の法令にいたるまで詳述して、幕末の政治経済社会情勢を知る上で唯一の年代記である。

岩崎敏夫・佐藤高俊校訂／岡田清一校注
相馬藩世紀
A5判上製
全五冊
既刊第一・二各冊　一一、五五〇円

本書は、相馬中村藩の年譜で、初代藩主利胤誕生の天正九年(一五八一)から、十三代誠胤が没する明治二十五年(一八九二)まで三一二年間、一四二冊の記録である。当該期の史料を引用しつつ、編年体にまとめられた当記録は信憑性が高く、相馬藩政史はもとより、幕政史や地域の民俗学の研究にも貴重な史料。

全国東照宮連合会編
家康公逸話集
―披沙揀金―
A5判上製
全一冊
一二、六〇〇円

本書は、内閣文庫蔵全三十四巻のうち、徳川家康公の逸話を収録した本編二十六巻を翻刻したものである。『寛政譜』や『実紀』を編纂した林述斎の編で、家康一代の逸話がそれぞれ出典を付して収録されている。本書に引用された書籍は約一七〇点にもおよび、未刊のものも数多く、その史料的価値は高い。

横山晴夫校訂
三峯神社日鑑
A5判並製
全十冊
第一～八　各冊　七、三五〇円

奥秩父の三峯神社札場の役僧により、安永八年(一七七九)より書き継がれた日記。日鑑は文書とは異なり、三峯山内の年中行事や宗教民俗行事は言うに及ばず、地頭役としての三峯山と神領百姓をめぐる日々の生活だけでなく、地方の三峯講中の実態を窺うことができる。『三峯神社史料集』との併読も興味深い。